KB046740

토픽쓰기

한 달 완성

배가령

박영사

한이재미 유튜브 채널에 가장 많은 질문 중 하나가 "선생님, 어떻게 하면 쓰기를 잘할 수 있어요?"입니다. 작가처럼 쓰기를 잘하는 것과 TOPIK 쓰기를 잘하는 것은 조금 다르지만 쓰기를 잘하는 방법을 물어보는 학생들에게 제가 자주 하는 이야기가 있어서 들려드리려고 합니다.

가수가 되고 싶어서 노래를 잘하고 싶어 하는 두 사람이 있었는데 한 사람은 세계를 다니면서 노래를 잘하는 방법을 100가지를 알아냈고, 다른 한 사람은 100일 동안 매일 두 시간씩 노래 연습을 했다면 누가 더 노래를 잘할까요? 맞습니다. 100일 동안 매일 노래 연습을 한 사람이 노래를 더 잘합니다.

쓰기도 마찬가지입니다. 어떤 학생들은 쓰기를 잘하는 방법만 알면 잘 쓸 수 있다고 생각하지만 쓰기를 잘하는 방법을 아는 것보다 매일 쓰기 연습을 하는 것이 더 좋습니다. 쓰기는 이론이 아니라 실기이기 때문에 열심히 연습하는 만큼 실력이 늡니다. 물론 가장 좋은 것은 방법을 알고 열심히 연습하는 것입니다.

TOPIK 쓰기는 시험이기 때문에 문제를 낸 사람이 확인하고 싶은 것이 있고 그것을 기준으로 점수가 주어집니다. 그래서 어느 정도는 시험을 위한 준비가 필요합니다. 앞으로 한 달 동안 선생님과 함께 매일 만나면서 TOPIK 준비를 해 봅시다. 선생님이 알려주는 방법에 따라 하나씩 준비하면서 매일 TOPIK 쓰기 연습을 하기로 약속해야 합니다.

여러분이 방법을 알게 된 것에 만족하고 쓰기 연습을 하지 않을까봐 걱정이 되어서 이 책을 쓰는 것을 많이 망설였지만 선생님의 수업을 듣기 어려운 많은 친구들에게 도움이 되었으면 하는 마음으로 이 책을 준비했습니다. 한 달은 마음만 먹으면 얼마든지 노력할 수 있는 시간이라고 생각합니다. 선생님의 노하우와 여러분의 노력이 만나 좋은 결과가 있기를 진심으로 바랍니다.

한이재미 배가령

일러두기

* self check는 얼마나 열심히 공부했는지 여러분 스스로 확인하는 표입니다. 매일 쓰기 공부를 한 후에 자신의 학습 결과를 ◎/○/△/× 로 평가하고 스스로에게 힘을 주는 한 마디씩을 쓰다 보면 한 달 동안 지치지 않고 공부할 수 있을 것입니다.

* 53번과 54번은 답지를 끝까지 채우지 못해도 조금이라도 써 봐야 실력이 늡니다. 처음에는 한 문장부터!라고 생각하고 시작하십시오.

* 연습을 할 때도 가능하면 시험 치는 것처럼 시간을 재면서 쓰는 것이 좋습니다. 그리고 53번과 54번을 연습할 때는 토픽 답지에 쓰면서 연습하는 것이 좋습니다.

* 이 책에 제공하는 답지는 참고용입니다. 쓰기는 하나의 정답만 있는 것이 아니기 때문에 정답을 읽으며 공부하지 말고 반드시 직접 쓰면서 공부해야 합니다.

이 책의 차례

[51번 문제] 실용문 빈칸 완성하기

[52번 문제] 짧은 글 빈칸 완성하기

[53번 문제] 객관적인 자료 설명하기

[54번 문제] 주제에 대한 자신의 생각 쓰기

[모의고사]

[모범답안]

저는 월 일부터 월 일까지

TOPIK 쓰기 준비를 위해 최선을 다하겠습니다.

년 월 일 이름: 서명

< self check >

아주 열심히 했어요: ◎ / 열심히 했어요: ○ / 대충 했어요: △ / 안 했어요: ×

	날짜	번호	공부 내용	오늘 나에게 한 마디	결과
1일			광고문, 안내문		
2일			문자메시지, 이메일		
3일		51번	게시판, Q&A		
4일			상품평, 댓글		
5일			뉴스 제보, 신고		
6일			52번 특징		
7일			지시어 있는 유형		
8일			일반적인 생각 + 반대 유형		
9일		52번	A & B 유형		
10일			원인과 결과		
11일			비유와 가정		
12일			52번 연습		
13일			원고지 쓰기		
14일		53번	쓰기 순서 정하기		
15일			정보 관계 파악하기		

< self check >

아주 열심히 했어요: ◎ / 열심히 했어요: ○ / 대충 했어요: △ / 안 했어요: ×

	날짜	번호	공부 내용 정리		결과
16일		53번	첫 번째 문장 쓰기		
17일			선, 막대 그래프 쓰기		
18일			비율 그래프 쓰기		
19일			정보를 문장으로 설명하기		
20일			원인, 문제점, 해결방안 설명하기		
21일			연습문제		
22일		54번	시작 쓰기 / 메모하기		
23일			뒷받침문장 쓰기 1		
24일			뒷받침 문장 쓰기 2		
25일			54번 연습 1~5		
26일			54번 연습 6~10		
27일			모의고사 1~3		
28일			모의고사 4~6		
29일			모의고사 7~8		
30일			모의고사 9~10		

30일 동안 결과표에 모두 ◎ 또는 ○로 표시되어 있다면 여러분들은 틀림없이 토픽 쓰기에서 원하는 점수를 받을 수 있을 거예요. 힘들어도 그날을 위해 파이팅!

TOPIK 쓰기 한 달 완성

실용문은 일상생활에서 자주 볼 수 있는 글입니다.
여러분이 다니면서 볼 수 있는 많은 글을
주의 깊게 보세요.
그럼 쉽게 정답을 쓸 수 있어요.

51번 문제

실용문 빈칸 완성하기

51번 쓰기의 특징

51번 문제는 광고, 안내문, 문자메시지, 이메일 등 한국어를 사용하는 사람들이 거의 매일 보는 글이 문제로 나옵니다. 여러분이 아침에 일어나서 잠을 잘 때까지의 생활을 한번 생각해 보세요. 아침에 일어나서 핸드폰을 보면 광고 문자도 오고, 만약 인터넷으로 쇼핑을 했으면 택배 배달 안내 문자도 옵니다. 그리고 밥을 먹을 때 음식의 포장지에도 안내문이 있고, 집을 나와서 엘리베이터를 타면 거기에도 여러 안내문이 있습니다. 여러분이 조금만 주의를 기울이면 어디에서나 토픽 51번 문제를 만날 수 있습니다.

이런 안내문은 쓰는 이유와 목적이 반드시 있기 때문에 그 이유를 생각하면서 글을 읽으면 정답을 쉽게 찾을 수 있습니다. 그럼 51번 문제에 자주 나오는 실용적인 글을 쓰는 이유를 한번 생각해 보겠습니다. 크게 글을 쓴 사람이 '내가 이렇게 하겠다'하는 것을 말하는 부분이 있고, 글을 보는 사람에게 '이렇게 해라'하고 말하는 부분이 있습니다.

예를 들어 백화점 할인 행사에 대한 안내문이라면 글을 쓴 사람은 '행사합니다', 또는 '선물을 줍니다' 이런 말을 하고 싶을 것이고, 글을 보는 사람에게 '오십시오' 또는 '많이 사십시오' 라고 말하고 싶었을 것입니다. 그러면 글을 쓴 사람이 해야 하는 일에는 '－겠습니다, －아/어 드립니다, 아/어 드리겠습니다' 등의 문법을 사용하는 경우가 많을 것입니다. 그리고 글을 보는 사람이 해야 하는 일에는 '아/어 주십시오, 아/어 주시기 바랍니다' 등의 문법이 자주 사용될 것입니다.

여기서 여러분들이 정말 많이 하는 실수가 동사 '주다'의 높임을 잘못 사용하는 경우입니다. '주다'의 높임말이 '드리다'라고 생각하고 '선생님 저에게 메일을 드리세요.'와 같이 실수를 하는 경우가 많은데 '드리다'는 '주다'의 높임말이 아니라 자신을 낮추는 말입니다. 그래서 '드리다'를 다른 사람을 주어로 사용하면 안 됩니다. '드리다'는 반드시 자신이 주어일 때 사용해야 합니다. 즉, 자신이 해야 하는 일을 말할 때 '드리다'를 써야 합니다. 다른 사람이 주어일 때, 다른 사람이 하는 일을 말할 때는 '주시다'를 사용합니다. 꼭 기억하세요.

다음 대화를 보고 '드리다'와 '주시다'의 사용을 잘 살펴보세요.

이 대리: 김 과장님, 이번 출장에 대해서 물어볼 것이 있습니다.
김 과장: 아, 지금 회의에 들어가야 하는데 어쩌지요?
이 대리: 그럼 제가 30분 후에 전화 **드릴까요?**
김 과장: 회의가 길어질지도 모르니까 회의 끝나고 제가 전화 **드릴게요.**
이 대리: 네, 그럼 기다리겠습니다. 나중에 전화 **주십시오.**

이 대리와 김 과장 모두 자기가 하는 일에는 '드리다'를 사용하는 것을 확인하세요. 그리고 이 대리가 말할 때 김 과장이 전화를 해야 하는 부분에서 '주시다'를 사용하고 있습니다. 이 부분을 실수해서 점수가 깎이는 경우가 많으니 꼭 확인하세요.

자, 그럼 51번에서 자주 출제되는 안내문을 행사에 대한 안내문과 공사에 대한 안내문으로 예를 들어 보겠습니다. 문제를 볼 때 빈칸에 들어갈 말이 누가 하는 일인지 생각하면 쉽습니다.

	글을 쓴 사람	글을 보는 사람
자주 사용되는 문법	(동사)겠습니다. (동사)(으)려고 합니다. (동사)아/어 드립니다. (동사)아/어 드리겠습니다. (동사)고 있습니다. (동사)(으)ㄹ 예정입니다.	(동사)아/어 주십시오. (동사)아/어 주시기 바랍니다. (동사)(으)십시오. (동사)(으)면 됩니다. (동사)지 마시기 바랍니다. (동사)지 말아 주시기 바랍니다.
행사	할인하다, 선물을 주다, 준비하다, 발표하다, 알리다, 시작하다, 방송하다 등	참여하다, 참가하다, 오다, 들르다, 사다, 소개하다, 신청하다, 제출하다, 기다리다, 서두르다 등
정답 예시	할인하겠습니다. 선물을 드리겠습니다. 준비합니다. 발표하겠습니다. 알리겠습니다. 시작하려고 합니다. 방송할 예정입니다.	참여해 주십시오. 참가해 주시기 바랍니다. 오십시오. 들르면 됩니다. 기다려 주십시오. 제출해 주시기 바랍니다. 신청하면 됩니다.
공사	공사하다, 실시하다, 시작하다, 진행하다, 시행하다, 끝내다 등	조심하다, 주의하다, 참고하다, 피하다, 돌아가다, 협조하다, 이용하다 등
정답 예시	공사할 예정입니다. 공사하려고 합니다. 공사하겠습니다. 공사합니다. 실시하겠습니다. 실시하려고 합니다. 진행하겠습니다. 끝내겠습니다. 진행하려고 합니다.	조심해 주십시오. 주의해 주십시오. 참고해 주십시오. 피해 주십시오. 돌아가 주십시오. 협조해 주십시오. 조심해 주시기 바랍니다. 협조해 주시기 바랍니다. 이용하지 말아 주십시오.

이제는 어떤 상황을 설명하고 글을 보는 사람에게 주의나 금지를 요구하는 글을 생각해 보겠습니다. 상황을 설명할 때 자주 사용되는 문법과 주의와 금지를 요청할 때 자주 사용되는 문법을 보고 정답을 한번 생각해 보세요. 지금 예를 드는 것보다 훨씬 다양한 상황으로 문제가 나올 수 있지만 전체 글의 흐름을 보고 이렇게 연습하면 다른 내용도 쉽게 쓸 수 있습니다.

	상황	글을 보는 사람
자주 사용되는 문법	(동사)고 있습니다. (명사) 중입니다. (명사)로 인해 불편을 겪고 있습니다. (동사)(으)ㄹ 위험이 있습니다. (동사/형용사)은/ㄴ/는 경우도 있습니다. (동사/형용사)은/는 상황입니다. (명사)이/가 계속되고 있습니다.	(동사)아/어 주십시오. (동사)아/어 주시기 바랍니다. (동사)(으)십시오. (동사)(으)면 안 됩니다. (동사)지 마시기 바랍니다. (동사)지 말아 주시기 바랍니다. (동사)아야/어야 합니다.
주의	태풍이 오다, 바람이 불다, 지진이 발생하다, 사고가 발생하다 등	창문을 닫다, 실내에 머무르다, 다음 기차를 이용하다, 가스를 잠그다, 시설을 점검하다 등
정답 예시	태풍이 오고 있습니다. 강한 바람으로 인해 불편을 겪고 있습니다. 산사태의 위험이 있습니다. 강풍으로 인해 사고가 발행하고 있습니다. 지진으로 나무가 쓰러지는 경우도 있습니다.	창문을 닫아 주십시오. 실내에 머물러 주시기 바랍니다. 다음 기차를 이용해 주시기 바랍니다. 가스를 꼭 잠그십시오. 시설을 점검해 주시기 바랍니다. 시설을 점검해 주십시오.
금지	많아지다, 냄새가 나다, 위험하다, 감정이 상하다 등	밥을 주다, 버리다, 이용하다, 담배를 피우다, 소리를 내다, 꽃을 꺾다 등
정답 예시	(길고양이가) 많아지고 있습니다. (담배, 쓰레기) 냄새로 인해 불편을 겪고 있습니다. 사고가 날 위험이 있습니다. 감정이 상하는 경우도 있습니다. 냄새가 나고 있습니다. 위험한 상황입니다.	밥을 주면 안 됩니다. 버리지 마시기 바랍니다. 이용하지 말아 주시기 바랍니다. 담배를 피우지 마십시오. 소리를 내면 안 됩니다. 꽃을 꺾지 마시기 바랍니다. 버리면 안 됩니다.

51번은 다양한 상황과 내용으로 문제가 나오기 때문에 이 내용을 참고하면서 전체 글의 내용에 대한 이해를 먼저 해야 합니다. 그래야 알맞은 답을 쉽게 찾을 수 있습니다.

부탁이나 요청에 대한 글도 자주 문제로 나옵니다. 이메일, 문자메시지, 게시판, Q&A 등 다양한 형태의 글로 나올 수 있지만 부탁이나 요청을 할 때는 먼저 자신의 상황을 설명한 다음 부탁이나 요청을 하는 경우가 많습니다. 이때 물어보는 말인 의문문의 형태로 문제가 나올 수도 있습니다.

	상황	글을 보는 사람
자주 사용되는 문법	(동사)ㄹ/을 수 없습니다. (동사)ㄹ/을 수 없게 되었습니다. (명사)이/가 안 됩니다. (동사)지 않습니다. (동사)고 싶습니다. (동사)게 되었습니다.	(동사)아/어 주십시오. (동사)아/어 주시면 좋겠습니다. (동사)ㄹ/을 수 있습니까? (동사)아/어 주시겠습니까? (동사)아/어 주실 수 있습니까? (동사)아/어도 되겠습니까?
부탁 요청	일이 생기다, 만날 수 없다, 고장이 나다(고장과 관련한 다양한 상황), 출장을 가다, 대회에 나가다 등	날짜를 미루다, 순서를 바꾸다, 대신 (동사)하다, 교환하다, 환불하다, 고치다 등
정답 예시	만날 수 없습니다. 일이 생겨 만날 수 없게 되었습니다. 충전이 안 됩니다. 소리가 나지 않습니다. 출장을 가게 되었습니다. 대회에 나가고 싶습니다.	고쳐 주십시오. 날짜를 미루어 주시면 좋겠습니다. 순서를 바꿀 수 있습니까? 대신 발표해 주시겠습니까? 교환해 주실 수 있습니까? 환불해도 되겠습니까?

51번 문제는 '-습니다/ㅂ니다' 형태로 문장을 끝내야 한다는 것을 알고 있는 학생들도 의문문을 써야 할 때 '-아요/어요?' 형태로 써서 점수가 깎이는 경우가 많기 때문에 의문문일 때는 특히 더 신경을 써야 합니다. '-습니까/ㅂ니까?'로 쓰는 것을 잊지 마십시오.

51번 문제는 ㉠과 ㉡에 각각 알맞은 내용을 써야 하는데 빈칸 앞의 조사에 따라 정답의 모양이 달라질 수 있기 때문에 빈칸 바로 앞의 조사를 반드시 확인해야 합니다. 여러분이 자주 실수하는 '(명사)이/가 좋습니다, (명사)을/를 좋아합니다'처럼 좋다는 의미가 들어간다는 것을 알아도 빈칸 앞의 조사에 따라 '좋습니다'가 정답이 될 수도 있고 '좋아합니다'가 정답이 될 수도 있다는 것을 꼭 기억하십시오.

그리고 51번의 경우 어려운 단어와 어려운 문법을 사용하지 않아도 점수를 받을 수 있기 때문에 3급 정도의 단어와 문법을 사용해서 실수하지 않고 정확하게 쓰는 것이 좋습니다. 어려운 단어와 문법을 사용해서 실수를 하면 점수를 깎이기 쉽습니다. 그래서 우리는 쉬운 단어와 문법으로 10점을 다 받는 것을 목표로 연습을 하겠습니다.

또 하나 중요한 것! 빈칸 다음에 마침표나 물음표가 있는지, 아무 것도 없는지를 반드시 확인해야 합니다. 이것은 문장을 끝내도록 정답을 써야 하는지 문장 속에서 이어지는 말로 써야 하는지를 결정하는 아주 중요한 부분입니다. 만약 문장 안에서 이어지는 말을 쓰는 자리에 문장을 끝내도록 쓰면 아주 낮은 점수를 받거나 점수를 받을 수 없을 수도 있으니 제일 먼저 그것부터 확인하는 것이 좋습니다.

자, 그러면 51번 문제의 정답을 찾는 순서를 알아봅시다. 처음 연습할 때는 다음과 같이 정답 찾는 순서대로 연습하는 것이 좋습니다. 조금 익숙해지면 이렇게 순서대로 하지 않아도 바로 정답을 쓸 수 있을 것입니다.

1. 제목이 있으면 제목을 확인, 전체를 읽으면서 글을 쓴 목적을 생각한다.
2. 빈칸 다음에 마침표(.) 또는 물음표(?)가 있는지, 아무 것도 없는지 반드시 확인한다.
3. 필요한 단어를 찾는다. 빈 칸 앞에 있는 조사 반드시 확인하기!!
4. 필요한 문법을 생각한다.
5. 문장의 마지막을 －ㅂ니다/습니다/으십시오 등으로 만들어 준다.

※ 51번은 쉬운 단어와 쉬운 문법도 좋습니다.

실용문의 종류	주요 내용
광고문, 안내문	제품 특징, 판매, 행사, 기부, 금지, 주의, 참여, 공사, 모집, 홍보, 협조 요청, 긴급 상황 등
문자메시지, 이메일	약속, 사과, 감사, 축하, 초대, 확인, 인사, 부탁, 거절, 계획, 전달, 변경 등
게시판, Q & A	건의, 문의, 분실, 교환, 반품, 배송, 불량, 할인, 일정, 변경, 추가, 단체, 디자인, 재고 등
상품평, 댓글	장점, 단점, 추천, 실망, 만족, 감사, 느낌, 실제 사이즈, 사진, 주변 반응, 감정, 가성비 등
뉴스 제보, 신고	날짜, 장소, 시간, 사건, 본 것, 들은 것, 사진, 내용, 사고, 행사, 영상 촬영, 녹음, 같이 있었던 사람 등

광고문, 안내문

취업 특강 안내

졸업을 앞두고 있는 4학년 학생들을 위한 취업 특강이 준비되어 있습니다. 우리 학교를 졸업한 후에 다양한 분야에서 활동하고 있는 선배들을 모시고 지금 하고 있는 일에 대한 이야기를 (　　㉠　　). 그리고 취업을 위해 어떤 준비가 필요한지에 대해서 좋은 정보도 (　　㉡　　). 많은 참석 바랍니다.

〈정답 찾는 순서대로 연습하기〉

① 제목이 있는 글은 제목을 확인하고, 글을 쓴 목적을 생각한다.
⇒ 제목: 취업 특강 안내, 취업 특강에 대한 안내문이라는 것을 확인한다.
② 빈칸 다음에 마침표, 물음표가 있는지 아무 것도 없는지 확인한다.
⇒ 둘 다 마침표가 있다. 문장을 끝내는 말을 써야 한다.
③ 빈 칸에 필요한 단어를 찾는다. (빈 칸 앞의 단어와 조사 잘 보기)
⇒ ㉠ 이야기를 (듣다, 나누다, 하다) 찾기
⇒ ㉡ 정보도 (얻다, 받다) 찾기
④ 필요한 문법을 생각한다.
⇒ ㉠ (듣다, 나누다, 하다) +을/ㄹ 것이다, 을/ㄹ 예정이다, 으려고/려고 하다
⇒ ㉡ (얻다, 받다) +을/ㄹ 수 있다, 을/ㄹ 것이다, 으십시오/십시오
⑤ 문제에 맞게 마무리하기 (습니다, 십시오, 습니까, 이어주는 문법 등)
⇒ ㉠ 들을 것입니다, 들을 예정입니다, 들으려고 합니다.
나눌 것입니다, 나눌 예정입니다, 나누려고 합니다.
⇒ ㉡ 얻을 수 있습니다, 얻을 것입니다. 얻으십시오.
받을 수 있습니다, 받을 것입니다. 받으십시오.

㉠ ______________________________

㉡ ______________________________

신입 회원 모집

등산 동아리 '메아리'에서 이번에 (㉠). 메아리는 한 달에 한 번씩 가까운 산을 함께 오르는 동아리입니다. 벌써 10년 째 매월 전국의 아름다운 산을 오르고 있습니다. 등산을 해 보지 않은 분도 (㉡). 처음부터 천천히 가르쳐 드립니다. 건강도 챙기고 좋은 사람도 만나는 '메아리'에 많이 신청해 주십시오.

<정답 찾는 순서대로 연습하기>

① ______________________

② ______________________

③ ______________________

④ ______________________

⑤ ______________________

답지에는 자신 있는 정답 하나만 쓰세요.

㉠ ______________________

㉡ ______________________

겨울 코트 판매: 20,000원

겨울을 따뜻하게 보낼 수 있는 코트를 판매합니다. 작년에 백화점에서 10만 원에 샀는데 저는 추위를 많이 타지 않아서 두 번밖에 (　　㉠　　). 추위를 많이 타시는 분들에게 정말 좋을 것 같습니다. 오리털로 만들어서 가볍고 따뜻합니다. 다른 옷과 같이 사시면 가격을 조금 (　　㉡　　). 옷 상태는 사진으로 확인하십시오.

<정답 찾는 순서대로 연습하기>

① ______________________________

② ______________________________

③ ______________________________

④ ______________________________

⑤ ______________________________

답지에는 자신 있는 정답 하나만 쓰세요.

㉠ ______________________________

㉡ ______________________________

지갑을 찾습니다.

오늘 오후 1시경 학생식당에서 (㉠). 제가 앉은 자리는 식당에 들어가서 오른쪽 창가 마지막 자리입니다. 지갑은 검은색이고 신분증, 신용카드, 친구들과 찍은 사진 등이 들어 있습니다. 혹시 지갑을 주우신 (㉡). 사례하겠습니다. 제 연락처는 010-789-1111입니다.

㉠ ____________________

㉡ ____________________

알립니다.

주민 여러분 안녕하십니까? 다음 주 수요일 오전 10시부터 오후 6시까지 엘리베이터를 바꾸는 공사를 합니다. 우리 아파트의 엘리베이터가 오래 되어 소리도 나고 고장도 자주 나서 이번에 새로운 엘리베이터로 (㉠). 공사를 하는 동안에는 엘리베이터를 (㉡). 불편하시더라도 계단을 이용해 주시기 바랍니다. 최대한 빠르고 안전하게 공사를 마무리 짓겠습니다.

㉠ ____________________

㉡ ____________________

문자메시지, 이메일(개인)

연습문제 ❶

New Message

받는 사람 김미영 선생님

제목 안녕하세요?

김미영 선생님, 안녕하세요?

제가 오늘 배가 아파서 선생님 수업에 갈 수 없었습니다. 학교에 가는 도중에 갑자기 배가 아파서 미리 선생님께 (㉠). 혹시 오늘 숙제가 있습니까? 숙제가 있으면 무엇인지 알려 주십시오. 그리고 숙제를 해서 메일로 (㉡)?

언제나 열심히 숙제를 고쳐 주셔서 감사합니다.

내일 뵙겠습니다.

마리아 드림

Send

〈정답 찾는 순서대로 연습하기〉

① 제목이 있는 글은 제목을 확인하고, 글을 쓴 목적을 생각한다.
⇒ 제목: 선생님께 (학생이 선생님께 보낸 이메일), 결석한 이유, 숙제 안내

② 빈칸 다음에 마침표, 물음표가 있는지 아무 것도 없는지 확인한다.
⇒ ㄱ은 마침표, ㄴ은 물음표

③ 빈 칸에 필요한 단어를 찾는다. (빈 칸 앞의 단어와 조사 잘 보기)
⇒ ㉠ 선생님께 (전화하다, 말하다, 연락하다)
⇒ ㉡ 메일로 (보내다, 드리다)

④ 필요한 문법을 생각한다.
⇒ ㉠ (전화하다, 말하다, 연락하다) +을/ㄹ 수 없다, -지 못하다
⇒ ㉡ (보내다, 드리다) +아도/어도 되다, 으면/면 어떻다

⑤ 문제에 맞게 마무리하기 (습니다, 십시오, 습니까, 이어주는 문법 등)
⇒ ㉠ 전화할 수 없었습니다, 전화하지 못했습니다, 말할 수 없었습니다 등
⇒ ㉡ 보내도 됩니까, 보내면 어떻습니까, 드려도 됩니까, 드리면 어떻습니까

㉠ ______________________

㉡ ______________________

연습문제 ❷

New Message

받는 사람 김미경 선생님

제목 확인 부탁드립니다.

김미경 선생님, 오랜만입니다. 다음 달에 서울에 오신다니 정말 기쁩니다. 선생님이 다음 달 저의 일정은 13일 오전에 회의가 있고, 14일 오후에 출장을 갑니다. 그래서 13일 오후 시간과 14일 오전에 선생님을 (㉠). 선생님은 언제가 좋으십니까? 그리고 드시고 싶은 음식을 말씀해 주시면 제가 미리 식당을 (㉡). 빨리 다음 달이 되면 좋겠습니다.

Send

<정답 찾는 순서대로 연습하기>

① ______________________________

② ______________________________

③ ______________________________

④ ______________________________

⑤ ______________________________

답지에는 자신 있는 정답 하나만 쓰세요.

㉠ ______________________________

㉡ ______________________________

선배님, 안녕하십니까? 많이 바쁘실 텐데 저에게 시간 내 주셔서 정말 감사합니다. 선배님이 도와주신 덕분에 면접을 잘 볼 수 있었습니다. 이번 주에 언제 (　　㉠　　)? 선배님께 감사 인사도 드리고 면접 때 이야기도 할 겸 점심 식사를 (　　㉡　　). 괜찮은 요일 말씀해 주시면 제가 점심시간에 선배님 회사로 가겠습니다. 연락 기다리겠습니다.

<정답 찾는 순서대로 연습하기>

① ______________________________

② ______________________________

③ ______________________________

④ ______________________________

⑤ ______________________________

답지에는 자신 있는 정답 하나만 쓰세요.

㉠ ______________________________

㉡ ______________________________

연습문제 ❹

수미 씨, 다음 주 금요일에 보기로 한 약속을 (㉠). 베트남 지사에 일이 생겨서 급하게 베트남으로 출장을 가게 되었습니다. 다음 주에는 계속 베트남에서 일을 해야 할 것 같습니다. 다음 주말에 한국에 돌아오니까 그 다음 주에는 시간이 (㉡). 무슨 요일이든 제가 수미 씨 시간에 맞출 수 있습니다. 약속 날짜를 미루게 되어 미안합니다.

㉠ ______________________

㉡ ______________________

연습문제 ❺

선생님, 잘 지내고 계십니까? 선생님께서 기다리던 소식을 전하려고 오랜만에 문자를 보냅니다. 제가 결혼식 날을 잡아서 결혼할 사람과 같이 선생님께 인사를 (㉠). 바쁘시겠지만 시간을 좀 내 주시면 좋겠습니다. 선생님께 제일 먼저 인사드리고 싶었습니다. 저희는 평일 저녁도 좋고 주말도 (㉡). 선생님을 빨리 뵙고 싶습니다.

㉠ ______________________

㉡ ______________________

문자메시지, 이메일(단체)

연습문제 ❶

New Message

받는 사람 한국어 말하기 회원

제목 이번주 모임 안내

한국어 말하기 회원 여러분, 안녕하십니까?

이번 주 토요일에는 '하루에 다녀오기 좋은 여행지 추천'을 주제로 모임을 합니다. 참석을 희망하시는 분께서는 메일로 (㉠). 즐거운 여행 이야기도 하고 여러 나라에서 온 친구도 사귈 수 있는 좋은 기회입니다. 말하기 연습을 (㉡) 다 같이 근처 식당으로 자리를 옮겨서 밥을 먹고 헤어질 예정입니다. 많은 참석 부탁드립니다.

한국어 말하기 회장 마리아 드림

〈정답 찾는 순서대로 연습하기〉

① 제목이 있는 글은 제목을 확인하고, 글을 쓴 목적을 생각한다.
⇒ 제목: 한국어 말하기 회원 여러분께 (모임 회원을 대상, 모임 안내, 참석 권유)

② 빈칸 다음에 마침표, 물음표가 있는지 아무 것도 없는지 확인한다.
⇒ ㄱ은 마침표, ㄴ은 아무 것도 없으니 문장 속에서 이어지는 말

③ 빈 칸에 필요한 단어를 찾는다. (빈 칸 앞의 단어와 조사 잘 보기)
⇒ ㉠ 메일로 (신청하다, 연락하다)
⇒ ㉡ 연습을 (마치다, 끝내다)

④ 필요한 문법을 생각한다.
⇒ ㉠ (신청하다, 연락하다) +기 바라다, 아/어 주기 바라다, 아/어 주시기 바라다
⇒ ㉡ (마치다, 끝내다) +은/ㄴ 후에, 고 나서

⑤ 문제에 맞게 마무리하기 (습니다, 십시오, 습니까, 이어주는 문법 등)
⇒ ㉠ 신청하기 바랍니다, 신청해 주기 바랍니다 등
⇒ ㉡ 연습을 마친 후에, 연습을 끝내고 나서 등

㉠ ____________________

㉡ ____________________

연습문제 ❷

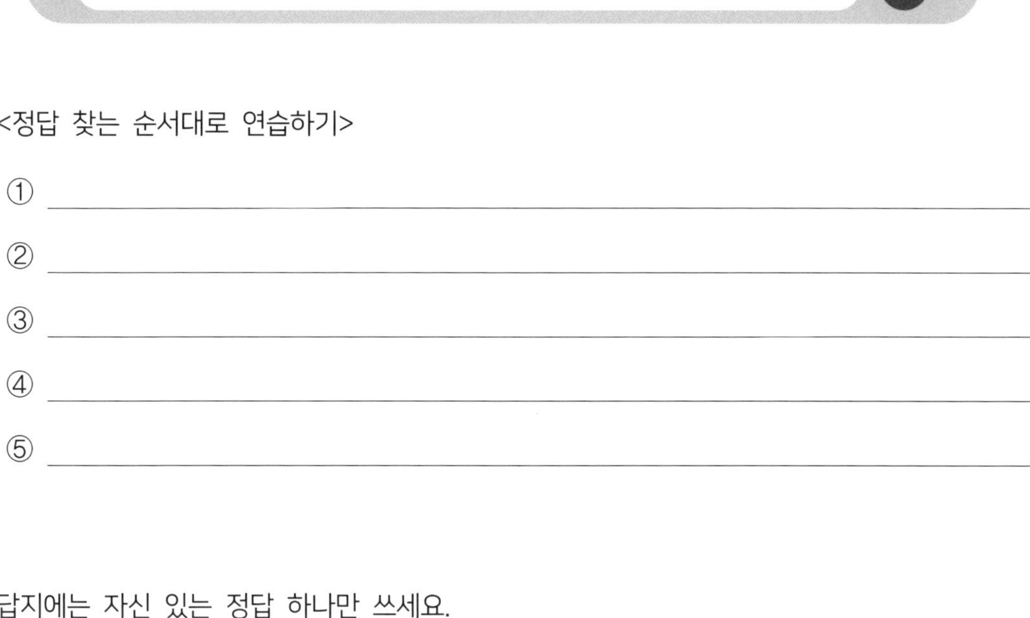

배달 주문 감사합니다, 고객님.

고객님이 주문하신 음식에는 저희 서울 식당의 사랑과 정성이 가득 담겨 있습니다. 항상 좋은 재료로 정직하게 정성을 다해 (㉠) 안심하고 드셔도 됩니다. 맛있게 드신 후 사이트에 음식 평도 꼭 부탁드립니다. 다음에도 저희 식당을 (㉡). 좋은 하루 되십시오.

서울 식당

<정답 찾는 순서대로 연습하기>

① ______________________________

② ______________________________

③ ______________________________

④ ______________________________

⑤ ______________________________

답지에는 자신 있는 정답 하나만 쓰세요.

㉠ ______________________________

㉡ ______________________________

안전 안내 문자

전국적으로 건조한 날씨가 계속되고 있습니다. 이렇게 건조한 날씨에는 크고 작은 불이 나기 쉽습니다. 특히 산불이 나면 그 피해가 더욱 커집니다. 작은 실수가 산불로 이어져 피해를 입을 수 있으니 (㉠). 산 가까이에 살고 있는 분들은 물건을 태우는 것을 하지 말아 주시고, 혹시 불씨가 산으로 튀어 산불이 (㉡) 유의하여 주시기 바랍니다.

<정답 찾는 순서대로 연습하기>

① ______________________________

② ______________________________

③ ______________________________

④ ______________________________

⑤ ______________________________

답지에는 자신 있는 정답 하나만 쓰세요.

㉠ ______________________________

㉡ ______________________________

연습문제 ❹

고객 여러분, 안녕하십니까?

저희 예쁘다 옷집에서 주문한 옷의 결제가 완료되었습니다. 꼼꼼하게 상품 확인하여 보내드리겠습니다. 상품은 최대한 빨리 받을 수 있도록 (㉠). 그러나 명절 전이라서 택배 물량이 증가하여 보통 때보다 시간이 조금 더 (㉡). 조금만 여유 있게 기다려 주십시오. 저희 예쁘다 옷집은 고객님을 위해 최선을 다하겠습니다. 감사합니다.

㉠ ______________________________

㉡ ______________________________

연습문제 ❺

입주민 여러분께

요즘 아래층의 담배 연기가 집으로 들어온다는 민원이 많습니다. 화장실에서 담배를 피우시면 환풍기를 타고 연기가 (㉠). 담배 연기로 인해 이웃의 건강을 해치고 서로의 관계가 (㉡). 아파트는 공동생활 공간이니 다른 사람에게 피해를 주지 않도록 협조해 주시기 바랍니다.

– 입주민 대표 올림

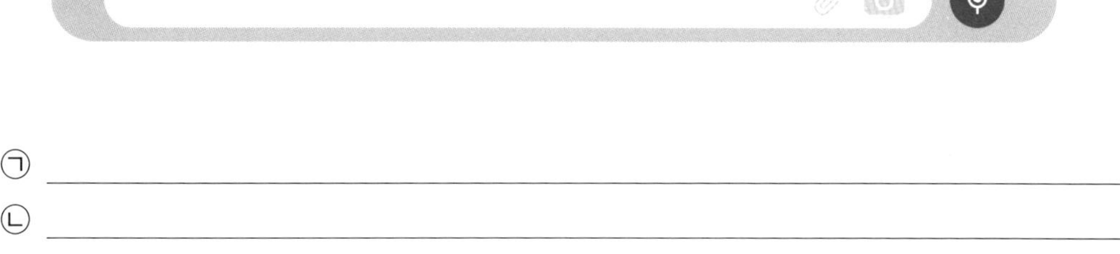

㉠ ______________________________

㉡ ______________________________

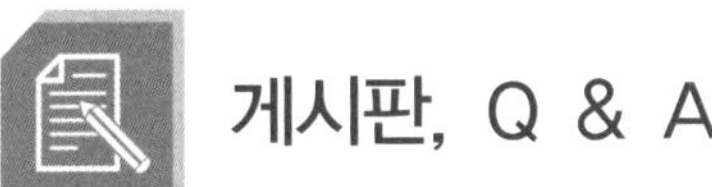

게시판, Q & A

연습문제 ❶

New Message

아이디 Miko123

제목 축제 관련 문의

지난 주말에 광안리에서 '불꽃 축제'를 본 외국인입니다. 음악에 맞추어 터지는 아름다운 불꽃을 지금까지 한번도 (㉠). 그런데 사람이 너무 많아서 멀리서만 볼 수 있었던 것이 아쉽습니다. 가까이에서 볼 수 있는 자리를 미리 (㉡)? 만약 예약이 가능하면 저는 꼭 예약한 후에 가까이에서 보기 위해 다시 올 것입니다.

〈정답 찾는 순서대로 연습하기〉

① 제목이 있는 글은 제목을 확인하고, 글을 쓴 목적을 생각한다.
⇒ 제목: 축제 관련 문의, 글을 쓴 목적: 느낌 전달, 문의

② 빈칸 다음에 마침표, 물음표가 있는지 아무 것도 없는지 확인한다.
⇒ ㄱ은 마침표, ㄴ은 물음표. 둘 다 문장을 끝내는 말

③ 빈 칸에 필요한 단어를 찾는다. (빈 칸 앞의 단어와 조사 잘 보기)
⇒ ㉠ 지금까지 한번도 (보다, 감상하다, 만나다)
⇒ ㉡ 자리를 미리 (예약하다)

④ 필요한 문법을 생각한다.
⇒ ㉠ (보다, 감상하다, 만나다) +은/ㄴ 적이 없다, -지 못하다
⇒ ㉡ (예약하다) +을/ㄹ 수 있다

⑤ 문제에 맞게 마무리하기 (습니다, 십시오, 습니까, 이어주는 문법 등)
⇒ ㉠ 본 적이 없(었)습니다, 감상한 적이 없(었)습니다.
⇒ ㉡ 예약할 수 있습니까?

㉠ ______________________________

㉡ ______________________________

연습문제 ❷

New Message

아이디 Bob

제목 기숙사 식당에 부탁이 있습니다.

저는 한국에 온 지 2개월 된 외국인 유학생입니다. 지금 기숙사에 살고 있고 밥도 대부분 기숙사 식당에서 (　　㉠　　). 기숙사 식당의 음식이 맛있는 편이지만 저에게 너무 매워서 못 먹는 것이 많습니다. 매운 음식을 빼고 맵지 않은 음식만 먹어야 하니 먹을 수 있는 것이 몇 개밖에 없습니다. 맵지 않은 음식을 (　　㉡　　). 부탁드립니다.

Send

<정답 찾는 순서대로 연습하기>

① ____________________

② ____________________

③ ____________________

④ ____________________

⑤ ____________________

답지에는 자신 있는 정답 하나만 쓰세요.

㉠ ____________________

㉡ ____________________

New Message

아이디 baji012

제목 주소 변경 문의

안녕하세요? 어제 저녁 10시에 사이트에서 청바지를 하나 주문했습니다. 그런데 결제를 하고 나서 주소를 잘못 쓴 것을 확인했습니다. 아직 배송하기 전인데 주소를 (㉠)? 다음 주에 이 바지를 꼭 입고 싶은데 주소가 잘못되어 받을 수 없을까봐 (㉡).

배송 시작하기 전에 주소를 바꾸는 방법이 있으면 연락 주십시오.

Send

<정답 찾는 순서대로 연습하기>

① ______________________

② ______________________

③ ______________________

④ ______________________

⑤ ______________________

답지에는 자신 있는 정답 하나만 쓰세요.

㉠ ______________________

㉡ ______________________

제목: 명절을 같이 보낼 고향 친구들을 찾습니다.
작성자: 투이

안녕하세요? 저는 포천에서 회사에 다니고 있는 베트남 사람 투이입니다. 조금 있으면 베트남에서 가장 큰 명절인 설날인데 (㉠) 외로운 베트남 친구들이 많이 있을 것입니다. 고향에는 못 가지만 우리가 같이 모여서 고향 음식도 먹고 고향 노래도 부르면서 고향에 대한 그리움을 (㉡). 음식 준비, 장소 대여 등 준비할 것이 많으니 참석을 원하는 친구들은 설날 일주일 전까지 신청해 주시기 바랍니다.

㉠ ______________________________

㉡ ______________________________

연습문제 ❺

제목: 반품 문의
주문번호: 251AN5Q10234
작성자: 리에

안녕하세요? 무선 청소기를 샀는데 아무리 오래 꽂아 놓아도 충전이 (㉠). 하루 종일 충전을 해도 5분만 청소를 하면 (㉡). 5분 만에 꺼지는 청소기는 처음입니다. 그리고 생각보다 소리도 너무 큽니다. 그래서 교환이 아니라 반품을 하고 싶은데 반품할 수 있습니까?

㉠ ______________________________

㉡ ______________________________

상품평, 댓글

마*아

사진으로 볼 때보다 색깔이 조금 어둡습니다. 저는 사진에서 너무 밝아서 걱정했는데 어두운 색이라서 더 (㉠).

그리고 사이즈가 크게 나왔다고 해서 보통 때 보다 하나 작게 주문했는데 S사이즈가 딱 맞습니다. 보통 때 입는 것보다 한 사이즈 작게 주문하시면 (㉡).

키: 160
몸무게: 56
평소 사이즈
상의: M
하의: M
구입 사이즈: S

〈정답 찾는 순서대로 연습하기〉

① 제목이 있는 글은 제목을 확인하고, 글을 쓴 목적을 생각한다.
⇒ 제목: 없음, 글을 쓴 목적: 색깔, 사이즈 정보

② 빈칸 다음에 마침표, 물음표가 있는지 아무것도 없는지 확인한다.
⇒ ㄱ, ㄴ모두 마침표, 문장을 끝내는 말

③ 빈 칸에 필요한 단어를 찾는다. (빈 칸 앞의 단어와 조사 잘 보기)
⇒ ㉠ 어두운 색이라서 더 (좋다, 마음에 들다, 다행이다)
⇒ ㉡ 작게 주문하시면 (좋다, 되다)

④ 필요한 문법을 생각한다.
⇒ ㉠ (좋다, 마음에 들다, 다행이다) +–다, –은/ㄴ 것 같다
⇒ ㉡ (좋다, 되다) +을/ㄹ 것이다, –을/ㄹ 것 같다

⑤ 문제에 맞게 마무리하기 (습니다, 십시오, 습니까, 이어주는 문법 등)
⇒ ㉠ 좋았습니다, 좋은 것 같습니다, 마음에 들었습니다 등
⇒ ㉡ 될 것입니다, 될 것 같습니다, 좋을 것 같습니다 등

㉠ ______________________________

㉡ ______________________________

연습문제 ❷

안녕하세요? 이 영상을 올려주셔서 감사합니다. 이 문법은 정말 이해하기 어려워서 지금까지 사용할 수 없었는데 영상을 본 후에 (㉠). 선생님 덕분입니다. 이제 이 문법을 사용할 수 있을 것 같습니다. 제가 선생님 영상을 본 지 3개월밖에 (㉡). 그래도 그 동안 한국어 실력이 아주 많이 늘었습니다. 선생님이 영상을 만드는 것이 힘들겠지만 저를 비롯해서 선생님 영상으로 공부하는 사람들이 정말 많으니까 힘내십시오. 항상 감사합니다.

<정답 찾는 순서대로 연습하기>

① ______________________________

② ______________________________

③ ______________________________

④ ______________________________

⑤ ______________________________

답지에는 자신 있는 정답 하나만 쓰세요.

㉠ ______________________________

㉡ ______________________________

연습문제 ❸

New Message

아이디 tour25

제목 거제 호텔 최고

거제도 여행이 처음이었는데 호텔 예약 사이트에서 거제 호텔을 찾은 것이 행운이었습니다. 바다와 가까워서 방에서 커튼만 열면 아름다운 바다를 (㉠). 그리고 호텔 근처에 맛있는 음식을 파는 식당도 많이 있습니다. 무엇보다 직원분이 정말 친절합니다. 저희는 서울까지 와야 한다고 직접 만든 도시락을 싸 주셨습니다. 거제도 여행을 계획하고 있으면 거제 호텔에 꼭 (㉡).

Send

<정답 찾는 순서대로 연습하기>

① ______________________

② ______________________

③ ______________________

④ ______________________

⑤ ______________________

답지에는 자신 있는 정답 하나만 쓰세요.

㉠ ______________________

㉡ ______________________

혼자 사시는 할머니, 할아버지들이 외롭지 않게 자원봉사를 하는 고등학생 여러분 정말 감사합니다. 요즘처럼 어려운 때에 이렇게 따뜻한 소식을 들으니 저도 마음이 따뜻해집니다. 또 어른이면서 도움이 필요한 곳을 찾아서 돕지 못한 것이 부끄러운 (　　㉠　　). 이제부터 작은 일이라도 주변 사람을 위해 할 수 있는 일을 (　　㉡　　). 오늘도 많이 배웠습니다.

㉠ ______________________________

㉡ ______________________________

연습문제 ❺

New Message

아이디 01205325

제목 좋습니다.

오늘 택배 받고 상자를 뜯었는데 포장도 예쁘고 편지까지 들어있어서 기분이 좋아졌습니다. 자기 전에 얼굴에 발랐는데 향기가 좋고 부드러워서 하루의 피로가 다 풀리는 것 같습니다. 일단 지금까지는 안 좋은 것이 (　　㉠　　). 그래도 화장품은 사용했을 때 효과가 좋아야 하니까 일주일 정도 사용한 후에 한 번 더 후기를 (　　㉡　　). 광고처럼 피부가 좋아지면 좋겠습니다.

Send

㉠ ______________________________

㉡ ______________________________

뉴스 제보, 신고

New Message

제보자 김민수(kms@korea.com)

제목 고층 건물에서 일하시는 분들이 위험합니다.

내용: 오늘 인주시청 근처에서 30층이 넘는 높은 건물의 유리창을 닦고 있는 것을 보았습니다. 고층 건물만으로도 위험한데 바람이 (㉠) 작업하시는 분이 바람에 흔들리고 있었습니다. 길을 가는 사람들이 모두 걱정하며 쳐다볼 정도로 위험해 보였습니다. 이렇게 위험한 일을 하시는 분들이 조금 더 안전히게 (㉡) 안전장치가 있으면 좋겠습니다.

파일: 빌딩 작업.mp4

〈정답 찾는 순서대로 연습하기〉

① 제목이 있는 글은 제목을 확인하고, 글을 쓴 목적을 생각한다.
 ⇒ 제목: 고층 건물에서 일하시는 분들이 위험합니다. 위험 경고, 안전 필요
② 빈칸 다음에 마침표, 물음표가 있는지 아무 것도 없는지 확인한다.
 ⇒ ㄱ,ㄴ 모두 아무 것도 없음. 문장 속에서 이어지는 부분.
③ 빈 칸에 필요한 단어를 찾는다. (빈 칸 앞의 단어와 조사 잘 보기)
 ⇒ ㉠ 고층 건물만으로 위험한데 (바람도 (많이) 불다)
 ⇒ ㉡ 안전하게 (일하다, 작업하다)
④ 필요한 문법을 생각한다.
 ⇒ ㉠ (바람도 많이 불다) +아서/어서, 기 때문에
 ⇒ ㉡ (일하다, 작업하다) + 도록, 을/ㄹ 수 있도록, 게
⑤ 문제에 맞게 마무리하기 (습니다, 십시오, 습니까, 이어주는 문법 등)
 ⇒ ㉠ 바람도 많이 불어서, 바람도 많이 불기 때문에
 ⇒ ㉡ 일하도록, 일할 수 있도록, 일하게, 작업하도록, 작업할 수 있도록

㉠ ______________________

㉡ ______________________

New Message

제보자 김수미(ksm@korea.com)

제목 아이들이 할머니를 도와주고 있었습니다.

내용: 오늘 시외버스 터미널 앞 횡단보도에서 제가 본 것을 여러 사람에게 알리고 싶어서 글을 씁니다. 그 횡단보도는 도로가 넓은 곳이라 보행 신호가 (㉠) 할머니 한 분이 길을 다 건너기에는 부족해 보였습니다. 그때 교복을 입은 아이 두 명이 할머니 손을 잡고 같이 길을 건너갔습니다. 차들도 할머니가 길을 다 건널 때까지 (㉡). 세상이 아직 아름답다고 생각했습니다.

파일: 오늘 횡단보도.mp4

Send

<정답 찾는 순서대로 연습하기>

① ______________________

② ______________________

③ ______________________

④ ______________________

⑤ ______________________

답지에는 자신 있는 정답 하나만 쓰세요.

㉠ ______________________

㉡ ______________________

New Message

제보자 마이크(mike@korea.com)

제목 태풍에 나무가 쓰러졌습니다.

내용: 어제부터 태풍 때문에 바람도 많이 불고 비도 (㉠). 차를 타고 이동하는 중에 태풍에 나무가 쓰러져있는 것을 봤습니다. 여기는 서울역에서 인주시청으로 가는 방향으로 300M 정도 지점입니다. 나무가 넘어진 방향이 차가 다니는 도로 쪽이기 때문에 조심하셔야 할 것 같습니다. 더 큰 피해가 (㉡) 많은 사람들에게 알리고 싶습니다.

파일: 태풍.jpg

Send

<정답 찾는 순서대로 연습하기>

① ____________________

② ____________________

③ ____________________

④ ____________________

⑤ ____________________

답지에는 자신 있는 정답 하나만 쓰세요.

㉠ ____________________

㉡ ____________________

New Message

제보자 마리아(maria@korea.com)

제목 다문화 한마당 축제가 있었습니다.

내용: 지난 일요일 한국대학교 운동장에서 다문화 축제가 있었습니다. 외국인 학생들은 자기 나라의 전통 옷을 입고 전통 문화를 소개했습니다. 여러 나라의 음식을 먹고, 함께 춤도 추며 즐거운 (㉠). 축제를 통해 여러 나라의 문화를 (㉡). 내년에는 더 많은 사람이 와서 함께 즐기면 좋겠습니다. 꼭 신문에 실리면 좋겠습니다.

파일: 사진1.jpg

Send

㉠ ______________________________

㉡ ______________________________

New Message

제보자 김수미(ksm@korea.com)

제목 도로에 강아지가 다쳐서 쓰러져 있습니다.

내용: 서울에서 부산으로 오는 경부고속도로 마지막 휴게소 앞에 강아지가 다쳐서 쓰러져 있습니다. 차들이 속도를 내며 달리기 때문에 빨리 구하지 않으면 더 큰 사고로 이어질 (㉠). 강아지는 아직 살아있는 것 같으니 경찰 여러분들이 강아지를 병원으로 (㉡) 정말 감사하겠습니다.

파일: 위치.jpg

Send

㉠ ____________________

㉡ ____________________

TOPIK 쓰기 한 달 완성

52번은 글의 구조를 봐야 정답이 보입니다.
문장과 문장의 관계를 찾으십시오.
정답은 문제 속에 있을 때가 많습니다.
자! 시작해 볼까요?

52번 문제

짧은 글 빈칸 완성하기

52번 쓰기의 특징

52번 문제는 어떤 현상에 대한 이유나 결과, 알아두면 좋은 상식 등에 대한 짧은 글이 문제로 나옵니다. 51번과 마찬가지로 **㉠과 ㉡에 알맞은 내용을 각각 하나의 문장이나 연결되는 말로 쓰는데 ㉠에서 5점, ㉡에서 5점, 총 10점까지 받을 수 있는 문제입니다.** 보통은 5~6 문장 정도로 이루어진 글인데 글의 구조를 알고 문제를 잘 읽으면 문제 속에서 정답을 찾게 되는 경우가 많이 있습니다.

그래서 52번 문제를 잘하기 위해서는 문장과 문장의 관계를 잘 봐야 합니다. 전체 내용에 대해 완전히 이해하면 좋겠지만 정확하게 이해하지 못하더라도 무엇에 대한 이야기인지, 대강 어떤 내용인지를 찾을 필요가 있습니다. 짧은 글이지만 문장과 문장의 관계가 분명하게 문제를 내기 때문에 문장마다 역할이 있습니다. 그 역할을 찾으면 정답을 쉽게 눈치 챌 수 있습니다. '문장의 관계를 어떻게 찾아요?'라고 생각하는 사람들이 있지요? 그것을 찾을 때 가장 큰 힘이 되는 것이 바로 접속어입니다. 52번 문제에서 접속어는 정말 큰 힌트가 됩니다. 다음 접속어의 종류와 기능을 한번 보겠습니다.

접속어의 종류와 기능

접속어의 종류	기능	예문
그리고, 또한, 게다가, 뿐만 아니라	첨가	인생에서 중요한 것은 가족과 건강이다. 그리고 자기가 좋아하는 일도 중요하다.
그러나, 그렇지만, 반면, 이와 반대로	반대	사람들은 매일 운동을 해야 한다고 생각한다. 그러나 일주일에 세 번도 충분하다.
그래서, 그러므로, 따라서, 왜냐하면	원인과 결과	한국 문화에 관심이 많은 외국인이 증가하고 있다. 그래서 매년 한국에 오는 관광객도 증가하고 있다.
만약	가정	옷은 사람의 피부를 보호하는 역할을 한다. 만약 옷이 없으면 우리의 피부는 위험에 노출될 것이다.
그런데, 한편	전환	자기 전에 머리를 감는 것이 좋다고 한다. 그런데 아침에 감으면 안 되는 것일까?

첨가의 기능을 가진 접속어를 먼저 보겠습니다. '첨가'라는 말 그대로 더한다는 뜻입니다. 앞의 문장과 뒤의 문장이 같은 주제에 대해 이야기합니다. 위의 표에서 인생에서 중요한 것은 가족과 건강이다. 그리고 자기가 좋아하는 일도 (　　). 이렇게 빈칸이 있다면 우리는 '중요하다'라는 단어를 생각할 수 있습니다. 왜냐하면 접속어 '그리고'로 연결되어 있기 때문입니다. 첫 번째 문장과 두 번째 문장은 모두 '인생에서 중요한 것'에 대해 이야기하고 있다는 것을 알

수 있는 것도 접속어 때문입니다.

반대되는 의미를 이어주는 접속어의 경우 앞 문장의 내용과 반대인 내용이 옵니다. '저는 겨울을 좋아합니다. 그러나 친구는 (   ).' 이런 문장이라면 너무나 쉽게 '겨울을 싫어합니다.' 라는 것을 알 수 있습니다. 그런데 문장이 좀 길어지면 빈칸에 들어갈 말을 잘 못 찾는 사람도 많습니다. '전쟁으로 모든 것이 무너진 후에 빠르게 경제 성장을 하는 것은 쉽지 않다. 그러나 한국은 (   ).' 이렇게 빈칸이 있다면 어떤 말이 들어가야 하겠습니까? 앞 문장의 내용과 반대되도록 '빠르게 경제 성장을 했다.' 라고 쓰면 되겠지요? 앞에서 겨울을 좋아하고 싫어하는 반대의 의미와 같은 문장 구조입니다.

원인과 결과로 이어지는 문장은 토픽에서 정말 많이 볼 수 있습니다. 쓰기뿐 아니라 듣기와 읽기에서도 쉽게 찾을 수 있는 문장 구조입니다. 원인과 결과로 이어진 문장의 경우 원인의 결과가 바로 앞이나 뒤의 문장에 없고 조금 떨어져 있어 쉽게 찾아지지 않을 때도 있습니다. 그리고 빈칸이 원인에 있을 때도 있고, 결과에 있을 때도 있습니다. 글을 전체적으로 이해한 후에 원인과 결과를 찾는 것이 좋습니다. '손을 물로만 씻으면 손에 있는 세균들이 남아 있을 수 있기 때문에 (   )'라는 문장이 있다면 '비누로 씻어야 한다.' 또는 '비누로 씻는 것이 좋다' 라는 내용이 와야 합니다. 이 경우 '비누'라는 단어가 문제에 나오지 않을 수도 있습니다. 왜냐하면 물로만 씻는 것과 다른 상황을 쉽게 생각할 수 있기 때문에 굳이 문제에 단어를 넣지 않을 수 있습니다.

실제로 일어나지 않은 일이나 아직 일어나지 않은 미래의 일을 이야기하는 가정의 접속어는 실제의 상황과 반대를 생각할 때 사용하기도 합니다. '저는 고등학교 때 공부를 열심히 하지 않았습니다. 만약 (   ) 지금과 다른 인생을 살고 있을 겁니다.' 이런 문장이라면 빈칸에 '공부를 열심히 했으면'이 들어가야 합니다. 그리고 가정의 접속어는 어떤 것을 해야 하는데 할 수 없는 상황을 이야기할 때도 사용합니다. '금요일 오후까지 제출해 주십시오. 만약 (   ) 좋은 성적을 받을 수 없습니다.' 이런 경우 '제출하지 않으면'이 들어가야 합니다.

전환의 경우 주제를 조금 다른 방향에서 이야기할 때 사용합니다. 반대도 전환에 포함되지만 전환은 '빵'에 대한 이야기를 하다가 '과자'에 대한 이야기를 할 때와 같이 비슷한 주제이지만 조금 다른 주제를 말할 때 사용합니다. 그리고 위의 표에 있는 예문처럼 같은 것에 대해 이야기하더라도 조금 다른 생각을 표현할 때도 사용합니다. 예를 들어 '비가 오면 차도 막히고 옷이 젖는 등 불편한 점이 많다. 그런 이유로 비가 오는 것을 싫어하는 사람도 많다. 그런데 비가 오지 않으면 많은 식물들이 자랄 수 없다.' 이 문장의 경우 비가 오는 것에 대한 감정을 이야기하다가 비의 필요성에 대한 이야기로 방향이 바뀌는 것을 알 수 있습니다. 이럴 때도 전환의 접속어를 사용합니다.

이렇게 문장의 구조에 대한 이해가 되면 훨씬 쉽게 정답을 쓸 수 있습니다. 이제 52번 문제를 풀 때 생각해야 하는 것이 빈칸의 유형을 살펴보는 것입니다. 52번은 어떠한 주제라도 문제로 나올 수 있기 때문에 주제에 따라 유형을 나누는 것은 어려운 일이지만, 빈칸의 위치와 문장의 구조에 따라 유형을 나누어서 연습해 볼 수 있습니다. 그리고 52번의 경우 빈칸 하나하나마다 유형이 다를 수 있기 때문에 각각의 빈칸을 해결하는 방법을 따로 생각하는 것이 좋습니다.

빈칸 유형	힌트가 되는 말
지시어가 있는 유형	이렇게, 이러한, 이런, 이런 (명사), 이 (명사) 등
앞 내용과 반대로 이어지는 유형	그러나, 하지만, 반면, 이와 반대로, -지만, -는데, -가 아니라 등
A & B 유형	(명사)와/과 (명사), (명사)뿐만 아니라 (명사) 등
원인과 결과 유형	그 결과, 따라서, 그러므로, -아서/어서, -기 때문에, -로 인해 등
비유와 가정 유형	-와/과 마찬가지, 마찬가지로, 마치 ~처럼, 만약 등

문장의 구조도 생각하고, 빈칸의 유형도 생각하면서 글의 내용을 이해한다면 52번도 쉽게 답안을 작성할 수 있습니다. 다음 순서대로 답안을 생각해 봅시다.

52번 정답 생각하는 순서

1. 그러나, 그리고, 또한, 따라서, 하나는, 다른 하나는 등 접속어를 잘 찾는다.
2. 마찬가지, ~거나, ~지만, ~ㄹ/을 뿐 아니라, 이렇게 등의 말을 주의 깊게 본다.
3. 전체 글의 내용을 여러 번 읽으면서 빈 칸에 필요한 내용을 글 속에서 찾는다.
4. 글에 사용한 문법도 확인하면서 빈칸에 들어갈 내용을 생각한다.
5. 문장의 마지막을 –ㄴ다/는다/다/이다 등으로 만들어 준다.

※ 빈칸 앞의 단어와 조사를 반드시 확인해야 합니다.

지시어가 있는 유형

'이렇게, 이러한, 이런 N(명사), 이 N(명사)'와 같은 지시어는 앞에 있는 내용을 대신할 때 사용합니다. 지시어를 사용하면 필요 없는 반복을 하지 않아도 되기 때문에 글이 간단해지고 더욱 집중력 있는 글을 쓰게 된다는 장점이 있습니다. 그래서 52번 문제에서도 지시어가 포함되어 있는 문장이 종종 나옵니다.

오늘은 비가 정말 많이 내린다. 나는 **이런** 날씨에 커피를 마시는 것을 좋아한다.

이 문장에서 '이런'이 가리키는 말이 뭘까요? 네, 앞의 문장에서 말한 '비가 정말 많이 내리는'입니다. 이렇게 지시어를 사용하면 앞에서 말한 내용을 반복을 피해서 간단하게 말할 때 효과적입니다.

지시어는 항상 앞에서 말한 것을 가리키기 때문에 지시어가 있으면 그 지시어가 가리키는 말을 찾아야 합니다. 52번 문제에서는 지시어가 필요한 자리가 빈칸이 되기도 하고, 지시어와 함께 사용된 말의 앞에 빈칸을 주고 빈칸의 내용을 예상할 수 있도록 문제를 내기도 합니다.

① 오늘은 (　　　). **이렇게** 비가 많이 내리는 날에 나는 커피를 마시고 싶어진다.

빈칸에 어떤 말이 들어가야 하는지 알겠어요? 파란색으로 표시한 부분이 앞 문장에 있는 내용을 요약해서 쓰고 있으니까 '비가 많이 내리는'을 '오늘은'과 연결되는 완전한 문장으로 쓰면 됩니다. 그러면 '비가 많이 내린다.' 라고 쓰면 되겠습니다.

② 최근 많은 기업들이 해외로 회사를 (　　　). **이렇게** 많은 회사들이 해외로 나가는 이유는 한국의 이미지가 좋아지고 있기 때문이다.

이 문장을 한번 볼까요? 여기도 이렇게 다음에 파란색으로 표시한 부분이 앞 문장의 내용을 요약해서 쓰는 것이니까 빈칸에 들어가는 부분도 '많은 회사들이 해외로 나간다.'는 말이 들어가면 좋을 것 같아요. 하지만 뒤의 문장은 '회사들이'라고 되어 있고, 앞 문장은 '회사를' 이라고 되어 있어서 그대로 쓰면 문법이 틀리게 됩니다. 그래서 '많은 회사들이 해외로 나간다'는 말과 같은 의미로 '회사를 해외로 옮긴다' 또는 '회사를 해외에도 만든다' 등의 말이 빈칸에 들어가야 합니다. 이런 부분에서 여러분들이 실수를 많이 하는데 조사를 확인하는 것은 52번 문제에서 아주 중요합니다.

우리의 뇌는 다른 사람이 태우는 간지럼과 자기 자신이 태우는 간지럼을 다르게 받아들인다. 다른 사람이 간지럼을 태울 때에는 어디를 간지럽힐지 몰라 (㉠). 이렇게 긴장을 한 상태에서는 간지럼을 많이 타게 된다. 그러나 자기가 자신에게 간지럼을 태우면 이미 어디를 간지럽힐지 알고 있기 때문에 간지럼을 타지 않는다.

TIP '이렇게' 다음의 말을 잘 보세요. 명사 '상태' 앞부분이 중요합니다.

㉠ ________________________________

집중력은 어떤 사람에게 기쁨과 성공을 안겨 준다. 집중력을 통해서 보통 사람들은 일과 공부를 할 때 기쁨을 맛보고 심지어는 성공을 하기도 한다. 이런 성공의 결과를 보고 사람들은 집중하려고 노력한다. 그러나 실제로 (㉠). 이렇게 집중에 실패하는 것은 진심으로 하고 싶은 일을 찾지 못했기 때문이다.

TIP '이렇게' 다음의 말을 잘 보세요. 명사 '것' 앞부분이 중요합니다.

㉠ ________________________________

소리는 약 340미터를 가는 데 1초가 걸린다. 그래서 산에서 소리를 지르면 어느 정도 기다린 후에 다시 내 목소리가 되돌아오는 메아리가 생긴다. 소리를 듣기 위해 (㉠). 이렇게 기다림이 필요한 것은 대화를 할 때도 마찬가지다. 내가 한 말이 상대방에게 도착하고 상대방이 반응을 할 시간을 주어야 한다. 그러므로 대화를 잘하는 사람은 말을 잘하는 사람이 아니라 상대방의 반응을 기다려주는 사람이다.

TIP '이렇게' 다음의 말을 잘 보세요. 명사 '것' 앞부분이 중요합니다.

㉠ ______________________________

튀김을 할 때 많은 기름을 사용하는데 한 번 사용한 기름을 다시 사용해도 되는지에 대해 궁금해하는 사람들이 많다. 튀김 기름이 안 좋은 이유는 공기에 접촉하면서 기름이 상하기 때문인데 이때 양파나 파를 튀긴 다음 걸러서 (㉠). 이렇게 냉장 보관한 기름은 2주 안에 사용하는 것이 좋다.

TIP '이렇게' 다음의 말을 잘 보세요. 명사 '기름' 앞부분이 중요합니다.

㉠ ______________________________

연습문제 ❺

질병관리청에서는 병에 걸리지 않기 위해서 비누칠을 하고 흐르는 물에 (㉠). 이렇게 흐르는 물에 손을 씻어야 물속에 남아 있는 병균이 다시 손으로 옮겨 붙지 않기 때문이다. 또한 비누칠을 구석구석 깨끗이 닦은 후 30초 이상 헹구는 것도 건강을 위한 바른 손씻기에서 아주 중요한 부분이다.

㉠ ______________________________

연습문제 ❻

눈이 오는 날은 다른 때보다 조용하다. 이것은 눈의 결정 때문인데 눈을 크게 확대해서 보면 여러 갈래로 갈라져 있고 그 사이에 (㉠). 이렇게 많은 공기층이 주변의 소리를 흡수해서 가두게 되는 효과가 있다. 마치 녹음실 벽에 계란판을 붙여 방음벽을 만드는 것과 같은 원리이다. 그래서 같은 수준의 소음이 있어도 눈이 오는 날에는 더 조용하게 느껴진다.

㉠ ______________________________

앞 내용과 반대로 이어지는 유형

접속어 그러나, 그렇지만, 반면, 이와 반대로 등의 말로 문장이 시작되면서 앞의 내용과 반대로 이어지는 부분에 빈칸이 있는 유형입니다. 접속사의 경우는 쉽게 반대 내용이 이어진다는 것을 생각할 수 있는데 문장의 중간에 '－지만' 또는 '－는데'로 이어질 때는 앞부분과 반대의 내용이 이어진다는 것을 생각하지 못하는 경우가 많습니다.

첫 번째 문장이 일반적인 사람들의 생각이나 현상으로 시작하는 경우 대부분 '그것이 틀린 것이다' 또는 '100% 맞는 것은 아니다'라는 내용이 반대의 문장을 이끄는 접속어와 함께 연결됩니다. 이 부분을 참고하여 다음 문장을 보겠습니다.

건강을 위해 설탕을 줄이고 꿀을 먹는 사람들이 많다. **그러나** 꿀이 설탕보다 건강에 좋다는 것이 과학적으로 증명되지 않았다.

대부분의 사람들이 생각할 때 설탕보다 꿀이 건강에 좋다고 생각하지만 그 생각은 맞지 않다는 말을 하기 위해 첫 번째 문장에 일반적인 사람들의 생각을, 두 번째 문장에 사실은 그렇지 않다는 말을 하면서 두 문장을 '그러나'로 이어줍니다.

① 사람들은 매일 운동을 해야 건강을 유지할 수 있다고 생각한다. **그러나** 매일 운동을 하는 것은 오히려 건강에 (　　　).

빈칸에 어떤 말이 들어가야 할까요? 두 번째 문장이 '그러나'로 시작되기 때문에 매일 운동을 해야 한다는 사람들의 생각이 틀렸다는 내용이 들어가야 합니다. 그래서 '좋지 않다', '나쁘다', '좋지 않을 수 있다', '나쁠 수 있다' 등 건강에 좋은 것이 아니라는 내용으로 쓰면 됩니다.

② 다이어트를 위해 아침을 먹지 않는 사람들이 **많지만** 효과적인 다이어트를 하기 위해서는 아침을 (　　　).

이 문장은 ①번처럼 눈에 띄는 접속어가 있는 경우가 아닙니다. 그래도 '많지만'을 통해 뒷부분에 앞의 내용과 반대되는 말이 와야 한다는 것을 이해할 수 있을 것입니다. 그러면 빈칸에 어떤 말을 쓰면 좋을까요? '먹는 것이 좋다', '먹어야 한다' 등과 같이 아침을 먹지 않는 것과 반대되는 내용으로 답안을 작성해야 합니다.

여행은 사람들에게 충분한 휴식과 보통 때는 경험할 수 없는 것을 하는 기회를 제공한다. 여행으로 사람들은 충분히 쉴 수 있고 새로운 기회를 얻기도 한다. 이런 이유 때문에 사람들은 여행을 가고 싶어 한다. 그러나 생각처럼 (㉠). 왜냐하면 대다수의 사람들은 여행할 시간과 돈이 부족하기 때문이다.

TIP '그러나'를 중심으로 앞과 뒤가 반대 의미가 되도록 쓰세요.

㉠ ______________________________

우리의 뇌는 다른 사람이 태우는 간지럼과 자기 자신이 태우는 간지럼을 다르게 받아들인다. 다른 사람이 간지럼을 태울 때에는 어디를 간지럽힐지 몰라 긴장을 하게 된다. 이렇게 긴장을 한 상태에서는 간지럼을 많이 타게 된다. 그러나 자기가 자신에게 간지럼을 태우면 이미 어디를 간지럽힐지 알고 있기 때문에 (㉡).

TIP '그러나'를 중심으로 앞과 뒤가 반대 의미가 되도록 쓰세요.

㉠ ______________________________

연습문제 ❸

위급한 사람이 도움을 요청할 때 혼자 있다면 도와주는 사람이 많다. 반면 주변에 사람이 많을 때는 '다른 사람이 도와주겠지'하는 생각에 (　　㉠　　). 그런데 주변 사람들도 나와 똑같은 생각을 한다면 그 사람은 결국 도움을 받을 수 없게 될 것이다. 이것은 많은 사람들 사이에 있으면 한 사람이 느끼는 책임이 적어지기 때문이다.

TIP '그러나'를 중심으로 앞과 뒤가 반대 의미가 되도록 쓰세요.

㉠ ______________________________

연습문제 ❹

배를 탈 때는 멀미를 많이 하지만 기차를 탈 때는 멀미를 거의 하지 않는다. 왜 그럴까? 사람은 걸어서 다니기 때문에 앞뒤로의 움직임에는 잘 적응하지만 (　　㉠　　). 출렁거리는 물 위를 다니는 배는 위아래로 움직이기 때문에 멀미가 난다. 기차는 딱딱한 철로를 다니므로 위아래로의 움직임이 매우 적다. 그래서 기차에서는 거의 멀미를 하지 않는다.

TIP '지만'을 중심으로 앞과 뒤가 반대 의미가 되도록 쓰세요.

㉠ ______________________________

연습문제 ❺

한국에서 고구마꽃은 백 년에 한 번 피는 귀한 꽃이라고 생각했다. 그러나 지구 온난화로 인해 자주 발견할 수 있게 되면서 더 이상 귀한 (　　㉠　　). 원래 고구마꽃은 덥고 건조한 날씨인 아열대 기후에서만 피는 꽃이지만 지구 온난화로 한국에 고온 현상이 계속 되면서 전국에서 자주 볼 수 있게 되었기 때문이다.

㉠ ______________________________

연습문제 ❻

어려운 일이 생겼을 때 해 보기도 전에 불가능하다고 생각하고 포기하는 사람이 있다. 그러나 어떤 사람은 어려워도 쉽게 (　　㉠　　). 도전하지 않는 사람이 성공하는 것은 불가능하기 때문에 어려운 일이 있어도 긍정적으로 생각하고 열심히 노력하는 것이 성공을 위한 자세이다.

㉠ ______________________________

A & B 유형

주어 또는 목적어가 '와/과'로 이어진 문장이 있습니다. 이런 형태의 문장을 만들어 볼까요? 주어에 와/과를 포함하는 경우는 '나와 언니는 매운 음식을 잘 먹지 못한다.' 이런 문장입니다. 매운 음식을 잘 먹지 못하는 주인공인 주어가 나와 언니 두 사람입니다. '내 필통과 가방은 정말 귀여워요.'라는 문장도 주어가 '와/과'를 포함하고 있어요. 그럼 목적어에 '와/과'가 있는 경우를 볼까요? 목적어는 조사 '을/를'을 사용합니다. '나는 어제 김밥과 라면을 먹었다.' 내가 어제 먹은 것은 김밥, 그리고 라면 두 가지입니다.

이런 식으로 목적어나 주어에 두 가지가 나오는 문장이 있을 때를 A & B 유형이라고 부르겠습니다. 이 유형으로 문제가 나오면 보통 바로 이어지는 문장에서 A에 대해서 말하고, 그 다음 문장에서 B에 대해 말하는 경우가 많습니다. A와 B를 한 문장으로 쓸 때도 쉼표(,)로 구별을 해서 쓸 때가 많으니 잘 봐야 합니다.

① 사람들에게 일과 휴식이 똑같이 중요하다. 일을 통해 우리는 살아갈 수 있는 돈을 벌 수 있고 자신이 필요한 사람이라는 생각도 하게 된다. 그리고 (   ) 그동안의 피로를 풀고 즐거운 시간을 보낼 수 있다.

빈칸 다음에 마침표(.)가 없으니 문장을 마무리하는 문제가 아닙니다. 여기에서 A는 일이고 B는 휴식이 된다는 것을 알 수 있어요? 그렇다면 빈칸에는 '휴식을 통해 우리는' 이라는 답을 쉽게 알 수 있습니다. 이때 '우리는'은 쓰지 않아도 괜찮아요.

② 사람들에게 일과 휴식이 똑같이 중요하다. 일을 통해 우리는 살아갈 수 있는 돈을 벌 수 있고 자신이 필요한 사람이라는 생각도 하게 된다. 그리고 휴식을 통해 우리는 (   ). 휴식이 없으면 피로를 풀 수 없고 즐거운 시간을 보내기 어렵다.

이렇게 뒷부분에 빈칸이 있을 때는 그 다음 문장이나 첫 문장에서 B에 대한 내용을 추측할 수 있는 말이 있으니 앞과 뒤를 잘 보면 됩니다. 여기에서는 빈칸의 뒤에 정답에 필요한 내용이 있습니다. 바로 '피로를 풀 수 있고 즐거운 시간을 보낼 수 있다.'가 들어가면 좋겠지요? A & B 유형의 문제에서 어떻게 빈칸에 들어갈 말을 써야 하는지 연습해 봅시다.

기회는 어떤 사람에게 명예와 부를 안겨 준다. 기회를 통해서 평범한 사람이 유명해지기도 하고 (㉠   ). 이런 변화를 보고 사람들은 자신에게도 그런 기회가 찾아오기를 기다린다. 그러나 실제로 기회가 왔을 때 기회를 잡는 사람은 많지 않다. 이렇게 기회를 잘 이용하지 못하는 것은 기회를 잡으려는 준비를 하지 않았기 때문이다.

TIP A는 '명예', B는 '부'입니다.

㉠ ______________________________

집중력은 어떤 사람에게 기쁨과 성공을 안겨 준다. 집중력을 통해서 보통 사람들은 일과 공부를 할 때 기쁨을 맛보고 심지어는 (㉠   ). 이런 성공의 결과를 보고 사람들은 집중하려고 노력한다. 그러나 실제로 집중에 실패하는 경우가 많다. 이렇게 집중에 실패하는 것은 진심으로 하고 싶은 일을 찾지 못했기 때문이다.

TIP A는 '기쁨', B는 '성공'입니다.

㉠ ______________________________

연습문제 ❸

여행은 사람들에게 충분한 휴식과 보통 때는 경험할 수 없는 것을 하는 기회를 제공한다. 여행으로 사람들은 충분히 쉴 수 있고, 새로운 (　　㉠　　). 이런 이유 때문에 사람들은 여행을 가고 싶어 한다. 그러나 생각처럼 여행을 자주 가지 못한다. 왜냐하면 대다수의 사람들은 여행할 시간과 돈이 부족하기 때문이다.

TIP A는 '휴식', B는 '기회'입니다. 이렇게 A와 B 앞에 다른 말이 들어갈 때도 있습니다.

㉠ ______________________________

연습문제 ❹

반려동물은 어린이에게 생명의 소중함과 의사소통의 중요성을 알게 해 준다. 반려동물을 키우는 것은 생명이 얼마나 소중한지를 알게 해 주고 (　　㉠　　). 이런 이유 때문에 반려동물을 어린이에게 선물하려고 하기도 한다. 그러나 실제로 반려동물을 사주지 않는 부모님들이 많다. 이것은 반려동물을 키우는 데에 많은 노력이 필요하기 때문이다.

TIP A는 '생명의 소중함', B는 '의사소통의 중요성'입니다.

㉠ ______________________________

연습문제 ❺

우리는 건강한 정신에 건강한 육체라고 말하며 정신의 건강을 강조해 왔다. 그러나 정신의 건강과 육체의 건강은 어느 것이 더 중요하다고 할 수 없을 만큼 똑같이 중요하다. 정신이 건강하지 않으면 몸에 병이 생기기도 하고, 몸이 건강하지 않으면 (㉠). 그러므로 정신의 건강과 몸의 건강을 고루 챙겨야 한다.

㉠ ____________________

연습문제 ❻

매일 반복되는 일상 속에서 해야 하는 일과 하고 싶은 일 사이에서 갈등할 때가 있다. 해야 하는 일은 보통 귀찮고 재미없는 일이라 미루고 싶고 하고 싶은 일은 (㉠). 물론 해야 하는 일을 하고 싶을 때는 더 없이 좋지만 그렇지 않은 경우라면 우리의 미래를 위해 해야 하는 일을 먼저 하는 것이 더 좋다.

㉠ ____________________

원인과 결과 유형

세상에는 정말 많은 일들이 일어나고 있습니다. 이런 일들 중 그냥 일어나는 것은 없습니다. 다 그 일이 일어난 원인이 있게 마련입니다. 일상생활에서도 원인과 결과를 찾는 것은 어렵지 않습니다. 오늘 아침에 보통 때보다 많이 피곤하다면 그 원인은 어제 나의 행동에서 찾을 수 있을 것입니다. 늦게 잤다든지, 안 하던 운동을 했다든지, 오래 서 있었다든지... 어쨌든 보통 때보다 오늘 아침 더 피곤하다면 보통 때와 다른 어제의 어떤 일 중에 분명히 원인이 있습니다.

글을 쓸 때도 원인과 결과에 따라 글을 쓰면 이해하기도 쉽고 논리적으로 글을 쓸 수 있기 때문에 좋습니다.

원인과 결과를 나타내는 접속사와 문법은 다음 여러 가지가 있습니다.

<table>
<tr><td>원인</td><td>그래서
–아서/어서
–(으)니까
–는 바람에
– 때문에, –기 때문에
그 결과
그러므로
따라서</td><td>결과</td></tr>
</table>

결과	왜냐하면	원인

연 습

① (　　　). 그래서 오늘 지각을 했습니다.

'그래서'로 시작하는 문장이 뒤에 이어지기 때문에 빈칸에는 원인이 들어가야 합니다. 오늘 지각을 한 원인은 무엇일까요? 늦잠을 잤습니다, 교통사고가 났습니다, 차가 막혔습니다, 버스를 잘못 탔습니다 등등 다양한 문장이 올 수 있습니다. 일단은 빈 칸에 뒷 문장의 원인이 온다는 것을 알 수 있으면 성공입니다.

② 날씨가 너무 더워서 (　　　).

이 문장은 '－아서/어서'로 이어져 날씨가 너무 덥다는 것이 원인이고 그 뒤의 결과를 이어주는 말이 빈칸에 들어가야 한다는 것을 알 수 있습니다. 날씨가 너무 덥다는 것을 원인으로 어떤 결과가 올 수 있을까요? 에어컨을 켰습니다, 아이스크림을 먹었습니다, 집에 있었습니다, 휴가를 냈습니다 등등 다양한 결과가 올 수 있을 것입니다.

③ 시험을 앞두고 정말 열심히 공부했다. 그 결과 (　　　).

'그 결과'라는 말은 말 그대로 결과를 쓰기 위해 시작하는 말입니다. 정말 열심히 공부한 결과 어떻게 되었을까요? 좋은 성적을 받았다, 합격했다, 장학금을 받게 되었다, 지금까지 중 가장 높은 점수를 받을 수 있었다 등등 열심히 공부한 결과가 이어지는 것이 자연스럽습니다. 여러분도 이런 문장을 쓸 수 있어야 합니다.

52번에서 원인과 결과의 구조로 쓴 글이 나오면 여러분도 찾을 수 있어야 합니다. 물론 문제에서는 문장이 더 길어지고 조금 더 복잡한 내용으로 나올 것입니다. 조금 더 긴 문장 속에서도 원인과 결과를 찾을 수 있는지 한번 연습해 보겠습니다.

④ 자신의 현재 모습이 마음에 들지 않는 사람이 많다. 현재의 모습이 결과라면 지금까지 살아온 과거가 그 원인이 될 것이다. 그렇게 살아온 과거로 인해 현재와 같은 모습으로 되었다는 말은 많은 생각을 하게 만든다. 그렇다면 나의 미래의 모습도 쉽게 생각할 수 있다. 오늘을 살고 있는 우리의 모습이 바로 (　　) 미래에 우리의 모습을 결정하기

때문이다.

이 글에서 빈칸에 들어갈 말을 찾을 수 있겠습니까? 원인과 결과를 우리의 인생으로 설명하는 글인데 과거는 현재의 원인이고, 지금 현재가 원인이 되어 그 결과 미래가 된다는 말입니다. 그렇다면 빈칸에는 '원인이 되어, 원인이 되고' 등의 말이 올 수 있을 것입니다.

그럼 이제 원인과 결과의 관계를 찾아내어 정답을 써야 하는 문제를 연습해 보겠습니다.

연습문제 ❶

하루를 정리하며 일기를 쓰는 것이 좋다고 하지만 매일 일기를 쓰는 것은 쉽지 않다. 자기 전에 일기를 쓰려고 고민하는 시간이 길어지기 때문에 잠도 (　　㉠　　). 매일 쓰지 않고 일주일에 두 세 번이라도 충분하다. 그리고 저녁이 아니라 어느 때라도 메모하듯 일기를 쓸 수 있다.

TIP '－시간이 길어지기 때문에'가 원인입니다. 결과를 생각하십시오.

㉠ ______________________________

연습문제 ❷

계획을 세울 때는 장기 계획과 함께 단기 계획도 세워야 한다. 장기 계획만 세우면 목표 달성까지 시간이 오래 걸리기 때문에 (　　㉠　　). 따라서 원하는 목표를 이루기 위해 장기 계획과 함께 한 달이나 일주일과 같이 단기 계획도 함께 세워야 한다. 단기 계획을 달성하면서 얻는 성취감을 통해 포기하지 않고 최종 목표로 계속 나아갈 수 있기 때문이다.

TIP 빈칸 앞에 원인이 나옵니다. 그럼 빈칸에는 결과를 써야하겠지요?

㉠ ______________________________

연습문제 ❸

배를 탈 때는 멀미를 많이 하지만 기차를 탈 때는 멀미를 거의 하지 않는다. 왜 그럴까? 사람은 걸어서 다니기 때문에 앞뒤로의 움직임에는 잘 적응하지만 위아래로의 움직임에는 쉽게 적응할 수 없다. 출렁거리는 물 위를 다니는 배는 위아래로 움직이기 때문에 멀미가 난다. 기차는 딱딱한 철로를 다니므로 위아래로의 움직임이 매우 적다. 그래서 기차에서는 거의 (㉡).

TIP 전체 내용이 배와 기차를 반대의 예로 이야기하고 있습니다. 마지막 결론을 이야기해야 합니다.

 ㉠ ______________________________

연습문제 ❹

농구는 다른 종목들과 달리 흰색 공 대신 붉은 계열의 오렌지색 공을 사용한다. 농구 선수들은 바닥을 보면서 계속 공을 튀겨야 하는데 이때 바닥과 공의 색이 다르면 선수들이 쉽게 눈의 피로를 느낀다. 그래서 농구 선수들의 눈이 쉽게 피로해지지 않기 위한 방법을 찾으려고 노력했다. 그 결과 농구 경기장의 바닥과 색깔이 비슷한 (㉠).

TIP 노력한 결과 지금과 같이 되었겠지요? 어떤 결과가 일어났는지 글에서 찾아 보십시오.

㉠ ______________________________

연습문제 ❺

처음 엘리베이터를 발명했을 때는 그 속도가 매우 느렸다. 그래서 사람들은 속도를 더 빠르게 할 수 없느냐고 불평했다. 개발자는 사람들의 불만을 듣고 전혀 다른 해결책을 생각해 냈다. 속도를 높이는 대신 엘리베이터 내부에 거울을 설치한 것이다. 엘리베이터마다 거울을 설치하고부터는 사람들의 (㉠   ). 사람들이 거울을 보느라고 속도에 신경을 쓰지 않게 된 것이다.

㉠ ______________________________

연습문제 ❻

위급한 사람이 도움을 요청할 때 혼자 있다면 도와주는 사람이 많다. 반면 주변에 사람이 많을 때는 '다른 사람이 도와주겠지'하는 생각에 선뜻 도와주려고 나서지 않는다. 그런데 주변 사람들도 나와 똑같은 생각을 한다면 그 사람은 결국 (㉠   ). 이것은 많은 사람들 사이에 있으면 한 사람이 느끼는 책임이 적어지기 때문이다.

㉠ ______________________________

비유와 가정 유형

'비유'라는 말은 어떤 것을 그것과 비슷한 것과 빙 둘러서 가리킨다는 말입니다. 방긋 웃는 아기를 천사 같다고 하는 말도 비유이고, 무서운 사람을 호랑이에 비유하기도 합니다. 이렇게 비유를 사용하면 우리가 잘 모르는 것도 쉽게 이해할 수 있다는 장점이 있어서 조금 어려운 내용을 설명할 때 비유를 자주 사용합니다.

비유는 하나의 사물을 다른 사물에 비유하기도 하지만 조금 더 범위를 넓혀서 조금 복잡하고 어려운 상황을 우리가 쉽게 볼 수 있는 상황에 비유하기도 합니다. 예를 들어 집의 벽이 집 외부와 내부에 공기가 흐르지 못하게 하여 열을 지키는 '단열'을 설명할 때 조금 더 쉽게 설명하기 위해 우리가 옷을 입으면 옷이 외부와 몸 사이에 공기를 가지고 있어 몸의 열을 뺏기지 않도록 한다는 것과 같다는 설명을 하는 것입니다. 이렇게 하면 아주 어려운 '단열'이라는 개념을 쉽게 받아들일 수 있습니다.

이럴 때 자주 나오는 표현이 '마찬가지'입니다. A라는 상황과 B라는 상황이 거의 비슷하다는 의미로 사용하는 말인데 이 말이 있으면 비유의 방법이 사용되었다고 생각해도 좋습니다. 이렇게 비유가 사용된 글에서는 무엇과 무엇을 같다고 설명하고 있는지를 찾는 것이 중요합니다. 그래야 글의 내용을 정확하게 이해할 수 있기 때문입니다.

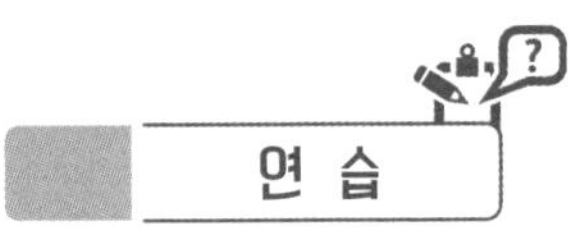

연 습

① 퍼즐을 맞춰 본 사람들은 알 것이다. 작은 조각 하나하나를 모두 제 자리에 놓아야 아름다운 그림을 완성할 수 있다. 사회도 마찬가지이다. 모든 개인이 각자의 자리에서 맡은 일을 할 때 그 사회가 아름답게 만들어진다.

이 글에서 마찬가지를 중심으로 앞부분은 퍼즐 이야기를 하고 있고 뒷부분은 사회 이야기를 하고 있습니다. 그럼 퍼즐과 사회에서 각각 비슷한 의미를 가진 것을 연결시켜 봅시다.

조각	=	개인
그림	=	사회
퍼즐 맞추기	=	맡은 일 하기

이렇게 사회의 구성원이 각자의 역할을 한다는 추상적인 이야기를 퍼즐을 맞추는 구체적인 경험에 빗대어 이야기를 하면서 읽는 사람이 보다 쉽게 이해할 수 있도록 설명하고 있습니다. 이런 글 속에서 비유하는 대상과 원래 말하고 싶은 대상을 짝지을 수 있으면 이 유형은 쉽게 정답을 찾을 수 있습니다.

② 사람들은 가끔 위험하고 나쁜 일인 줄 알면서도 순간적인 유혹을 이기지 못하고 그 일을 하는 경우가 있다. 이는 마치 불나방이 자신이 죽을 것을 알면서도 불속으로 (　　). 결국 슬픈 결말이 기다리고 있을 뿐이다.

이 문장을 보면 사람들과 불나방을 비유하고 있는데 위험한 줄 알면서도 그 일을 하는 것을 불나방이 불속으로 날아가는 것에 비유하여 표현하였습니다. 비유를 사용할 때는 마찬가지 외에도 이렇게 '마치', '처럼', '~와/과 같다' 등의 표현도 자주 사용됩니다. 이 글의 빈칸에는 '날아가는 것과 같다, 뛰어드는 것과 같다' 등이 들어갈 수 있을 것입니다.

52번에는 비유와 함께 '가정' 유형도 많이 사용됩니다. '가정'은 사실이 아니거나 또는 사실인지 아닌지 분명하지 않은 것을 임시로 인정하고 생각해 본다는 의미입니다. 가정을 나타내는 '만일' 또는 '만약'이라는 말과 함께 '－라면/이라면. －다면, 았/었다면' 등의 문법과 함께 사용되는 경우가 많이 있습니다. 이 경우 앞의 내용과 반대 되는 상황을 가정하거나 어떠한 조건이나 환경으로 인하여 할 수 없는 상황을 이야기할 때가 많습니다.

예를 들어 '다음 주 일요일 체육대회가 있으니 모두 참석해 주시기 바랍니다. 만약 (　　)'라는 글이 있습니다. 그럼 빈칸에는 어떤 내용이 들어가야 하겠습니까? 네, '참석할 수 없으면~'이라고 앞의 문장이 불가능한 경우를 가정하는 내용이 들어가야 합니다. 또는 아직 일어나지 않았지만 가정을 해 볼 수 있습니다. '비가 많이 오면 ~' 이런 식으로 다음 주의 상황에 따라 달라질 수 있는 내용으로 이어질 수도 있습니다. 이것은 전체 글을 보면서 빈칸의 내용을 생각하면 어렵지 않습니다.

③ 우리의 생활을 편리하게 하는 물건 중에는 실수를 통해 우연히 발명된 것이 많이 있다. 쉽게 깨지지 않는 안전유리, 메모할 때 자주 사용하는 포스트잇, 요즘 거의 모든 집에 있는 전자레인지 등이 바로 실수에서 발명으로 이어진 것이다. 그러나 모든 실수가 발명으로 이어지는 것은 아니다. 만약 실수를 그저 실수로 생각하고 (　　) 세상을 편리하게 만든 발명품은 생기지 않았을 것이다.

빈칸에 어떤 내용이 들어가야 하는지 생각해 보십시오. '만약'과 함께 사용하는 문법 '–면/으면'을 사용하여 빈칸을 채우면 되는데 '깊이 고민하지 않았으면, 그냥 넘어갔으면, 지나쳤으면' 등의 말이 전체 내용과 자연스럽게 어울리는 정답이 될 수 있습니다.

비유와 가정의 유형은 다른 유형에 비해 문제 속에 빈칸에 들어갈 단어가 없는 경우도 있기 때문에 어렵다고 생각할 수 있습니다. 하지만 전체적인 의미를 이해하고 자연스럽게 내용이 연결되도록 쓰면 점수를 받을 수 있으니 쉽게 생각하는 것도 하나의 방법이 될 것입니다.

연습문제 ❶

조직에서 리더의 역할은 많은 경험과 위기 상황에서 판단 능력이 필요하다. 이는 동물의 사회에서도 마찬가지인데 계절의 변화에 따라 수만에서 수십만 마리가 무리를 지어 이동하는 철새를 통해 확인할 수 있다. 철새 무리의 리더는 선두에서 거친 바람을 맞으며 비행한다. 무리의 안전을 위해 리더에게는 날씨의 변화 등 위기 상황이 발생하면 신속하게 대처하는 (　　㉠　　).

TIP 사람들의 조직과 철새의 무리를 비유하고 있습니다.

㉠ ________________________________

연습문제 ❷

'쇠뿔도 단김에 빼라.'는 말이 있다. 어떤 일을 하려고 생각하였으면 미루지 말고 바로 행동으로 옮겨야 한다는 것이다. 이는 한국어 공부도 마찬가지이다. 공부를 하려고 마음먹었으면 (㉠) 바로 시작해야 한다. 그러므로 계획하는 일이 있다면 내일부터가 아니라 지금부터 시작해야 한다.

TIP 속담의 상황과 그 의미를 이해해서 정답을 써야 합니다.

㉠ ______________________________

연습문제 ❸

소비자는 제품에 특별한 문제가 없다면 계속 그 제품을 사용한다. 그러나 뭔가 새롭게 관심을 끌 만한 요소를 갖고 있거나 더 나은 제품이 출시되면 소비자는 바로 새로운 제품으로 갈아탄다. 그러므로 소비자들이 현재 사용하는 제품에 애정이 있다고 보기 어렵다. 만약 (㉠) 새로운 제품을 선택하기보다 기존 제품을 더 사용할 것이기 때문이다.

TIP '만약'과 자주 어울리는 문법은 '~면/으면'입니다.

㉠ ______________________________

연습문제 ❹

아이들에게 비싸고 좋은 장난감은 약이자 독이다. 아이들의 발달에 맞추어 다양한 기능을 넣은 장난감에 익숙해지면 장난감에 익숙해져서 창의력 개발에 방해가 되기도 한다. 만약 아이들에게 장난감이 (㉠) 시골에서 시간을 보내게 하면 심심해 할 것 같지만 자연 속에서 아이들은 각자 다른 방법으로 새로운 것들을 하며 자유롭게 논다.

TIP 만약을 중심으로 장난감에 대해 생각해 보십시오.

㉠ ______________________________

연습문제 ❺

'과유불급'이라는 말은 무엇이든 지나친 것은 하지 않는 것보다 좋지 않다는 뜻이다. 운동이 건강에 좋다고 몸에 무리가 갈 정도로 하면 병에 걸리는 것과 마찬가지이다. 아이들에게 깨끗한 환경이 좋다고 너무 깔끔하게 청소를 자주 하면 (㉠). 아이들이 병균과 싸우는 경험을 전혀 하지 못하기 때문에 면역력이 낮아지기 때문이다.

㉠ ______________________________

사탕을 싸고 있는 포장지가 찢어지면 사탕에 먼지도 묻고 먹을 수 없게 될 수 있다. 우리가 살고 있는 지구도 마찬가지로 오존층이 둘러싸고 있는데 이 오존층이 얇아지고 뚫리면 (　　㉠　　). 오존층을 보호하기 위해 전 인류가 함께 노력해야 하는 이유가 여기에 있다.

㉠ ______________________________

52번 연습 문제

❶

백 년 전 사람들에 비해 요즘 사람들의 손톱이 평균적으로 빨리 자란다. 그 이유는 손톱이 자라는 속도는 (㉠) 것과 관계가 있기 때문이다. 현대인들은 컴퓨터의 자판을 두드리고 핸드폰으로 문자를 보내고 검색을 하는 등 손끝을 자극하는 행동을 많이 하는데 이러한 행동으로 인해 손톱이 빨리 자라게 되는 것이다. 간혹 많이 먹으면 손톱이 빨리 긴다고 말하는 사람이 있는데 식사량과 손톱이 자라는 것은 (㉡).

㉠ ______________________

㉡ ______________________

❷

여러 가지 요리에 사용되는 버섯은 채소이고 크게 식물에 속한다고 생각하기 쉽다. 그러나 버섯은 (㉠) 만드는 식물이 아니다. 식물은 햇빛을 받아 스스로 영양분을 만들어 내는 것이 가장 큰 특징인데 버섯은 그렇게 할 수 없고 다른 생물이 만들어 놓은 영양분을 받아서 생활한다. 뿐만 아니라 버섯은 뿌리, 줄기, 잎으로 구별할 수 없기 때문에 (㉡).

㉠ ______________________

㉡ ______________________

❸

우산의 손잡이가 J자 모양으로 굽은 것은 우리가 생각하지 못하는 이유 때문이다. 원래 우산은 햇빛을 가리기 위한 물건이었는데 아무나 사용할 수 없을 정도로 비싸고 구하기도 어려웠다. 따라서 왕족이나 귀족들만 사용할 수 있었고 일반 평민들은 (　　㉠　　). 또한 귀족들이 직접 우산을 들고 다니지 않고 다른 사람이 뒤나 옆에서 들어줘야 하는데 그런 이유로 손잡이를 일자로 만들지 않았다고 한다. 만약 (　　㉡　　) 손목에 무리가 가서 오래 들 수 없었을 것이다.

㉠ ____________________

㉡ ____________________

❹

일반 개구리에 비해 2배 이상 큰 몸집을 가진 황소개구리는 북아메리카의 동물로 황소 같은 울음소리를 내는 것이 특징이다. 이 황소개구리는 1970년대에 식용으로 수입되었는데 생각보다 장사가 되지 않아 수입한 황소개구리를 (　　㉠　　). 이렇게 저수지에 풀어놓은 황소개구리는 토종 개구리, 쥐, 심지어 뱀까지 잡아먹으며 토종 생물을 위험에 빠트렸다. 뿐만 아니라 시끄러운 (　　㉡　　) 많은 사람들이 잠을 잘 수 없었다고 한다.

㉠ ____________________

㉡ ____________________

❺

세대에 따라 공간에 대한 생각과 욕심이 달라지기 때문에 집을 바라보는 시각이 변하고 있다. 일부 전문가들은 이제 곧 고층 아파트의 인기가 떨어지고 단독주택의 인기가 높아질 것이라고 말한다. 그러나 앞으로 30년 동안은 아파트의 인기가 (　　㉠　　). 왜냐하면 현재의 젊은이들은 아파트에서 태어나고 자란 아파트 세대이기 때문이다. 이들은 자신들에게 익숙하지 않은 단독주택을 (　　㉡　　).

㉠ ____________________

㉡ ____________________

❻

쉽게 잠을 자지 못하는 사람이 늘어나면서 다양한 수면 용품이 인기를 끌고 있다. 그중 가장 많은 상품이 개발되고 있는 것이 베개인데 (㉠) 목과 어깨에 통증이 오기도 하고 잠을 깊이 잘 수 없어 자고 일어나도 피곤한 경우가 많기 때문이다. 사람마다 체형이 다른 것을 고려하여 개인별 맞춤 베개를 판매하는 곳도 많아졌다. 맞춤 베개는 고객의 (㉡) 높이를 조절할 수 있고 세탁도 쉬워 많이 팔리고 있다.

㉠ ______________________________

㉡ ______________________________

❼

집이나 직장에서 음식을 배달시켜 먹는 사람들이 증가하면서 일회용 플라스틱의 사용이 급증하고 있다. 배달을 시켜도 일회용 그릇을 사용하지 않고 일정한 시간 후에 식당에서 그릇을 찾으러 한 번 더 오던 때가 있었다. 이렇게 (㉠) 배달원이 두 번을 와야 하는 번거로움이 있어 일회용 그릇을 (㉡). 그러나 사람들의 편리함만 생각할 것이 아니라 지구의 환경을 생각할 필요가 있다.

㉠ ______________________________

㉡ ______________________________

❽

함께 먹는 즐거움과 저렴한 가격으로 대용량 식품이 화제가 되고 있다. 대용량 식품은 보통 5인분 이상의 양으로 혼자 먹을 수 없어 여러 명이 (㉠) 가격도 싸서 식비를 절약할 수 있다. 직장인 김민수 씨는 8명이 먹을 정도의 양인 점보 컵라면의 경우 한 사람이 각각 하나씩 먹을 때보다 1인당 500원 정도를 (㉡). 대용량 식품을 먹기 위해 직장 동료들이 함께 점심을 먹는 일도 많아졌다고 한다.

㉠ ______________________________

㉡ ______________________________

⑨

> 우리는 매일 걷지만 올바른 걷기 방법에 대해 생각하지 않는 경우가 많다. 하지만 바른 방법으로 걸으면 특별한 운동을 하지 않아도 (　　㉠　　). 매일 조금씩 반복되는 일을 제대로 할 때 그 시간이 쌓여 좋은 결과를 가져오는 것과 마찬가지이다. 우선 보폭을 크게 걸어야 한다. 자신의 몸에 무리가 가지 않는 정도에서 최대한 크게 걷는 것이 좋다. 보폭이 줄어들면 치매의 위험이 높아지고 운동 효과도 적으니 보폭을 (　　㉡　　).

㉠ ______________________________

㉡ ______________________________

⑩

> 핸드폰 보급률이 90%를 넘으면서 통신사들의 통신 요금 경쟁이 치열하다. 일정한 기간 동안 데이터를 무료로 제공하는 0원 요금제부터 평생 동안 저렴한 조건으로 이용할 수 있는 평생 요금제까지 소비자들의 눈길을 끌고 있다. 이렇게 저렴한 요금제가 나오면서 소비자들은 (　　㉠　　) 선택의 폭도 넓어졌다. 소비자 보호원의 조사에 따르면 통신 요금제에 대한 만족도가 작년에 비해 (　　㉡　　).

㉠ ______________________________

㉡ ______________________________

★ 51번과 52번에서 주의해야 할 문법

전문가, 뉴스, 연구소 등 다른 사람이나 뉴스 등을 통해 들은 말을 전달하는 부분이면 간접인용을 사용하여 답안을 작성해야 합니다.

종류	간접 인용
평서문	① V+ㄴ/는다고 하다
	② A+다고 하다
	③ N+(이)라고 하다
의문문	④ V+(느)냐고 하다
	⑤ A+(으)냐고 하다
	⑥ N+(이)냐고 하다
청유문	⑦ V+자고 하다
명령문	⑧ V+(으)라고 하다

★ 함께 사용하는 경우가 많은 문법(친구 문법)

왜냐하면	때문이다
려면 / 으려면	아야/어야 하다
안 그래도	려던 참이다
만약	-라면
아야/어야	을 수 있다
-다면	-었을 것이다, 었을 텐데
아마	을 것이다
-면 / 으면	을 수 있다

TOPIK 쓰기 한 달 완성

53번부터는 문장 쓰기 연습이 필요합니다.
53번은 문제에서 제공하는 자료를 한국어로 설명해야 하는데
정확한 문장으로 연습하는 것이 좋습니다.

처음부터 전체 문제를 쓰려고 하기보다는
작은 목표를 가지고 하나씩 연습을 하면 전체 글을 다 쓸 수 있습니다.
차근차근 목표를 정해서 연습하세요.
300자 쓰는 것이 쉬워집니다.

53번 문제

객관적인 자료 설명하기

53번 쓰기의 특징

53번은 문제에서 다양한 형태의 그래프와 조사 결과, 정보를 제공하고, 제공하는 그래프, 원인, 전망 등의 객관적인 분석 자료를 한국어 문장으로 설명하는 문제입니다. 자료를 전체적으로 잘 살펴보고 제공된 자료의 관계를 알아낸 후에 글을 쓰는 것이 중요합니다. 또한 주어진 자료를 빠뜨리지 않고 설명하도록 신경 쓰는 것도 필요합니다. 다양한 표현으로 자료를 설명하는 연습을 하면 도움이 됩니다.

53번 문제는 0점에서 30점까지 점수를 받을 수 있기 때문에 어떻게 쓰는지에 따라 점수 차이가 많이 나게 됩니다. 높은 점수를 받기 위해서는 문제에서 제공하는 그대로 쓰는 것보다 읽는 사람이 이해하기 쉽게 풀어서 설명하는 것이 좋습니다. 따라서 글을 쓰기 전에 주어진 정보를 살펴보고 여러분이 주제를 이해할 수 있는지 확인해야 합니다. 만약 정보를 이해할 수 있다면 보다 다양한 표현을 사용해서 설명하는 것이 훨씬 좋습니다. 하지만 문제에 모르는 단어가 있거나 주제를 잘 이해할 수 없다면 문제에서 제공한 정보를 다르게 표현하지 못하고 그대로 문장을 만들 수밖에 없습니다.

정보를 보고 한국어로 설명하는 것은 한국어 문장을 만드는 실력도 필요하고 표나 그래프를 설명하는 방법도 알아야 하기 때문에 뉴스에 나오는 것과 같은 표현을 사용하여 쓰는 것은 아주 어렵습니다. 하지만 평균적인 수준으로 쓰는 것은 크게 어렵지 않기 때문에 처음에는 중급 수준으로 연습을 하고 중급 수준의 쓰기를 10분 정도 만에 잘 쓸 수 있을 때 고급 수준을 연습하는 것이 좋습니다. 중급을 목표로 시험을 준비하는 친구들은 16점 ~ 20점, 고급을 준비하는 친구들은 26점 ~ 30점을 목표로 연습을 하면 좋겠습니다. 따라서 처음에는 300자를 채우고 25점 이상을 받겠다는 욕심을 버리고 여러분의 목표에 맞게 공부하십시오.

그리고 53번부터는 원고지 형태의 답안에 글을 써야 합니다. 다른 곳에 글을 썼다가 옮겨 적을 시간이 없기 때문에 처음부터 바로 답지에 글을 쓰는 연습을 해야 하는데 원고지 사용법이 익숙하지 않은 친구들은 글을 쓰기 전부터 겁을 먹어서 더 어렵게 느껴지기도 합니다. 그리고 300자 이내라는 정해진 분량이 있기 때문에 글을 쓰면서 분량을 맞추는 연습을 해야 합니다. 시험 때 갑자기 원고지 형식에 쓰려면 어렵기 때문에 시험을 준비할 때도 답지 형식에 쓰면서 연습하는 것을 추천합니다.

53번 쓰기 수업을 할 때 원고지 쓰기에 대한 질문을 아주 많이 받습니다. 그래서 원고지 쓰기와 관련하여 여러분이 궁금해 하는 모든 내용을 이 책에 정리해 보았습니다. 원고지 사용법을 먼저 확인하고 시작하겠습니다.

원고지 쓰기

1. 들여쓰기

원고지의 각 줄 첫째 칸은 문단을 나눌 때에만 비웁니다. 중심 내용이 달라질 때 문단을 나누는 것은 글을 쓰는 사람과 글을 읽는 사람의 약속이기 때문에 글쓰기를 할 때 문단을 나누는 것은 아주 중요합니다. 내용이 달라지면 문단을 나누어야 하지만 그렇지 않을 때는 계속 이어서 씁니다. 문단이 나누어지지 않을 때는 절대로 첫째 칸을 비우면 안 됩니다.

53번은 전체가 하나의 주제이기 때문에 하나의 문단으로 써야 합니다. 따라서 맨 앞 칸은 첫째 줄만 비어 있어야 합니다. 꼭 기억하세요.

<그림 1 - 잘못된 예>

	한	국		직	업		연	구	소	에	서		대	학	생	들	이		가
고		싶	은		회	사	에		대	하	여		조	사	하	였	다	.	
	많	은		사	람	들	이		퇴	근		시	간	이		빠	른		회
사	를		좋	아	한	다	고		대	답	하	였	다	.					

53번의 경우 전체를 하나의 문단으로 써야 하기 때문에 <그림 1>처럼 두 번째 문장을 시작하는 부분에서 맨 앞 칸을 비우면 안 됩니다.

<그림 2>

	한	국		직	업		연	구	소	에	서		대	학	생	들	이		가
고		싶	은		회	사	에		대	하	여		조	사	하	였	다	.	많
은		사	람	들	이		퇴	근		시	간	이		빠	른		회	사	를
좋	아	한	다	고		대	답	하	였	다	.								

그런데 두 번째 문장을 이어서 쓰다 보니 <그림 2>처럼 '회사를' 다음에 띄어쓰기를 해야 하는 경우가 생깁니다. 이때는 어떻게 해야 합니까? 라는 질문을 많이 하는데 이럴 경우라

도 맨 앞 칸은 비우면 안 됩니다. 이 경우 가장 정확한 방법은 <그림 3>과 같이 띄어쓰기를 해야 하는 부분에 'V' 표시를 하는 것인데 이 표시는 하지 않아도 괜찮습니다. 첫 번째 칸을 비우면 안 된다는 것을 알고 있어도 이렇게 줄의 마지막까지 글씨를 쓰고 띄어쓰기를 해야 하는 경우에는 다음 줄의 첫 칸을 비우는 실수를 하기 쉬우니 주의해야 합니다.

<그림 3>

	한	국		직	업		연	구	소	에	서		대	학	생	들	이		가
고		싶	은		회	사	에		대	하	여		조	사	하	였	다	.	많
은		사	람	들	이		퇴	근		시	간	이		빠	른		회	사	를 V
좋	아	한	다	고		대	답	하	였	다	.								

2. 숫자와 소수점

숫자는 한 칸에 두 개씩 씁니다.

숫자 세 개일 때는 첫 칸에 두 개, 다음 칸에 하나를 쓰면 됩니다. 이렇게 생각하면 쉽습니다. 무조건 한 칸에 숫자 두 개를 써야 다음 칸으로 넘어가는 것입니다. 숫자가 짝수일 때는 걱정이 없는데 홀수일 때가 있어서 어렵습니다. 아래 <그림 4>의 '1인 가구'처럼 숫자가 하나밖에 없다면 한 칸에 하나만 씁니다. '100가구'를 어떻게 썼는지도 확인해 보세요.

<그림 4>

	부	산	시		1	인		가	구	는		23	.1	%	로		작	년	보
다		9.	5	%		증	가	한		것	으	로		나	타	났	다	.	
이	는		10	0	가	구		중		약		23	가	구	가		1	인	
가	구	라	는		것	으	로		작	년	에		비	해		15	,0	00	가
구	가		늘	어	났	다	.												

또 53번 문제에 25.2, 10.7과 같이 소수가 나올 때도 있어서 여러분을 또 어렵게 합니다. 소수점은 어떻게 써야 하는지 많이 질문하는데 소수점도 숫자 하나와 같이 생각하면 됩니다.

그리고 3,000과 같이 숫자 중간에 쉼표를 쓸 때도 있습니다. 이런 쉼표도 소수점과 마찬가지로 숫자 하나와 같다고 생각하면 됩니다. 숫자와 소수점, 쉼표를 다 하나라고 생각하고 한 칸에 두 개씩을 채우고 다음 칸을 쓴다고 생각하면 쉽습니다.

3. 단위

단위는 한 칸에 씁니다. 단위는 하나의 글자와 같다고 생각하면 됩니다.

<그림 5>

	10	0	%	에	서		2	%	가		부	족	하	였	다	.			
	1	kg	은		10	00	g	입	니	다	.								
	요	즘		90	㎡	이	하	의		집	이		인	기	가		많	다	.

4. 알파벳

알파벳의 경우 대문자는 한 칸에 하나, 소문자는 한 칸에 두 개를 씁니다. 영어로만 된 문장과 한국어 능력 시험을 영어로 말할 때 'TOPIK'과 같이 전체를 대문자로 쓰는 경우와 'Topik'과 같이 맨 처음 글자만 대문자로 쓸 때의 차이를 잘 보시기 바랍니다.

<그림 6>

	T	he	re		ar	e		ma	ny		mo	un	ta	in	s.				
	T	O	P	I	K		시	험	에		응	시	하	는		외	국	인	들
이		증	가	하	고		있	다	.										
	T	op	ik		시	험	에		응	시	하	는		외	국	인	들	이	
증	가	하	고		있	다	.												

5. 문장 부호

문장 부호의 경우 한 칸을 차지하는 부호와 반 칸을 차지하는 부호가 있습니다. 물음표(?), 느낌표(!), 따옴표(“ ”)는 각각 한 칸을 차지하기 때문에 다음 칸을 비웁니다. 어떤 사람이 한 말을 그대로 적을 때는 큰따옴표(“ ”)를 사용합니다. 보통 단체의 이름이나 강조하고 싶은 내용, 또는 마음속으로 한 말을 쓸 때는 작은따옴표(‘ ’)를 사용하는데 이때는 한 칸을 띄우지 않습니다. 그러나 온점(.)과 쉼표(,)는 반 칸으로 생각하기 때문에 다음 칸을 비우지 않습니다.

또 따옴표와 온점이 같이 올 경우에는 한 칸에 씁니다. 괄호는 한 칸에 하나씩을 쓰고, 말줄임표(……)는 한 칸에 점 세 개씩을 넣습니다.

<그림 7>

	내	일	부	터		시	작	되	는		‘	한	국	마	라	톤	’	으	로
인	해		오	전		8	시	부	터		차	량		통	행	이		제	한
됩	니	다	.	협	조		부	탁	드	립	니	다	.						
	이	러	한		문	제	를		해	결	할		수		있	는		방	법
은		없	을	까	?		바	로		작	은		것	부	터		실	천	하
는		것	이	다	.														
	“	주	말	에		제	주	도	에		갈		거	야	. ”				
	“	제	주	도	!		정	말		좋	겠	다	. ”						
	나	도		제	주	도	에		가	고		싶	은	데	…	…	.	제	주
도		여	행	을		가	는		친	구	가		부	러	웠	다	.		

6. 원고지 교정 부호

원고지 쓰기를 하다 보면 실수를 할 때가 있습니다. 토픽 시험에서 답안을 쓸 때도 마찬가지입니다. 그때 처음부터 다시 쓰면 시간이 너무 많이 걸리기 때문에 교정 부호를 사용해서 고치면 좋습니다. 자주 사용하는 원고지 교정 부호를 알아보도록 하겠습니다.

① 띄어 써야 하는데 붙여 썼을 때: ∨

	대	학		진	학	을		희	망	하	는		사	람	은		백∨	명	으
로		조	사	되	었	다	.												

※ 단위를 나타내는 명사, 예를 들어 ‘명, 개, 원, 달러’ 등은 숫자로 쓸 때는 붙이고 한글 숫자와 함께 쓸 때 띄어쓰기를 해야 합니다. 따라서 ‘100명’ 또는 ‘백 명’이 맞습니다. 처음부터 맞게 쓰는 것이 좋지만 만약 실수를 했다면 교정 부호를 사용해서 고치면 됩니다.

② 붙여 써야 하는데 띄어 썼을 때: ⌒

	상	대	방	의		부	탁	을		거	절	하	는		방	법	을		모
르	면		어	쩔		수		없	이		들	어	줄		수	⌒	밖	에	
없	다	.																	

※ 안과 밖의 의미로 사용할 때 ‘밖에’는 “잠깐 밖에 나갔어요.”와 같이 앞의 말과 띄어 써야 합니다. 그러나 ‘-을/ㄹ 수밖에 없다’의 ‘밖에’는 조사이기 때문에 붙여 써야 합니다. 자주 실수하는 띄어쓰기이니 주의해야 합니다.

③ 문단을 나누어야 하는데 이어 썼을 때:

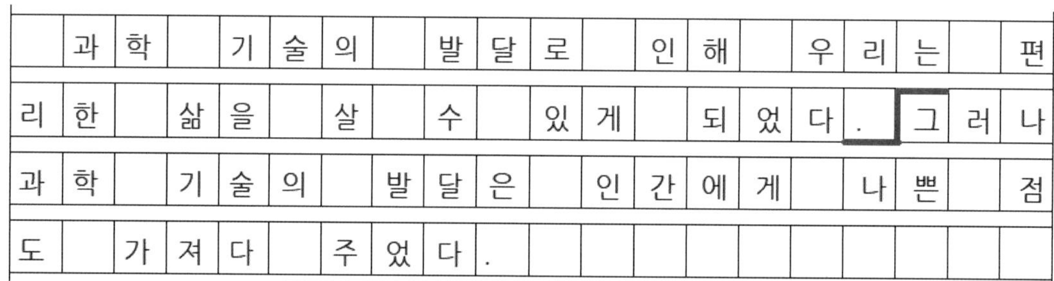

	과	학		기	술	의		발	달	로		인	해		우	리	는		편
리	한		삶	을		살		수		있	게		되	었	다	.	그	러	나
과	학		기	술	의		발	달	은		인	간	에	게		나	쁜		점
도		가	져	다		주	었	다	.										

과학 기술의 발달로 인한 장점을 마무리하고 단점을 쓰기 시작하면서 내용이 바뀌기 때문에 문단을 나누어야 하는데 이어서 썼다고 생각하면 이렇게 문단을 나누어야 하는 부분에 표시를 하면 됩니다.

④ 이어 써야 하는데 문단을 나누었을 때 :

과학 기술의 발달로 인해 우리는 편
리한 삶을 살 수 있게 되었다.
예를 들어 힘든 집안일을 도와주는
세탁기, 청소기, 식기세척기 등이 있다.

⑤ 한두 글자를 더 넣어야 할 때

주말에 가끔 친구를 만날 때도 있지
만 보통 집에 (서) 쉰다.

⑥ 여러 글자를 고칠 때:

자녀를 키우기 위해서는 많은 시간이
필요하고 돈도 필요하다. (경제적인 부담도 크다.)

⑦ 글자들의 자리를 바꾸어야 할 때:

매일 우리는 다른 사람들과 소통하면
서 살아간다. 혼자만 살아갈 수 없다.

⑧ 한 글자나 두 글자를 지울 때:

매일 우리는 다른 사람들과 소통하면
서 살아간다. 혼자만 살아갈 수 없다.

⑨ 많은 글자 또는 문장을 지울 때: ═══

	1	인		가	구	가		증	가	하	고		있	다	.	이	는		20
대	의		독	립	과		함	께		혼	자		사	는		노	인	의	
증	가	가		그		원	인	이		되	고		있	다	.	~~노~~	~~인~~	~~ ~~	~~1~~
~~인~~	~~ ~~	~~가~~	~~구~~	~~는~~	~~ ~~	~~위~~	~~험~~	~~하~~	~~다~~	.	이	렇	게		1	인		가	구
가		증	가	하	면	서		여	러		변	화	가		나	타	나	고	
있	다	.																	

글의 내용과 상관없는 부분이나 필요 없는 문장이 있으면 지우는 것이 더 좋습니다. 그럴 때 지울 부분을 두 줄로 그으면 됩니다.

쓰기 순서 정하기

53번 쓰기는 문제에서 제공하는 순서대로 쓰는 것이 가장 쉽습니다. 최근 53번 문제를 보면 대부분 아래 네 가지 형태 중에서 나오고 있습니다. 이럴 때 글을 쓰는 순서는 하나의 정보를 완전히 다 쓴 후 다음 정보를 쓰는 순서가 좋습니다.

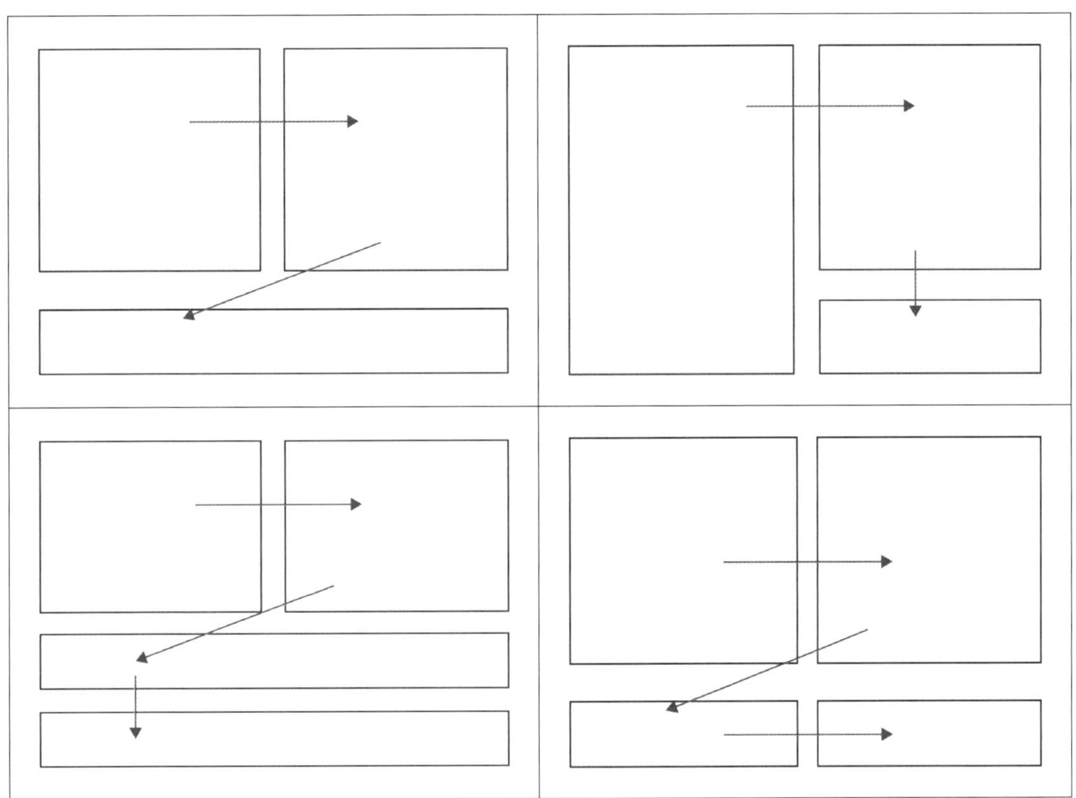

정보의 관계 파악하기

이렇게 글의 순서를 정했으면 정보의 관계를 파악해야 합니다. 그리고 정보와 정보가 자연스럽게 연결되도록 적당한 말을 넣어주면 더 좋은 글을 쓸 수 있습니다. 연습을 할 때는 하나의 정보를 다 쓴 다음에 다음 정보로 넘어갈 때 반드시 연결되는 말을 써야 한다고 생각하는 것이 좋습니다. 처음에는 연결되는 말을 잊어버리고 쓰지 않는 경우가 많은데 놓치지 않고 꼭 쓸 수 있도록 연습하기 바랍니다.

자주 출제되는 유형을 예로 들면, 첫 번째 정보를 시작할 때 '우선' 또는 '먼저'를 쓰고 시작하고 다음 정보로 넘어갈 때 아래의 동그라미가 있는 부분이 연결되는 말을 써야 하는 자리입니다. 꼭 기억하십시오.

또한 53번의 경우 말하기로 연습하는 것을 추천 드립니다. 그래프를 보고 아래의 동그라미 부분에 어떤 말을 써야 할지 문제지에 간단히 메모한 후 정확한 문장으로 정보를 말하는 연습을 하는 것입니다. 이 방법으로 53번 쓰기에 대한 자신감을 얻은 학생들이 정말 많습니다. 여러분들도 53번 쓰기가 제일 쉽다고 느끼게 될 것입니다.

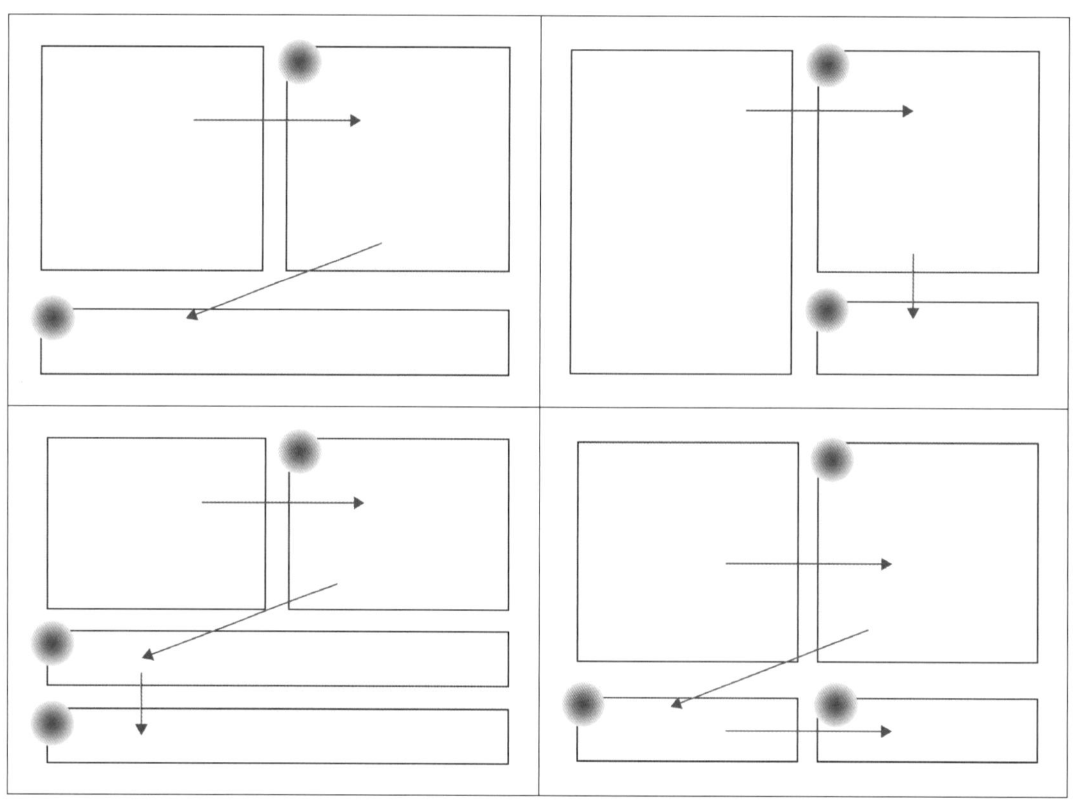

그런데 어떤 말로 연결을 하면 좋을까 걱정이 될 것입니다. 그래프와 그래프 사이의 관계와 상관없이 사용할 수 있는 말이 첫 번째 정보를 시작할 때 '우선' 또는 '먼저'를 쓰고 두 번째 정보를 시작할 때 '다음으로'를 쓰는 것입니다. 하지만 자료의 내용에 어울리는 말로 연결해주면 훨씬 좋습니다. 그래프 두 개를 이어주는 말을 표로 정리해 보았습니다.

연결하는 말의 경우 첫 번째 그래프와 두 번째 그래프의 순서가 바뀌어도 같습니다. 예를 들어 첫 번째 그래프가 증가하는 모양이고 두 번째 그래프가 감소하는 모양일 때, '반면, 이와 반대로, 그렇지만'으로 연결하라고 되어 있습니다. 그런데 첫 번째 그래프가 감소하는 모양이고 두 번째 그래프가 증가하는 모양이라도 똑같이 '반면, 이와 반대로, 그렇지만'을 쓰면 됩니다.

연결하는 말	첫 번째 그래프 모양	연결하는 말	두 번째 그래프 모양
우선 / 먼저	모든 그래프	다음으로	모든 그래프
우선 / 먼저	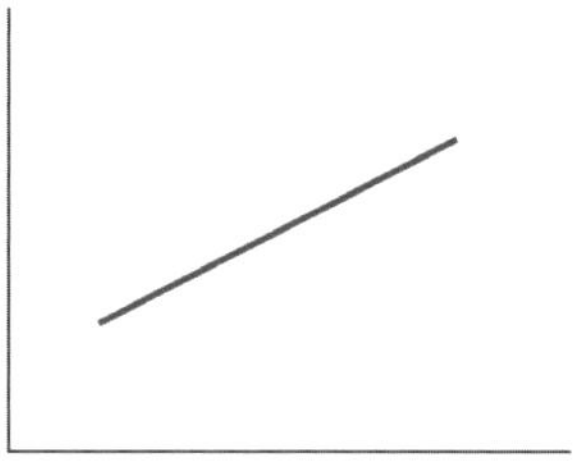	반면 이와 반대로 그렇지만	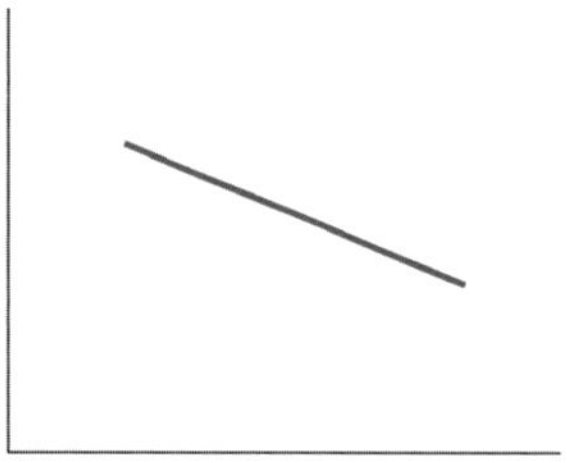
우선 / 먼저	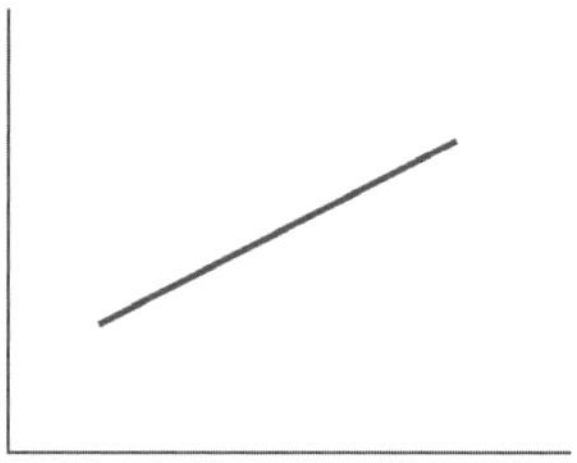	또한 그리고 이와는 달리 이와 다르게	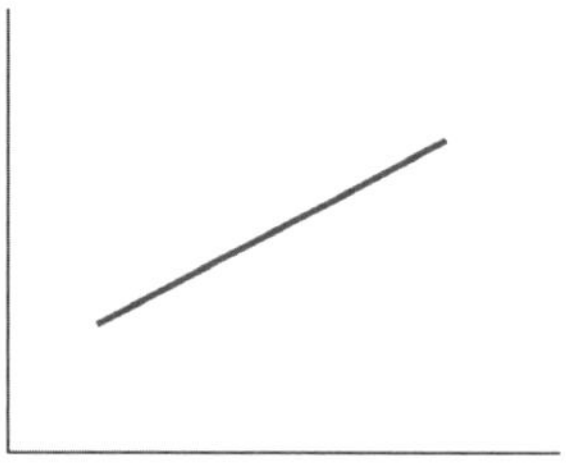
우선 / 먼저	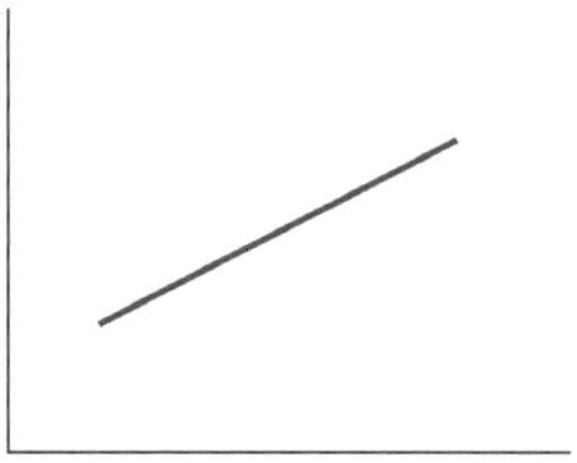	한편 특히	

마지막에 있는 '한편, 특히'는 잘 선택해야 합니다. '한편'의 경우 전체 주제와 조금 다른 이야기를 할 때 쓰는데, 예를 들어 전체 주제가 한국 가전제품의 수출 현황이고 첫 번째 그래프에 수출이 증가하는 상황, 세 번째 정보에 원인, 네 번째 정보에 전망이 나오는데 두 번째

그래프에 올해 수출한 가전제품의 비율이 나온다면 두 번째 그래프는 조금 다른 이야기를 하고 있다는 것을 알 수 있습니다. 그럴 때 '한편'을 쓰는 것이 좋습니다. 만약 이 내용을 이해하는 것이 어렵다면 어떤 연결도 가능한 '다음으로'를 쓰십시오.

그리고 '특히'는 여러 응답 중에서 하나를 골라 자세히 물어본 결과에 대해 사용하면 좋습니다. 예를 들어 올해 저축 계획에 대한 질문에 저축을 늘리겠다, 그대로 하겠다, 저축을 줄이겠다, 모르겠다 각각의 응답 비율을 나타낸 그래프가 첫 번째 정보로 나오고 두 번째 정보에 늘리겠다고 대답한 사람들에게 저축을 늘리는 이유에 대해 물어본 결과가 나온다면 이때는 '특히'가 좋습니다. 여러 가지 상황 중에서 하나를 자세하게 이야기하고 있기 때문에 그렇습니다.

이러한 그래프 이후에 이어지는 내용을 연결하는 말은 어떻게 써야 하는지는 나중에 알아보겠습니다. 300자에 맞춰서 쓰기 위해 생각해야 될 것이 있기 때문입니다. 지금까지는 대부분 원인과 결과, 원인과 전망 또는 기대가 가장 많았고, 이 외에 기대 효과, 각각에 대한 자세한 설명 등이 있었습니다.

첫 번째 문장 쓰기

53번 문제는 첫 번째 문장에 자료를 조사한 기관과 조사 대상 그리고 조사 주제가 모두 포함되도록 써야 합니다. 이 세 가지 중에 없는 것은 쓰지 않으면 됩니다. 최근에는 조사 대상이 없는 문제가 많고 조사 기관이 없는 경우도 있었습니다. 중요한 것은 없으면 안 써도 되지만 있으면 반드시 써야 한다는 것입니다.

첫 번째 문장은 아래 6개 문장 중에서 하나를 골라서 써 보십시오. 처음에 한 문장을 집중적으로 연습한 후에 실수 없이 바로 말할 수 있으면 다른 문장을 연습하는 방식으로 진행하면 좋습니다. 중급을 준비하는 사람들은 1번에서 3번을 연습하고, 고급을 준비하는 사람들은 4번에서 6번까지 연습해 보십시오.

중급	① (기관, 단체)에서 (사람, 대상)을 대상으로 (제목, 주제)에 대하여 조사하였다. ② (기관, 단체)에서 (사람, 대상)을 대상으로 (제목, 주제)에 대하여 조사한 결과이다. ③ (기관, 단체)에서 (사람, 대상)을 대상으로 (제목, 주제)에 대하여 조사를 실시하였다.
고급	④ (기관, 단체)에서 (사람, 대상)을 대상으로 (제목, 주제)에 대하여 조사를 실시한 결과, ⑤ (기관, 단체)에서 (사람, 대상)을 대상으로 (제목, 주제)에 대하여 조사한 내용에 따르면, ⑥ (기관, 단체)에서 (사람, 대상)을 대상으로 (제목, 주제)에 대하여 실시한 조사를 살펴보면,

다음 그래프로 어떻게 쓰는지 예시를 한번 보겠습니다.

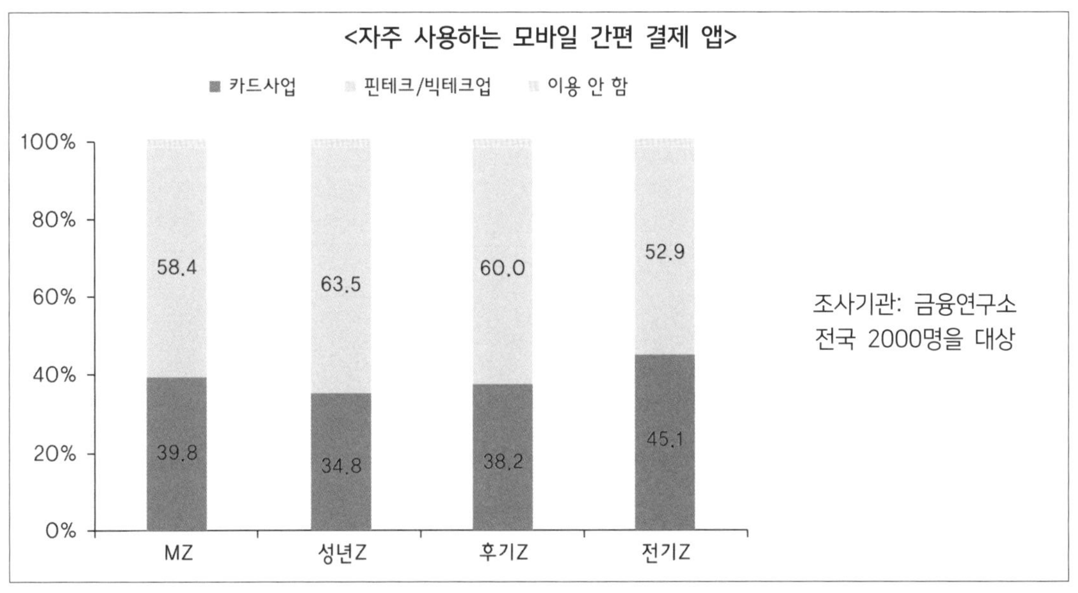

① 금융연구소에서 전국 2000명을 대상으로 자주 사용하는 모바일 간편 결제 앱에 대하여 조사하였다.
② 금융연구소에서 전국 2000명을 대상으로 자주 사용하는 모바일 간편 결제 앱에 대하여 조사한 결과이다.
③ 금융연구소에서 전국 2000명을 대상으로 자주 사용하는 모바일 간편 결제 앱에 대하여 조사를 실시하였다.
④ 금융연구소에서 전국 2000명을 대상으로 자주 사용하는 모바일 간편 결제 앱에 대하여 조사를 실시한 결과,
⑤ 금융연구소에서 전국 2000명을 대상으로 자주 사용하는 모바일 간편 결제 앱에 대하여 조사한 내용에 따르면,
⑥ 금융연구소에서 전국 2000명을 대상으로 자주 사용하는 모바일 간편 결제 앱에 대하여 실시한 조사를 살펴보면,

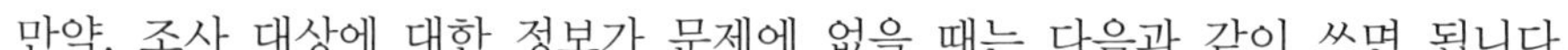

만약, 조사 대상에 대한 정보가 문제에 없을 때는 다음과 같이 쓰면 됩니다.

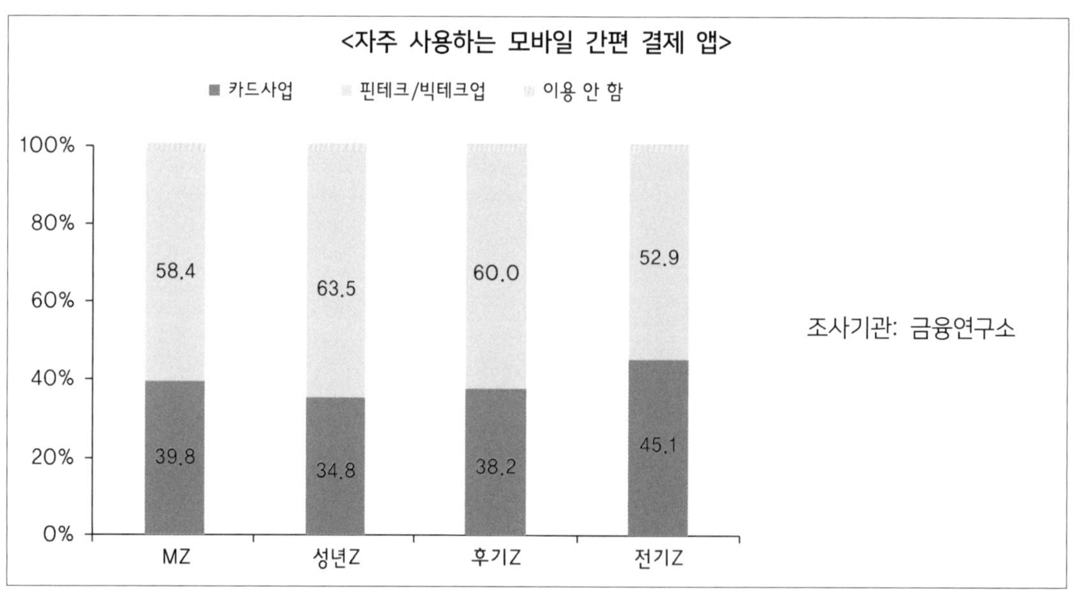

① 금융연구소에서 자주 사용하는 모바일 간편 결제 앱에 대하여 조사하였다.
② 금융연구소에서 자주 사용하는 모바일 간편 결제 앱에 대하여 조사한 결과이다.
③ 금융연구소에서 자주 사용하는 모바일 간편 결제 앱에 대하여 조사를 실시하였다.
④ 금융연구소에서 자주 사용하는 모바일 간편 결제 앱에 대하여 조사를 실시한 결과,
⑤ 금융연구소에서 자주 사용하는 모바일 간편 결제 앱에 대하여 발표한 내용에 따르면,
⑥ 금융연구소에서 자주 사용하는 모바일 간편 결제 앱에 대하여 실시한 조사를 살펴보면,

만약 조사 기관도 없다면 이렇게 씁니다.

① 자주 사용하는 모바일 간편 결제 앱에 대하여 조사하였다.
② 자주 사용하는 모바일 간편 결제 앱에 대하여 조사한 결과이다.
③ 자주 사용하는 모바일 간편 결제 앱에 대하여 조사를 실시하였다.
④ 자주 사용하는 모바일 간편 결제 앱에 대하여 조사를 실시한 결과,
⑤ 자주 사용하는 모바일 간편 결제 앱에 대하여 발표한 내용에 따르면,
⑥ 자주 사용하는 모바일 간편 결제 앱에 대하여 실시한 조사를 살펴보면,

첫 번째 문장 쓰기 연습

❶

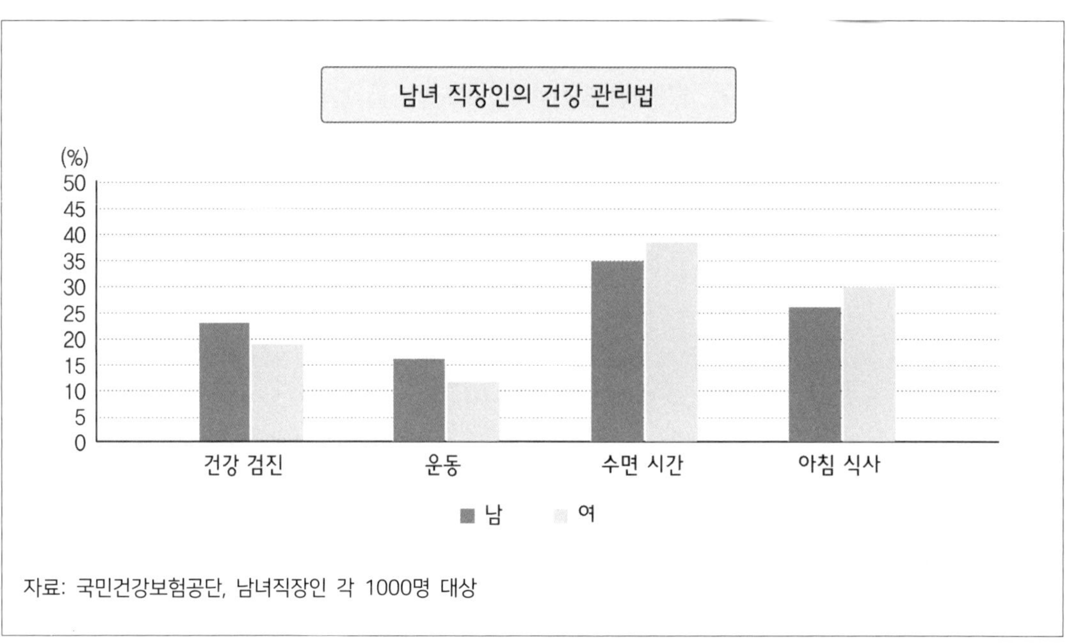

① ______

② ______

③ ______

④ ______

⑤ ______

⑥ ______

❷

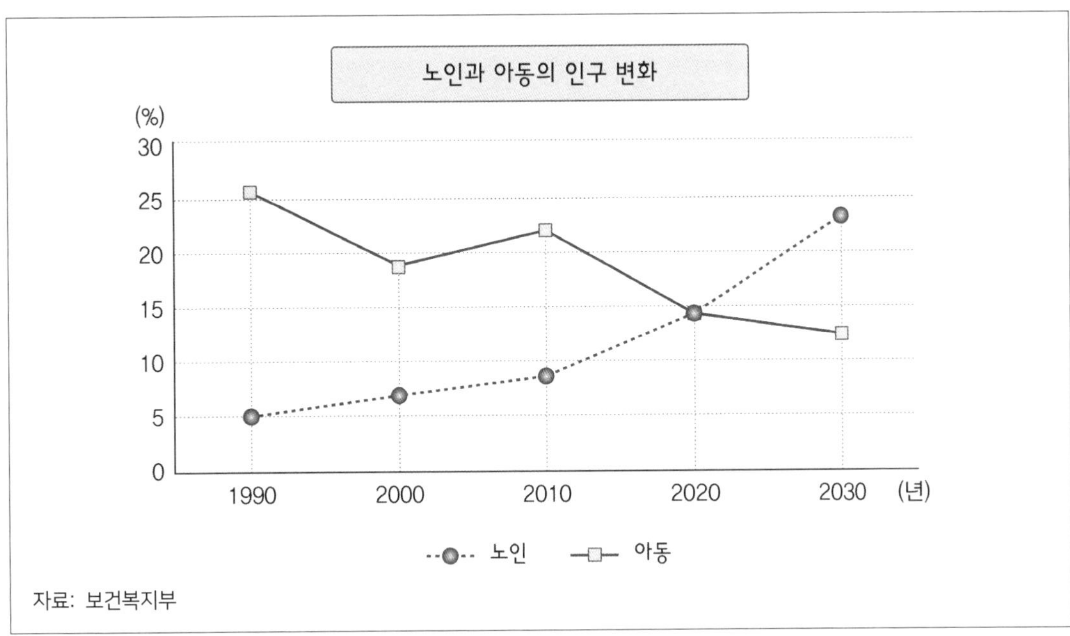

노인과 아동의 인구 변화
(%)
30
25
20
15
10
5
0
1990
2000
2010
2020
2030
(년)
노인
아동
자료: 보건복지부

①

②

③

④

⑤

⑥

❸

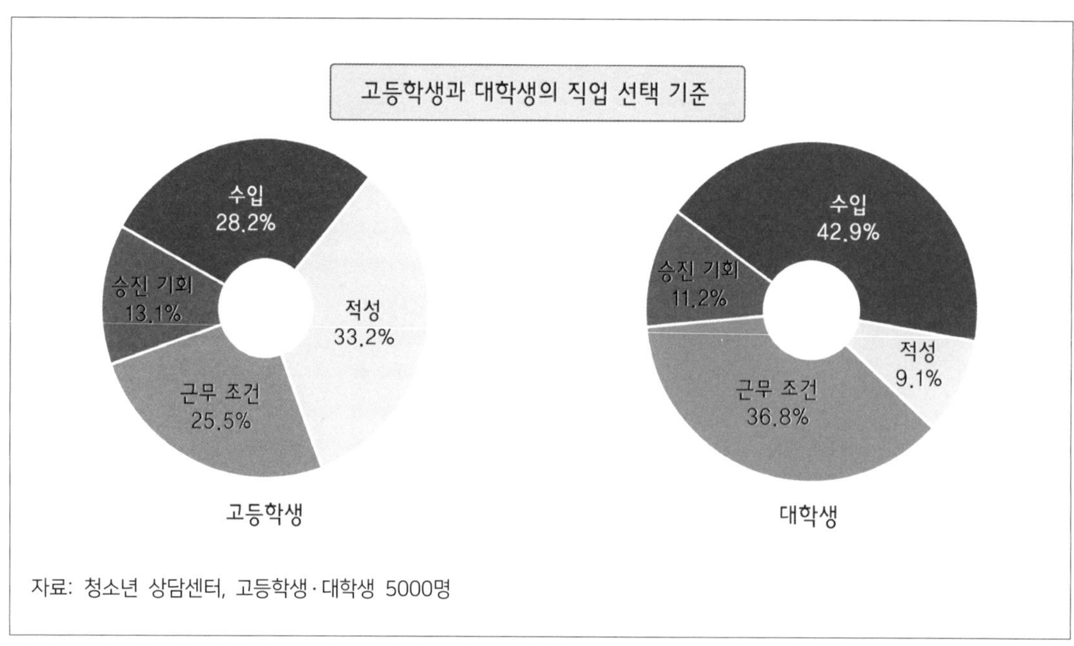

고등학생과 대학생의 직업 선택 기준
수입
28.2%
승진 기회
13.1%
적성
33.2%
근무 조건
25.5%
고등학생
수입
42.9%
승진 기회
11.2%
적성
9.1%
근무 조건
36.8%
대학생
자료: 청소년 상담센터, 고등학생·대학생 5000명

①

②

③

④

⑤

⑥

❹

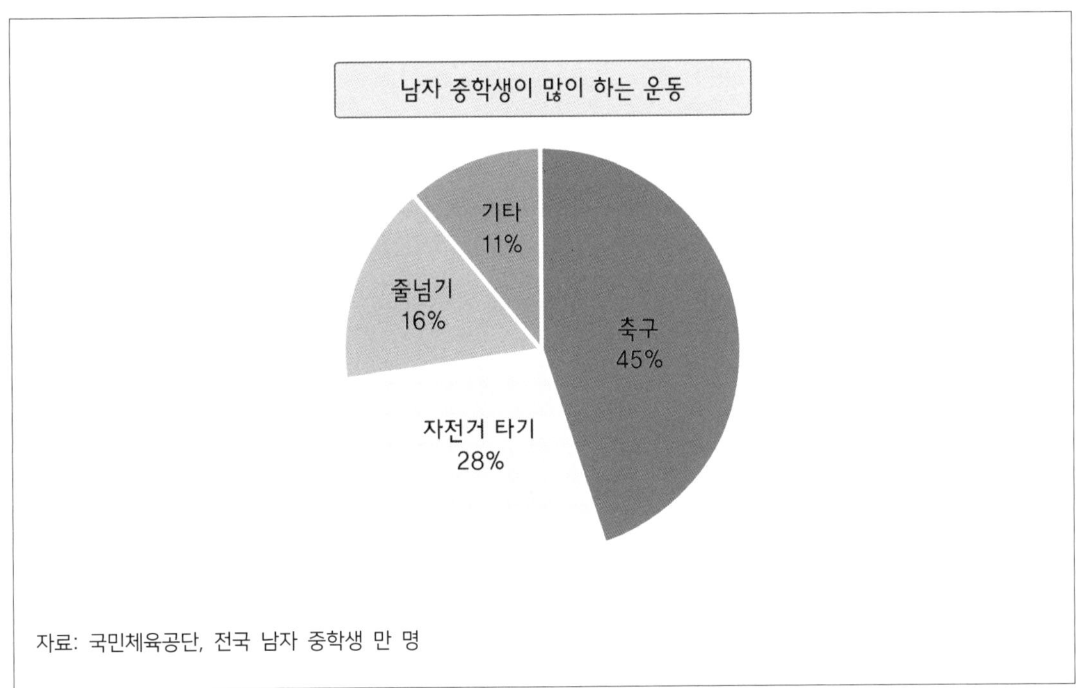

①

②

③

④

⑤

⑥

❺

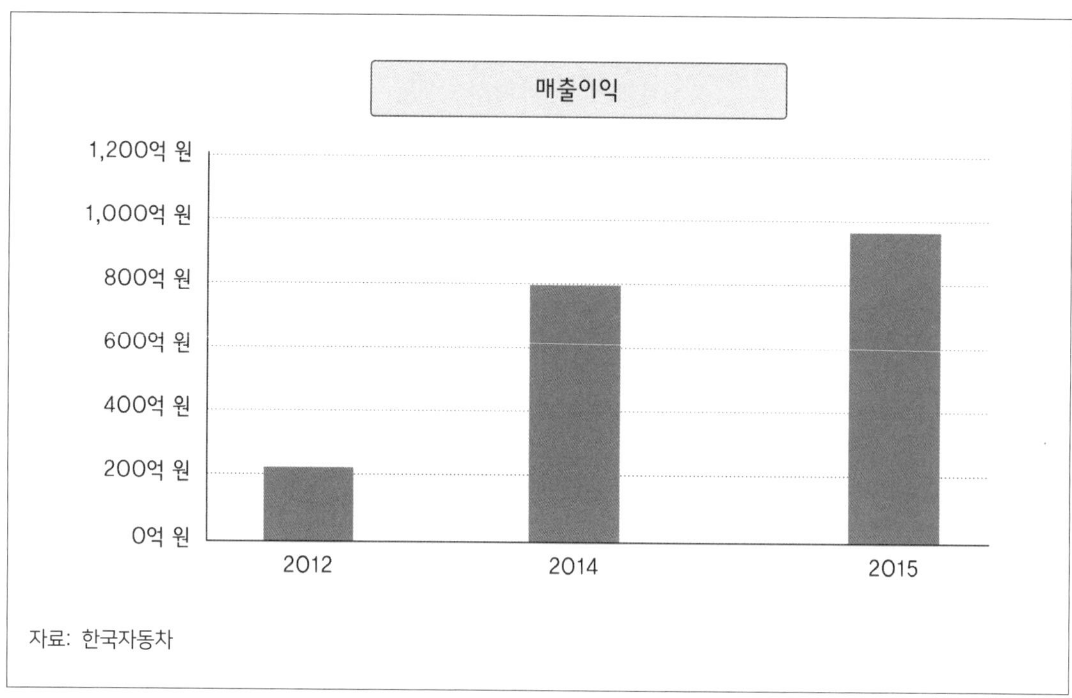
매출이익
1,200억 원
1,000억 원
800억 원
600억 원
400억 원
200억 원
0억 원
2012
2014
2015
자료: 한국자동차

①

②

③

④

⑤

⑥

❻

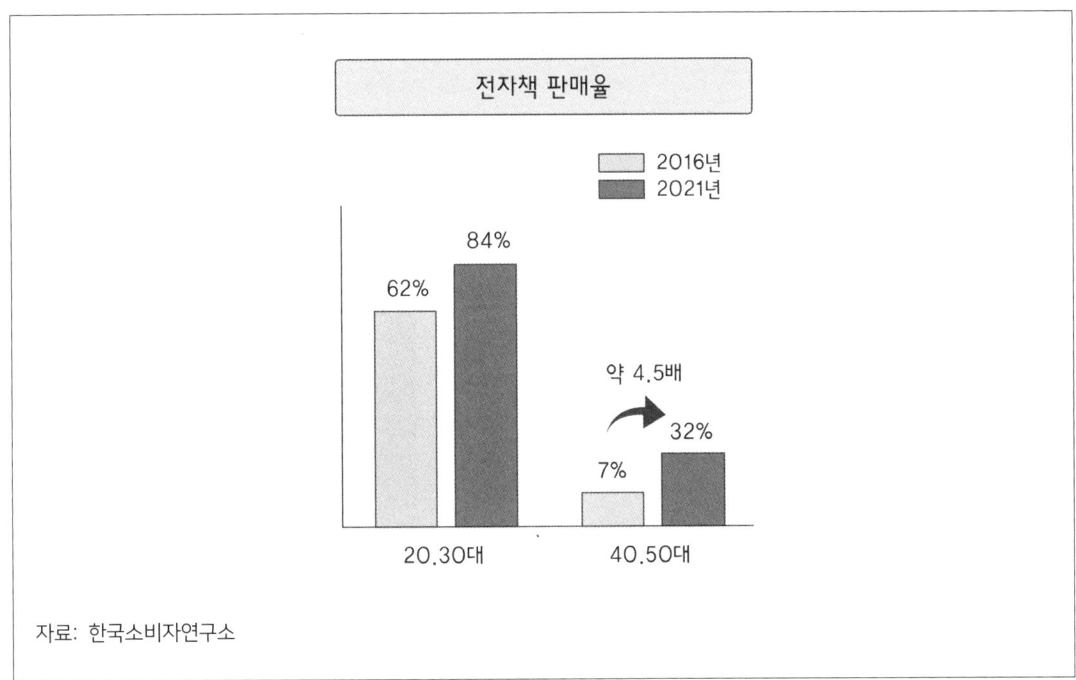

①

②

③

④

⑤

⑥

❼

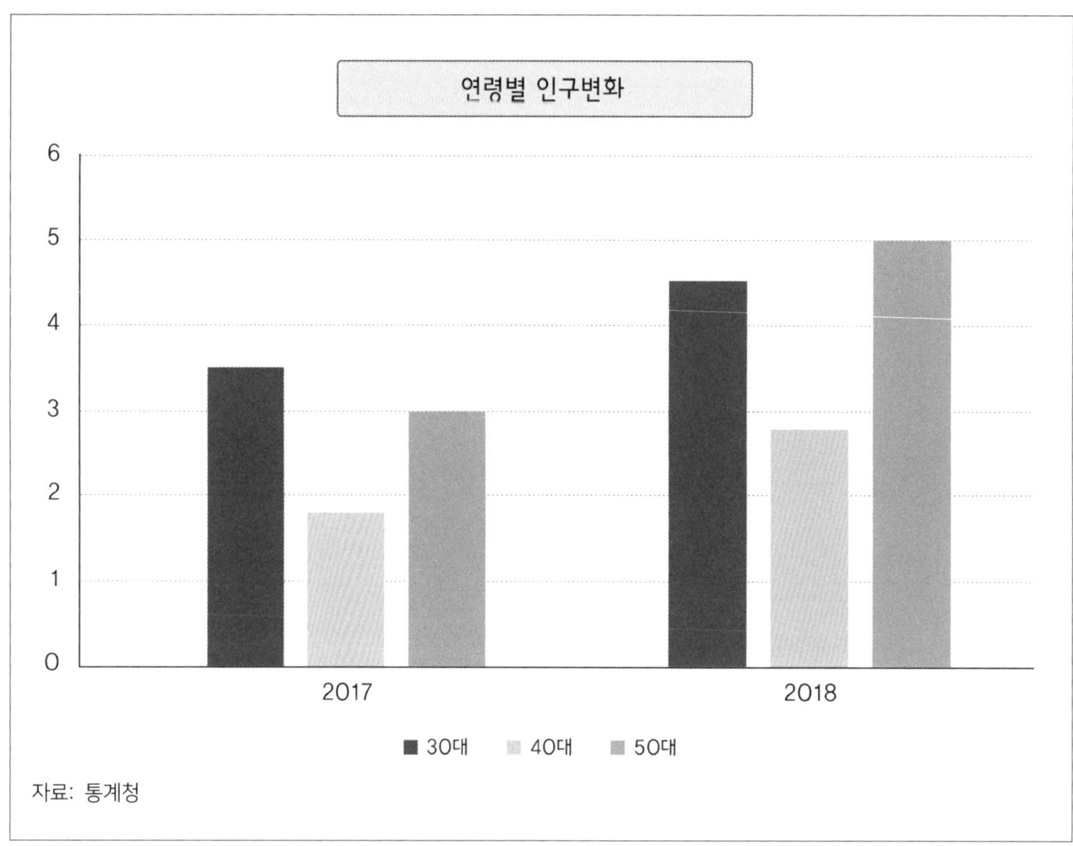

①

②

③

④

⑤

⑥

❽

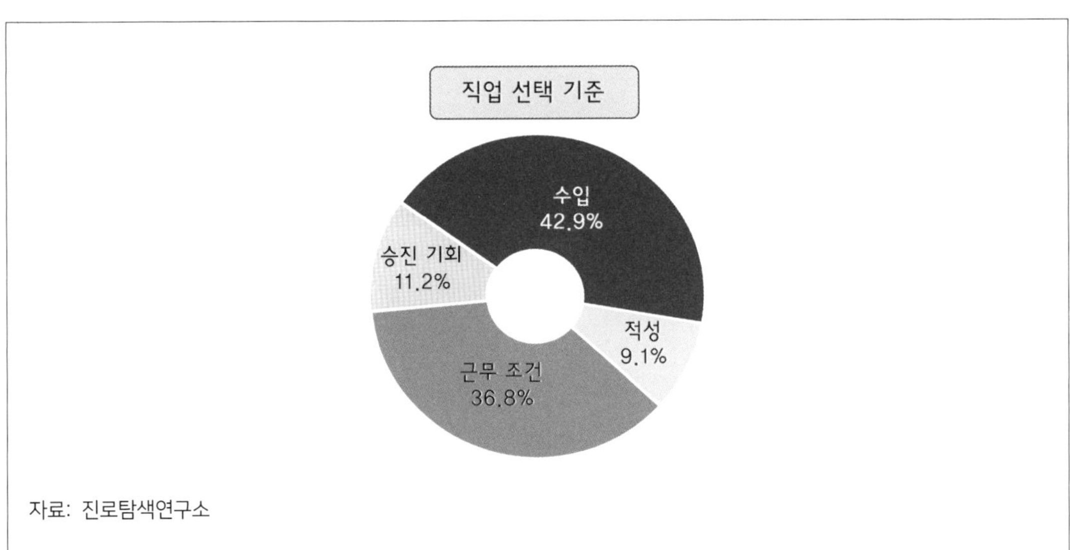

①

②

③

④

⑤

⑥

❾

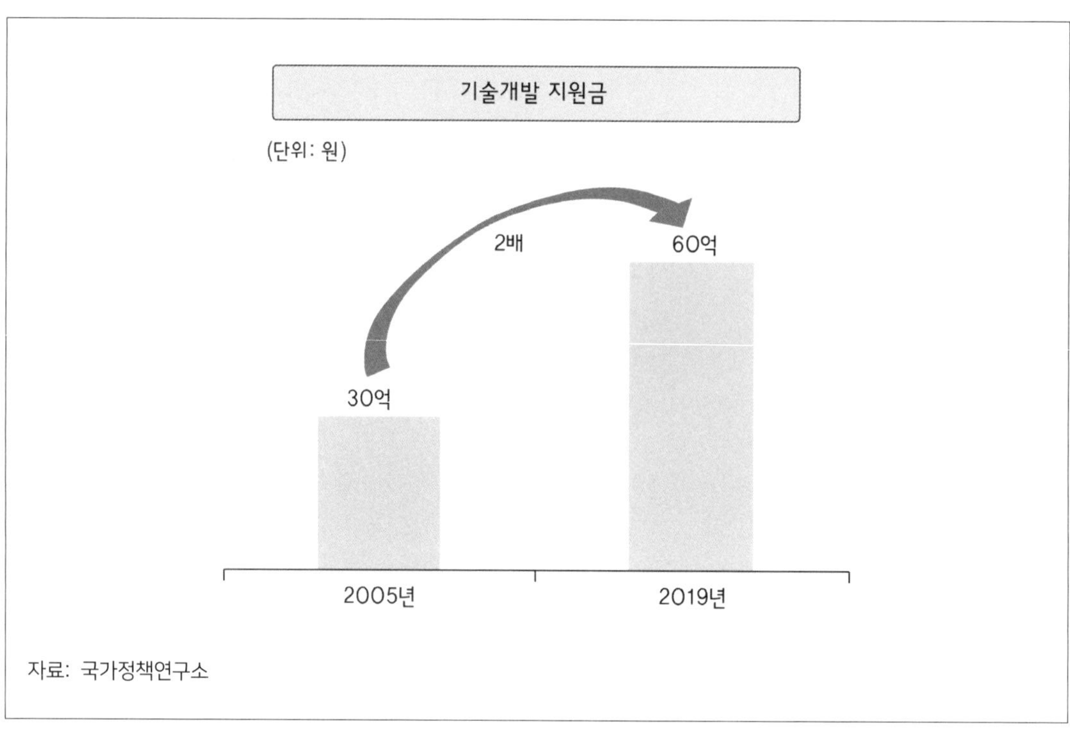

①

②

③

④

⑤

⑥

⑩

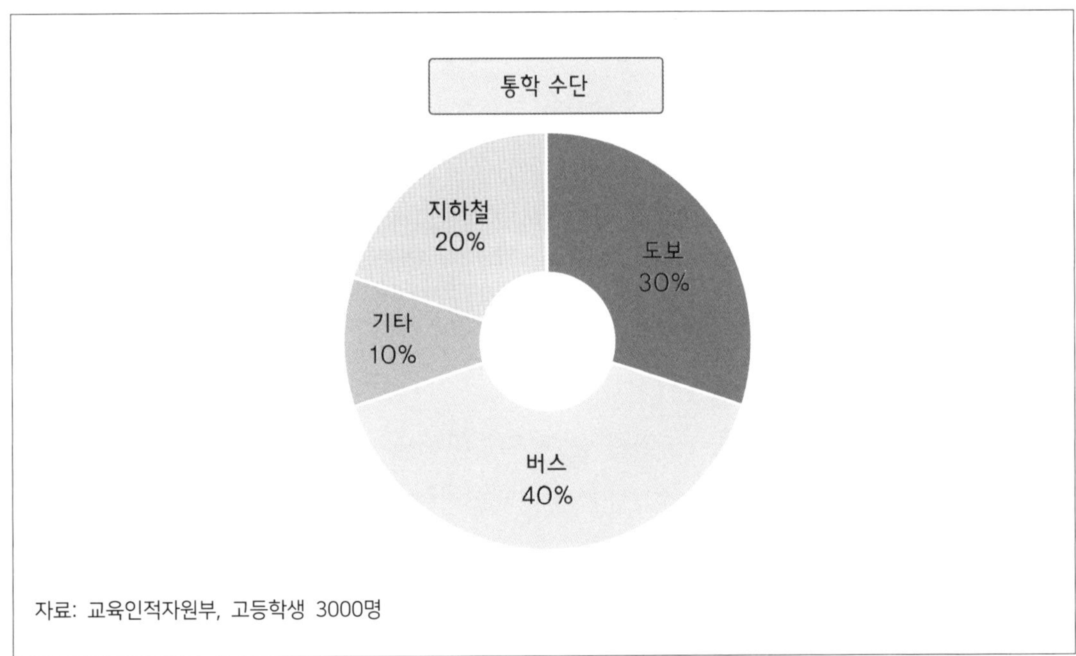

①

②

③

④

⑤

⑥

선/막대 그래프 읽기(변화 상황)

선 그래프나 막대 그래프를 읽을 때 중요한 정보는 주제, 년도, 숫자, 변화 양상입니다. 이런 정보를 빠트리지 않고 쓰는 방법은 크게 두 가지가 있는데 어떤 것을 선택해도 좋습니다.

① (주제)은/는 (년도1)에 (숫자1)에서 (년도2)에 (숫자2)로 (변화 양상)하였다. ② (년도1)에 (숫자1)이었던 (주제)은/는 (년도2)에 (숫자2)로 (변화 양상)하였다.

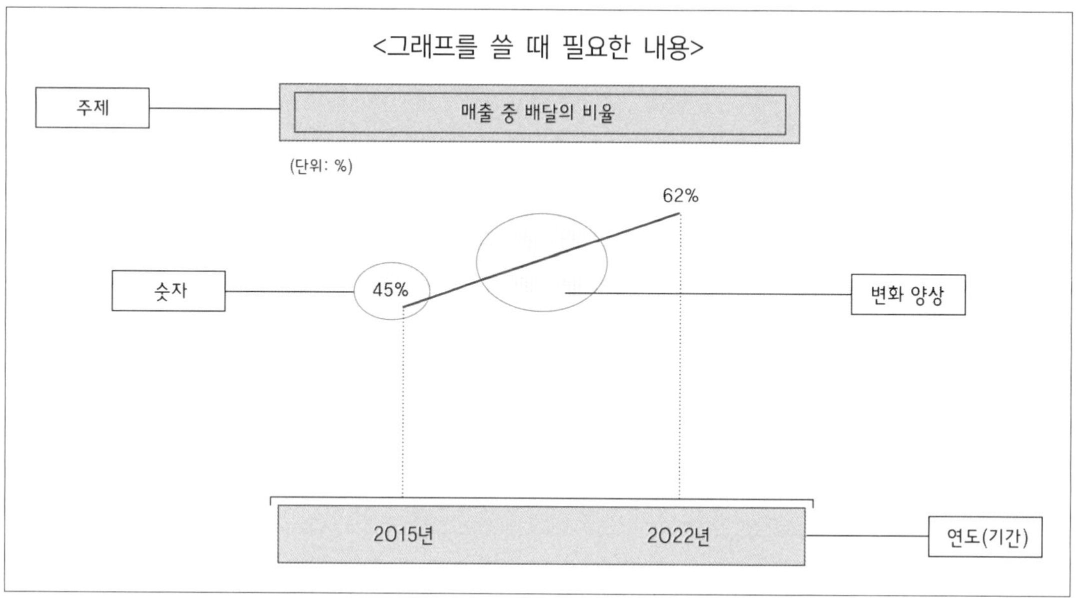

① 매출 중 배달의 비율은 2015년 45%에서 2022년 62%로 증가하였다.

② 2015년 45%이었던 매출 중 배달의 비율은 2022년 62%로 증가하였다.

이 두 문장을 기본으로 실수 없이 말하고 쓸 수 있도록 연습해야 합니다. 그리고 기본 문장을 잘 쓸 수 있을 때 여러분만의 다양한 문장을 만들어 보는 것도 좋습니다. 고급을 준비하는 여러분들은 한국 뉴스를 보며 뉴스에서 나오는 표현을 연습하는 것이 도움이 많이 됩니다.

변화 양상을 설명할 때는 단순히 '증가하였다, 감소하였다' 뿐만 아니라 상황에 따라 다양한 표현을 사용하여 보다 자세하게 그래프를 설명하는 것이 좋은데 그래프의 모양에 따라 자주 사용되는 표현을 미리 연습해 주는 것도 시간을 절약할 수 있는 방법입니다. 다음 그래프의 모양에 따른 표현을 충분히 연습해 봅시다.

① 변화의 차이가 큰 그래프

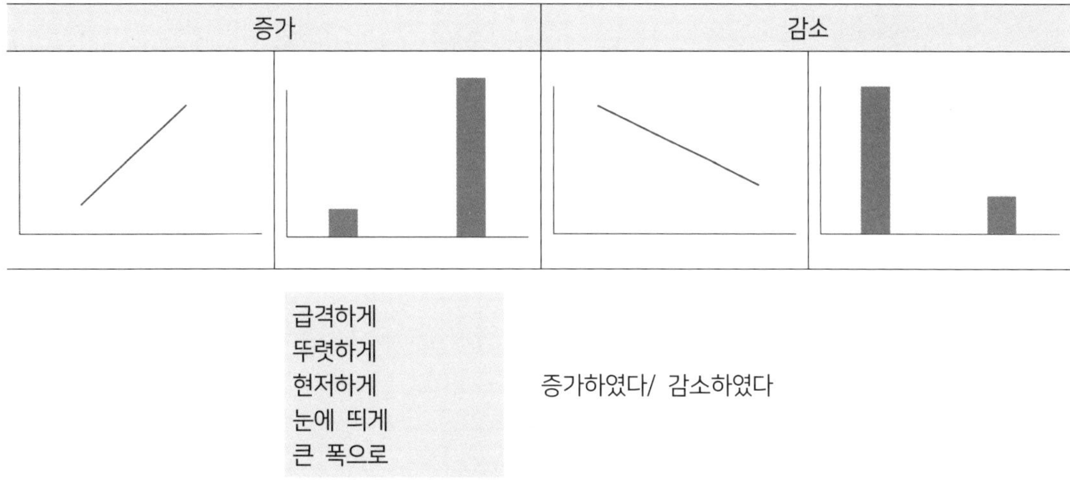

급격하게 뚜렷하게 현저하게 눈에 띄게 큰 폭으로	증가하였다/ 감소하였다

② 변화의 차이가 적은 그래프

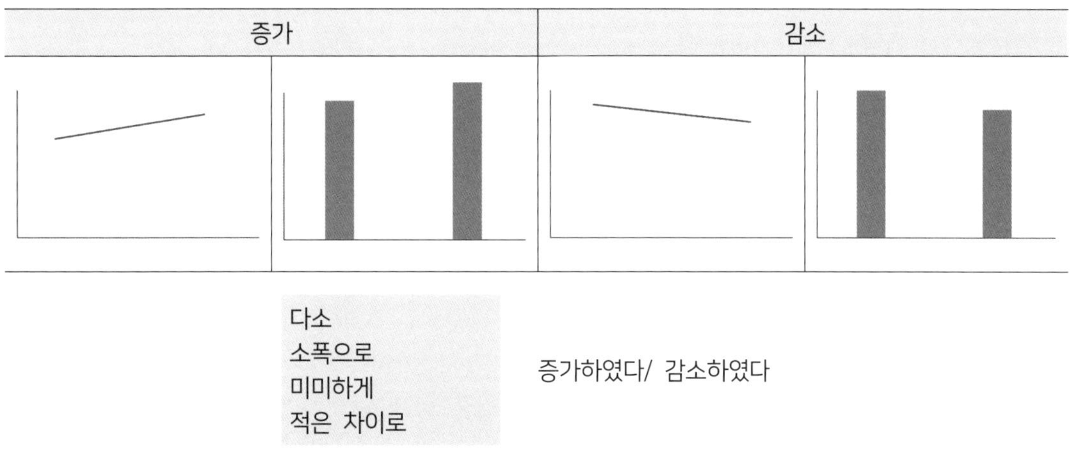

다소 소폭으로 미미하게 적은 차이로	증가하였다/ 감소하였다

앞의 그래프 읽기에 이 내용을 포함하여 문장을 만들어 보면 "(주제)은/는 (년도1)에 (숫자1)에서 (년도2)에 (숫자2)로 (변화 특징) (변화 양상)하였다."가 됩니다. 예문을 하나 만들어 보면 "모바일 간편 결제 앱의 사용자는 2001년 1000명에서 2011년 3000명으로 급격하게 증가하였다." 이렇게 쓸 수 있습니다.

③ 한번 꺾어진 그래프(조사 기간이 3개일 때)

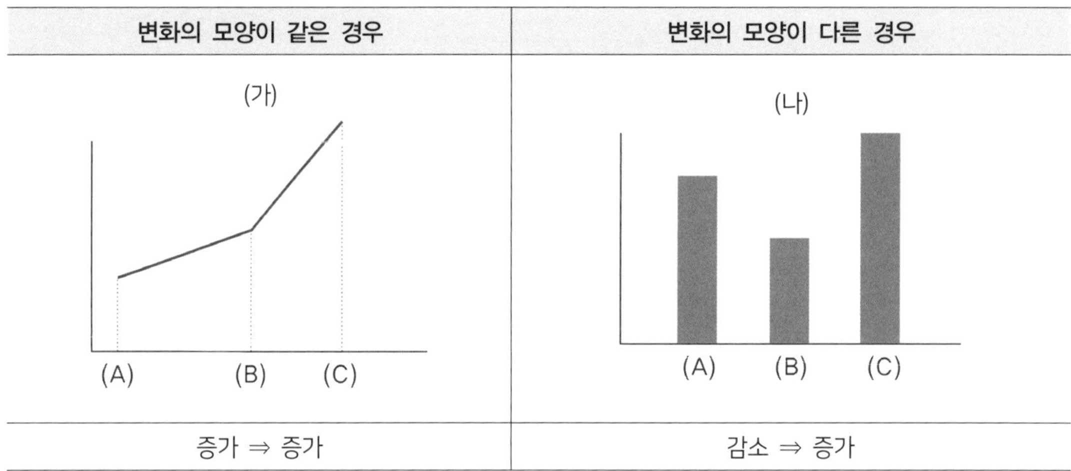

변화의 모양이 같은 경우	변화의 모양이 다른 경우
(가) (A) (B) (C)	(나) (A) (B) (C)
증가 ⇒ 증가	감소 ⇒ 증가

선 그래프나 막대 그래프가 중간에 한번 꺾어진 경우 어떻게 써야 할지 막막할 수 있습니다. 그런데 꺾어진 부분을 중심으로 두 개의 그래프가 있다고 생각하고 나누어서 쓰면 쉽습니다. 그런데 한 가지, (가)와 같이 앞부분도 증가하고 뒷부분도 증가로 비슷한 상황으로 변화하는 경우인지, (나)처럼 앞부분은 감소하고 뒷부분은 증가하여 반대 상황으로 변화하는 경우인지 잘 생각해서 써야 합니다.

예를 들어 (가)는 '(A)에서 (B)까지 소폭으로 증가하였다. 이와는 달리 (B)에서 (C)까지 급격하게 증가하였다.' 이렇게 쓰면 됩니다. 이것은 감소의 상황이 이어져도 마찬가지입니다. (나)의 경우는 '(A)에서 (B)까지 감소하였다. 이와 반대로 (B)에서 (C)까지는 증가하였다.' 이렇게 쓰면 됩니다. 이 문장을 기본으로 하여 중간에 보충하고 싶은 표현을 넣으면 됩니다.

그러므로 그래프가 중간에 꺾어진 것을 보고 겁을 먹을 필요가 없습니다. 이미 여러분들은 선 그래프와 막대그래프를 어떻게 써야하는지 알고 있기 때문에 꺾어진 부분을 중심으로 두 개의 그래프라고 생각하면 어렵지 않게 쓸 수 있습니다. 앞부분과 뒷부분을 이을 때 사용하면 좋은 말은 다음과 같습니다. 물론 고급을 준비하는 학생들은 더 다양한 표현을 쓸 수 있습니다.

감소 ⇒ 감소 증가 ⇒ 증가	변화의 폭이 다른 경우	그리고 이와는 다르게
감소 ⇒ 증가 증가 ⇒ 감소	변화의 상황이 반대인 경우	그러나 반면 이와 반대로

④ 조사 대상이 2가지 이상인 그래프

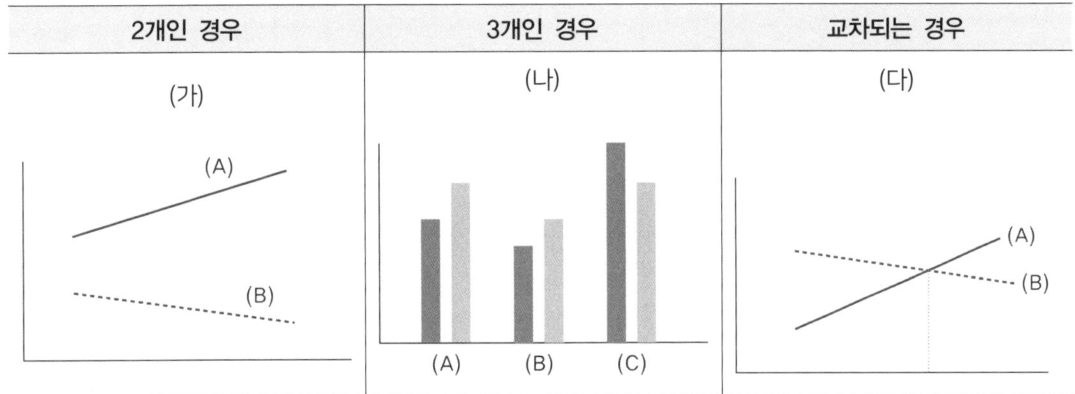

하나의 그래프에 조사 대상이 2개 이상인 경우도 있습니다. 이럴 때도 여러분들은 어렵게 생각하지 말고 그래프가 여러 개라고 생각하면 쉽게 쓸 수 있습니다. (가)는 증가하는 그래프가 하나 있고 감소하는 그래프가 있다고 생각하면 되겠지요? 그리고 반대 상황으로 변화하기 때문에 둘 사이를 '그러나, 반면, 이와 반대로' 중에 하나를 골라 이어주면 됩니다.

(나)의 경우는 그래프가 세 개 있다고 생각하면 됩니다. 어떤 기간 동안 (A)의 변화를 쓰고, 같은 기간 (B)의 변화, 그리고 (C)의 변화를 쓰는 것입니다. 이때 (A)와 (B)는 증가하였고 (C)는 감소하였으니 (C)를 시작할 때 '그러나, 반면, 이와 반대로' 중에서 하나를 골라 시작하면 됩니다. 일단 기본적으로 선 그래프와 막대그래프의 변화 상황에 대해 쓸 수 있으면 그 다음은 다 하나의 그래프가 여러 개 있는 것이라고 생각하고 쓰십시오.

그런데 (다)와 같이 (A)와 (B)가 반대 상황으로 변화하는데 (C)를 기준으로 상황이 뒤집어진 그래프가 있으면 이 부분은 설명을 해 주는 것이 좋습니다. 이러한 그래프는 인터넷 쇼핑과 모바일 쇼핑, 종이 신문과 인터넷 신문 등의 상황을 비교할 때 볼 수 있습니다. 조사를 시작하는 시점에는 (A)가 (B)보다 많았지만 (C)를 기점으로 상황이 달라졌습니다. 예를 들어 처음 조사는 2010년 두 번째 조사는 2020년, (C)가 2005년, (A)가 모바일 쇼핑, (B)가 인터넷 쇼핑이라면 이렇게 쓸 수 있습니다.

(2010년) (인터넷 쇼핑 이용자)가 (모바일 쇼핑 이용자)보다 많았으나 (인터넷 쇼핑 이용자)는 점점 감소하고 (모바일 쇼핑 이용자)는 점점 증가하였다.	- 결국 (2005년)부터 (모바일 쇼핑 이용자)가 더 많아졌다. - (2005년)을 기준으로 상황이 역전되어 (모바일 쇼핑 이용자)가 더 많아졌다. - (2005년)에는 (모바일 쇼핑 이용자)가 (인터넷 쇼핑 이용자)를 넘어서게 되었다.

선 그래프, 막대 그래프 쓰기 연습

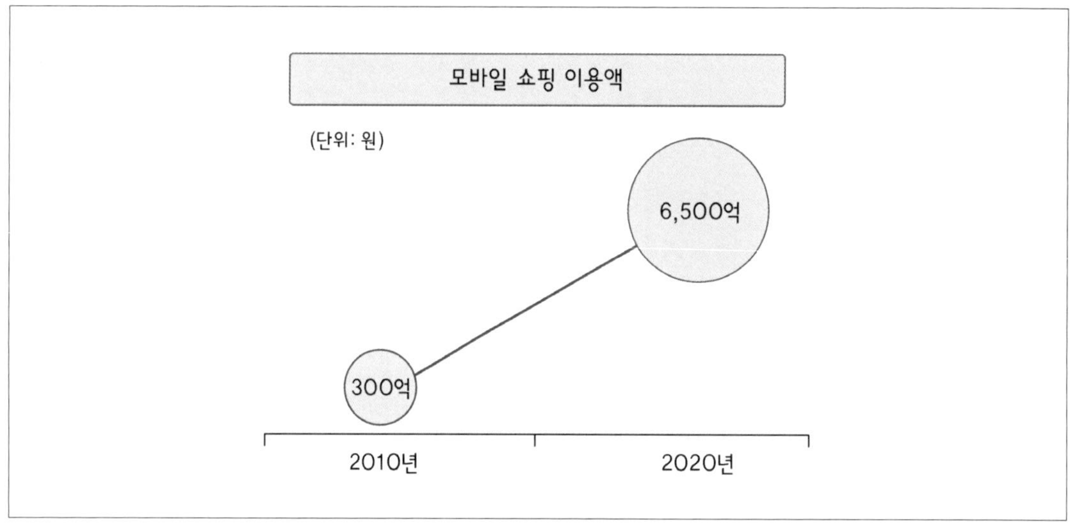

❷

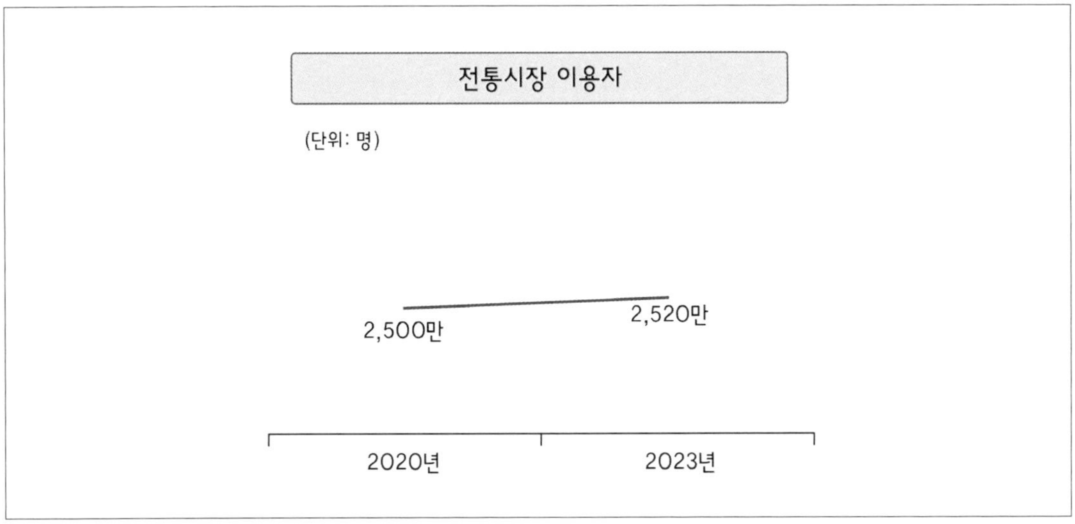

전통시장 이용자

(단위: 명)

2,500만

2,520만

2020년

2023년

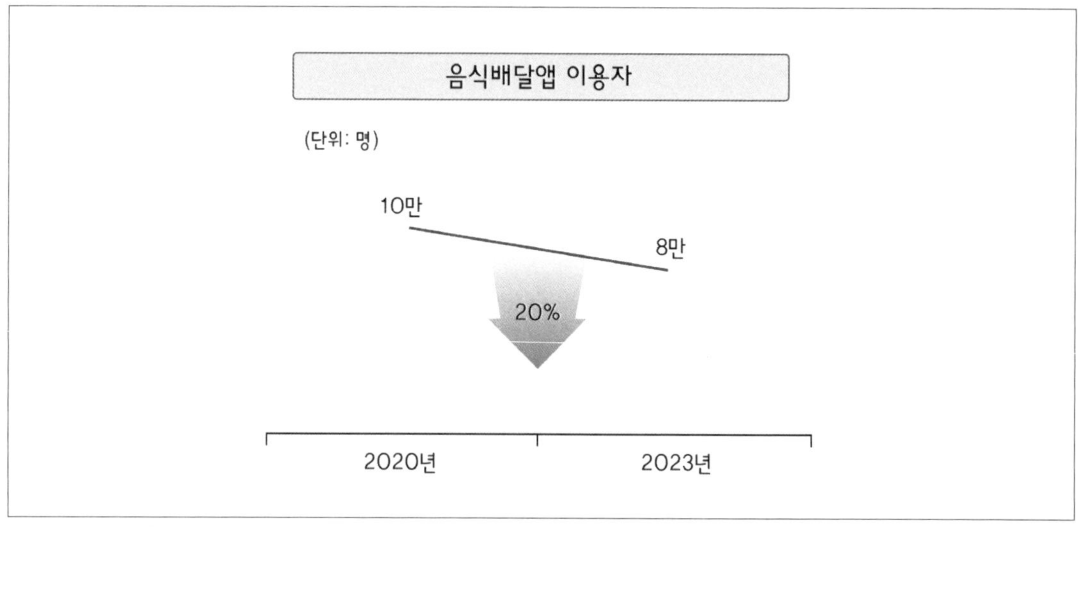

음식배달앱 이용자
(단위: 명)
10만
8만
20%
2020년
2023년

❹

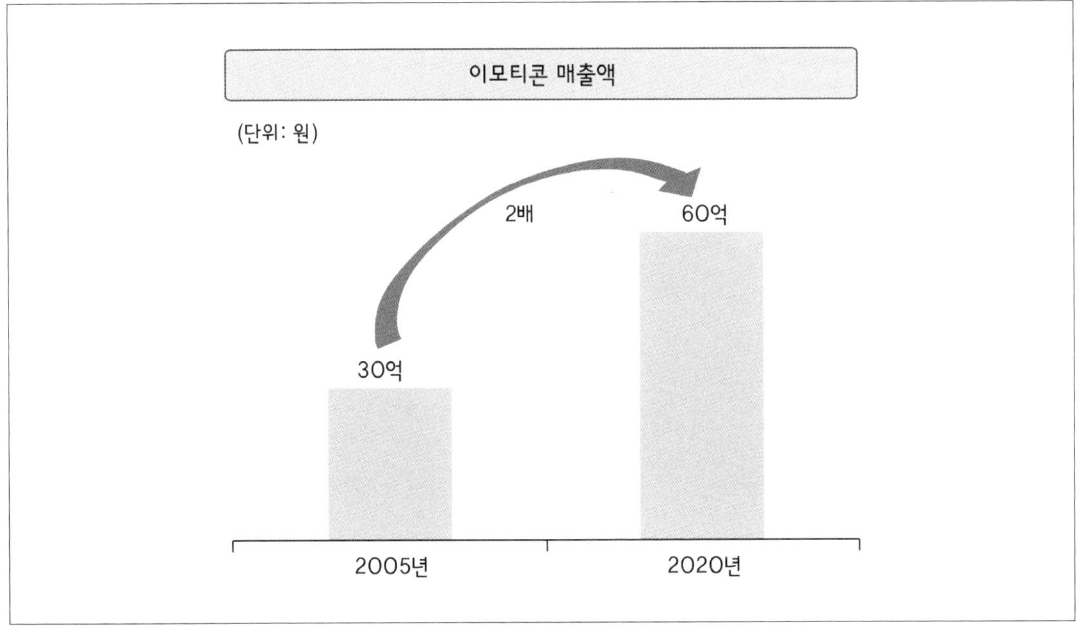

❺

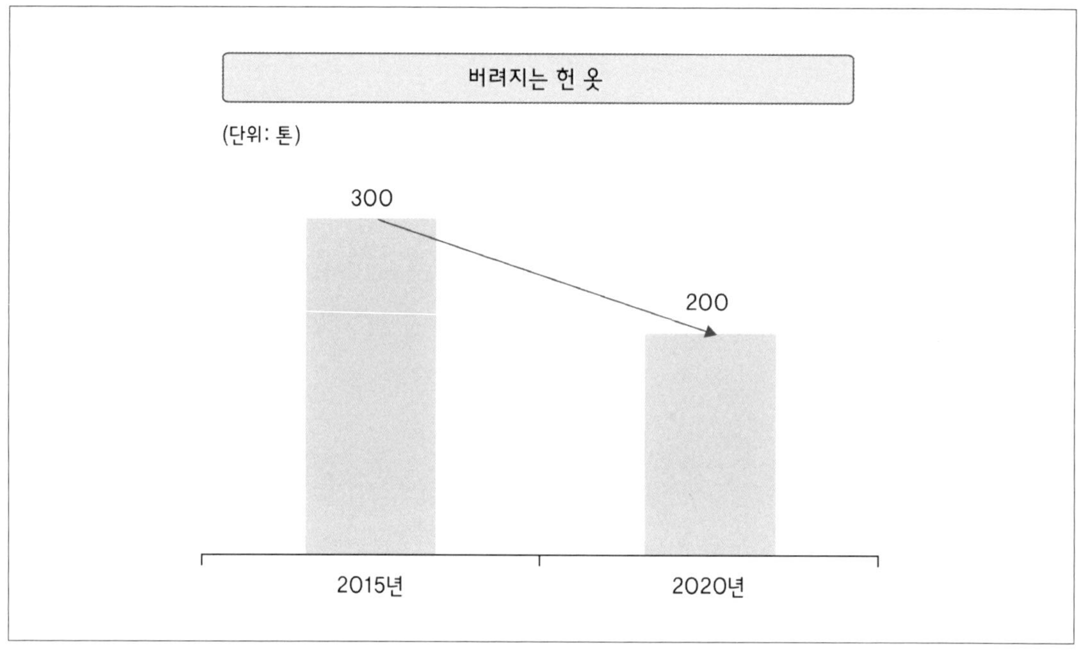

❻

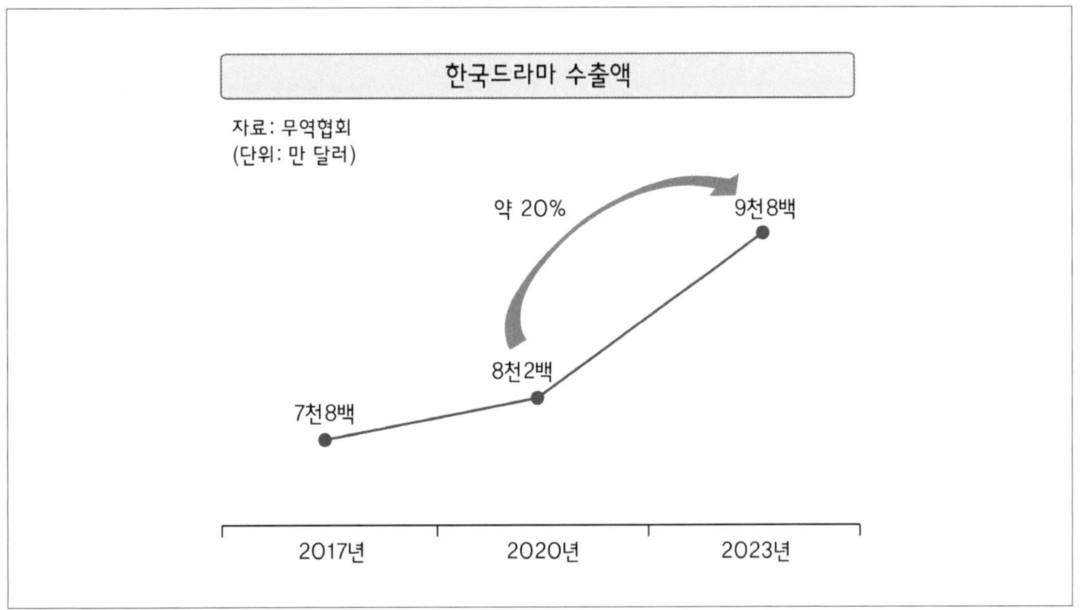

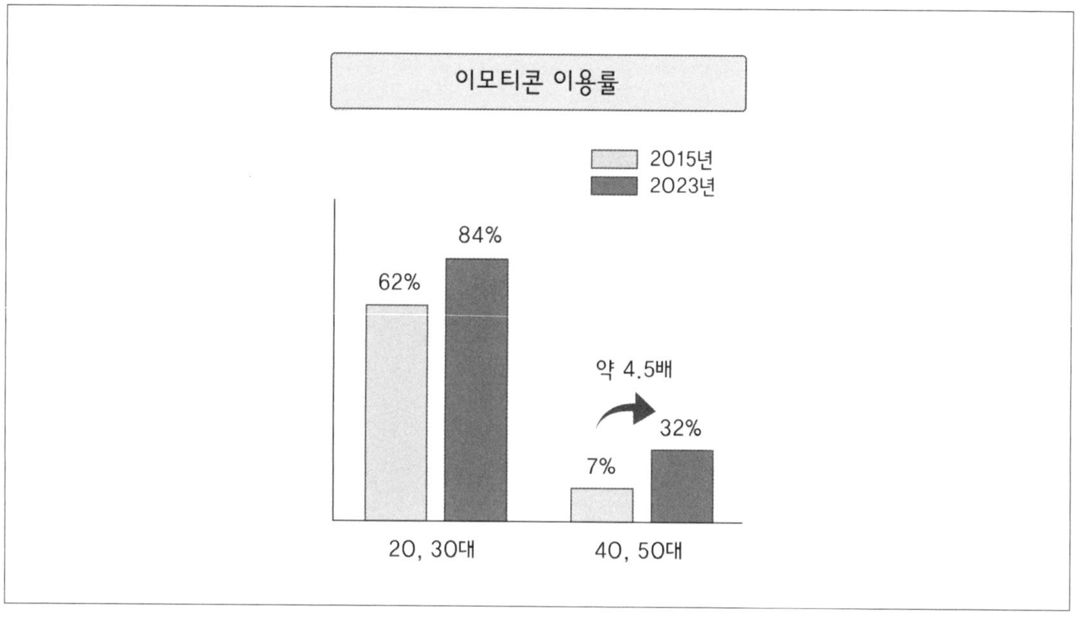

이모티콘 이용률
2015년
2023년
84%
62%
약 4.5배
32%
7%
20, 30대
40, 50대

❽

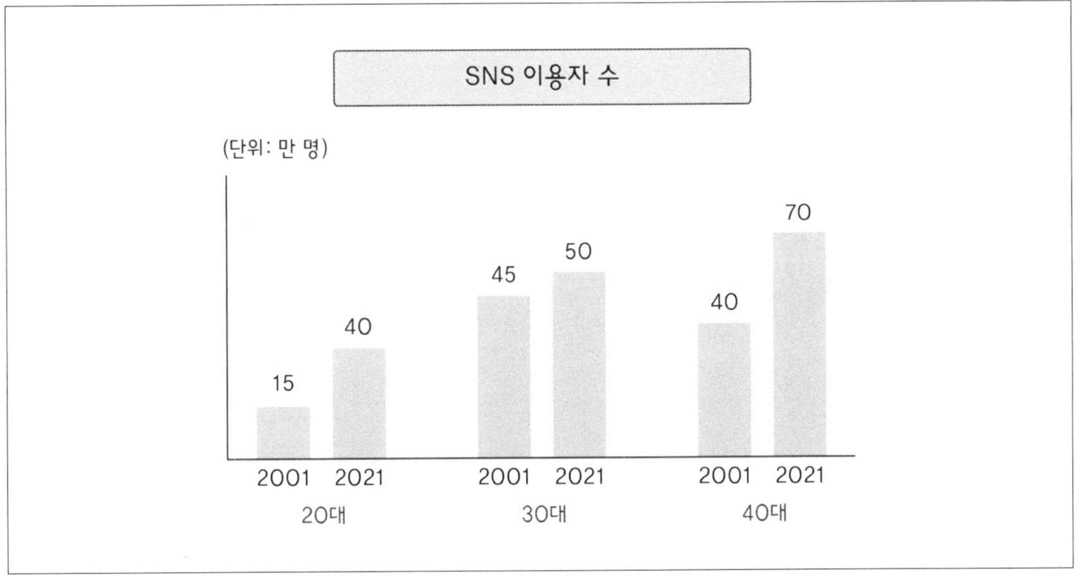
SNS 이용자 수
(단위: 만 명)
15
40
45
50
40
70
2001 2021
20대
2001 2021
30대
2001 2021
40대

❾

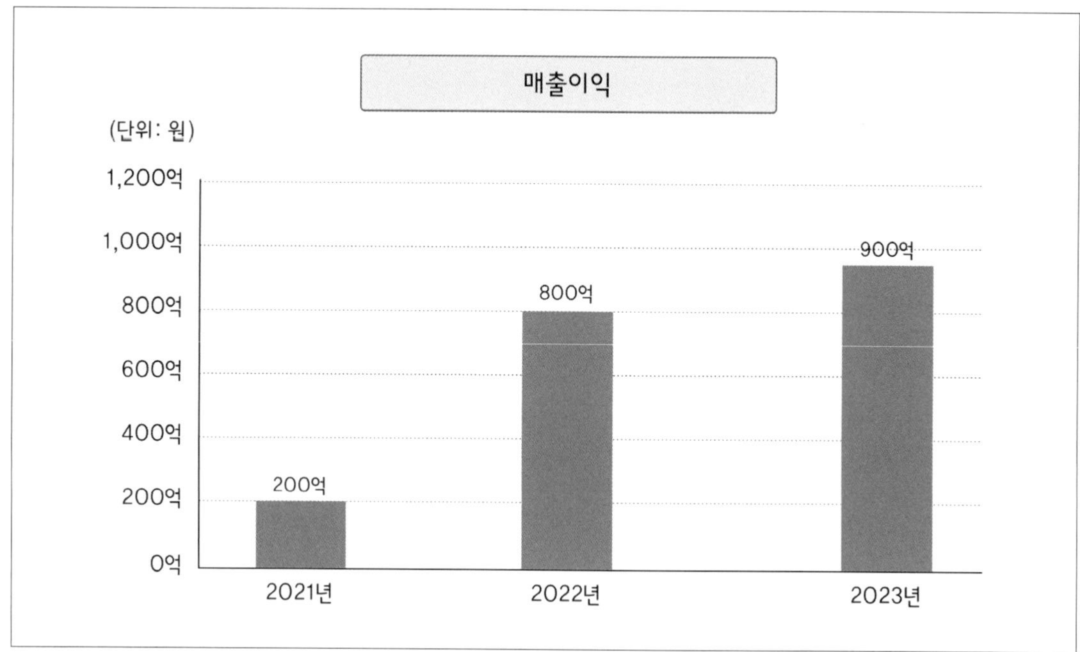

매출이익
(단위: 원)
1,200억
1,000억
800억
600억
400억
200억
0억
200억
800억
900억
2021년
2022년
2023년

⑩

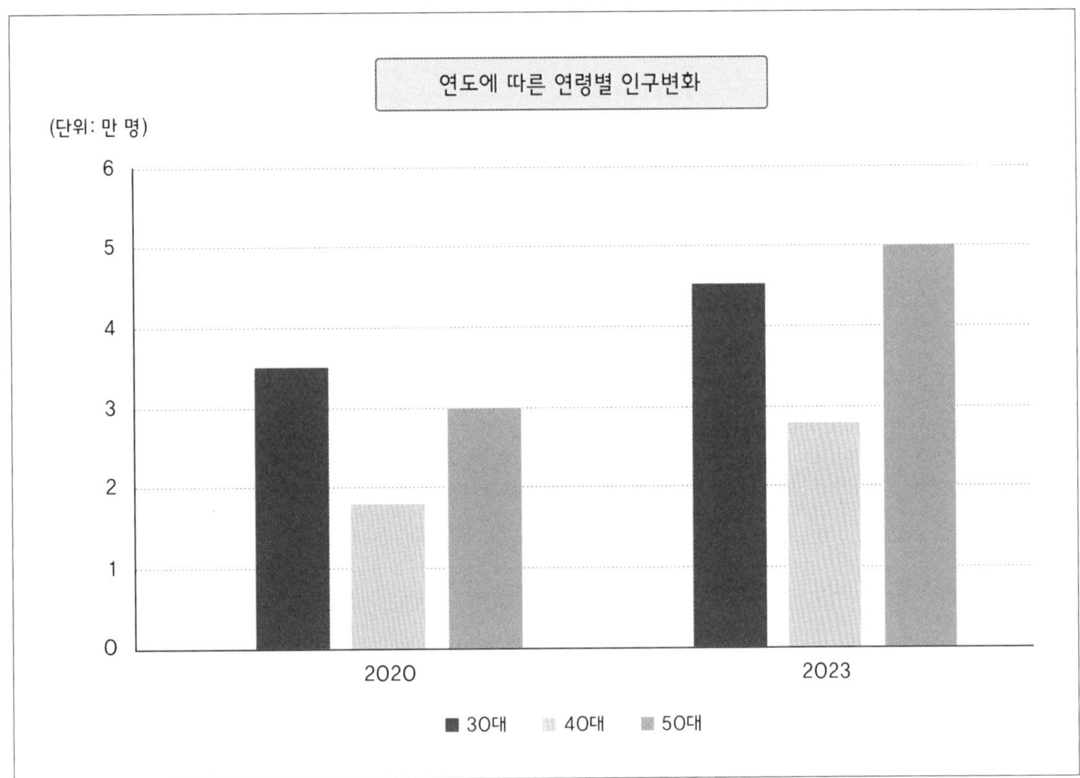

★ 알아두면 좋은 표현

1. 꾸준히(지속적으로)
2. 꾸준한(지속적인) 증가세(↔감소세)를 보인다/보이고 있다.
3. 아주 적은 숫자일 때: ~에 불과하다. ~에 그치다.
4. 기준에 가깝지만 조금 부족할 때: ~가까이 되다.
5. A보다 많아졌다: A을/를 넘어섰다.
6. 2배, 3배, 4배
7. 두 번의 조사에서 시간적 간격: ○○ 만에, ○○ 사이에, ○○ 동안에
8. 아주 적은 숫자일 때: ~에 불과하다. ~에 그치다.
   (한 단계 높은 숫자) ~에도 미치지 못하다.

비율 그래프 읽기(전체에 대한 비율)

53번 문제에 100퍼센트를 기준으로 어떤 항목이 몇 퍼센트를 차지했는지를 나타내는 비율 그래프가 나올 때도 있습니다. 비율 그래프는 원그래프로 나오는 경우가 대부분이지만 띠그래프로 나오기도 합니다. 어떤 모양으로 나와도 전체에 대하여 각각의 항목이 차지하는 비율에 대한 내용이면 쓰는 방법은 같습니다.

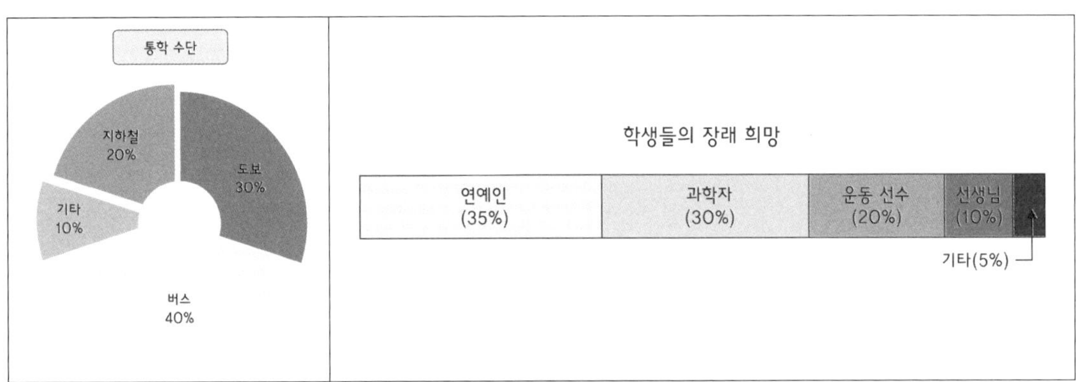

비율그래프를 볼 때는 항목과 숫자를 잘 봐야 합니다. 아래 그래프에서 빨간 네모로 표시한 부분이 항목이고 회색 동그라미로 표시한 부분이 숫자, 즉 비율입니다. 원그래프에서 항목은 비율이 큰 순서대로 그리는 것이 아니기 때문에 숫자를 꼭 확인할 필요가 있습니다. 항목과 숫자를 확인했으면 비율 그래프를 설명하는 쓰기 방법을 연습해 봅시다.

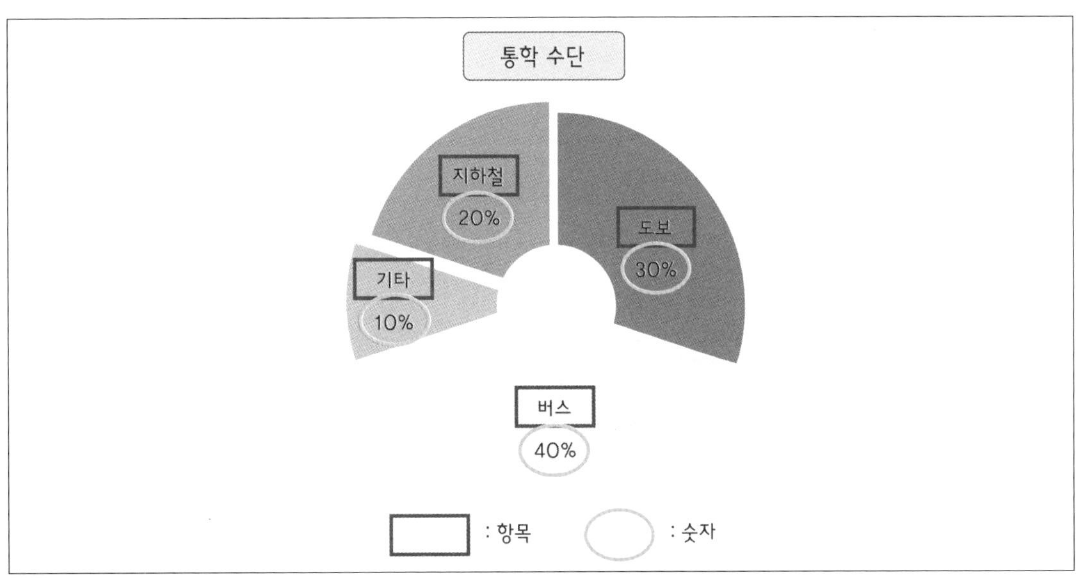

비율그래프를 쓰는 세 가지 방법을 예를 들어 보겠습니다. A세트부터 연습해서 하나를 완벽하게 쓸 수 있을 때 다음 세트를 연습하는 것이 좋습니다. 그리고 세 가지 방법을 모두 잘 쓸 수 있게 되면 여러분만의 세트를 구성해서 연습해 보십시오.

A 세트

(그래프 제목)은/는 (1위 항목)이/가 (1위 숫자)로/으로 가장 높게 나타났으며, (2위 항목)이/가 (2위 숫자), (3위 항목)이/가 (3위 숫자)로/으로 그 뒤를 이었다. (4위 항목)은/는 (4위 숫자)였다.

예시) 통학 수단은 버스가 40%로 가장 높게 나타났으며, 도보가 30%, 지하철이 20%로 그 뒤를 이었다. 기타는 10%였다.

B 세트

(그래프 제목)의 경우 (1위 항목)이/가 (1위 숫자)로/으로 가장 큰 비중을 차지하였으며, 그 뒤를 이어 (2위 항목)이/가 (2위 숫자), (3위 항목)이/가 (3위 숫자)로/으로 조사되었다. 마지막으로 (4위 항목)은/는 (4위 숫자)로 가장 적은 수에 그쳤다.

예시) 통학 수단의 경우 버스가 40%로 가장 큰 비중을 차지하였으며, 그 뒤를 이어 도보가 30%, 지하철이 20%로 조사되었다. 마지막으로 기타는 10%로 가장 적은 수에 그쳤다.

C 세트

(그래프 제목)을 보면 가장 큰 비중을 차지한 것은 (1위 항목)로/으로 (1위 숫자)에 달했다. 두 번째는 (2위 항목)이/가 (2위 숫자)로 (1위 항목)과 (숫자 차이)의 차이가 났으며 (3위 항목)이/가 (3위 숫자)로 그 뒤를 이었다. 마지막은 (4위 항목)로 (4위 숫자)에 불과하였다.

예시) 통학 수단을 보면 가장 큰 비중을 차지한 것은 버스로 40%에 달했다. 두 번째는 도보가 30%로 버스와 10%의 차이가 났으며, 지하철이 20%로 그 뒤를 이었다. 마지막은 기타로 10%에 불과하였다.

비율 그래프 쓰기 연습

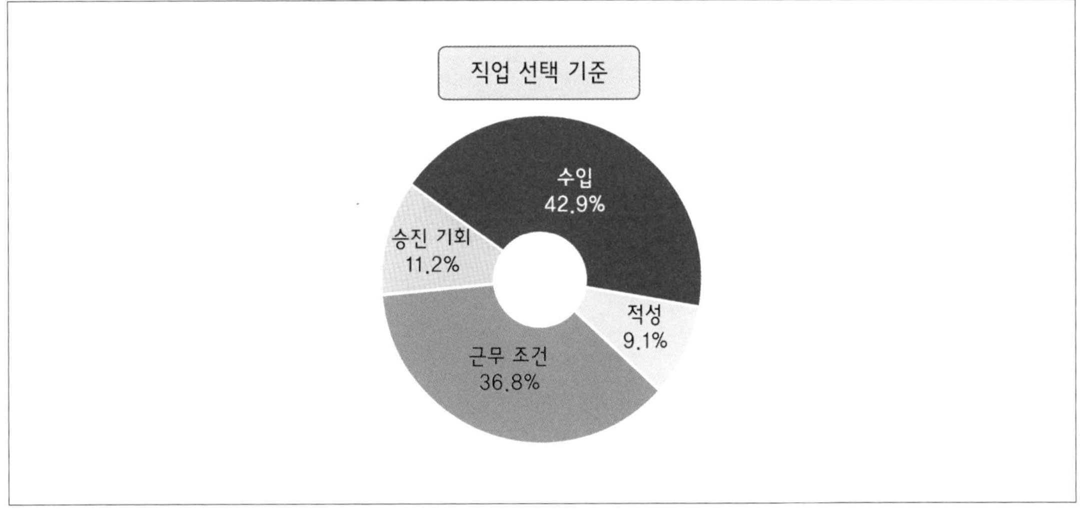

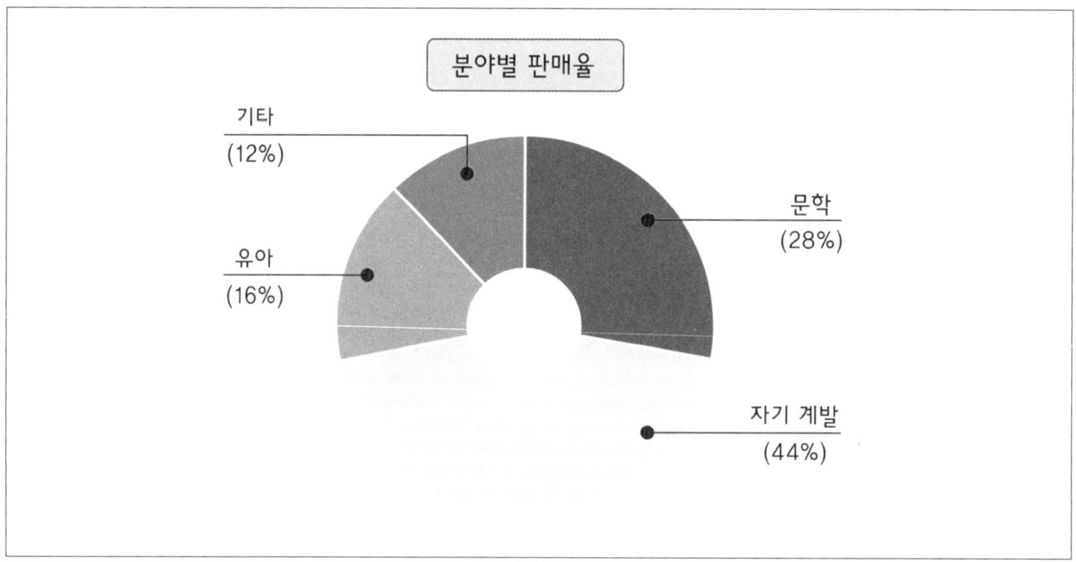
분야별 판매율
기타
(12%)
문학
(28%)
유아
(16%)
자기 계발
(44%)

❸

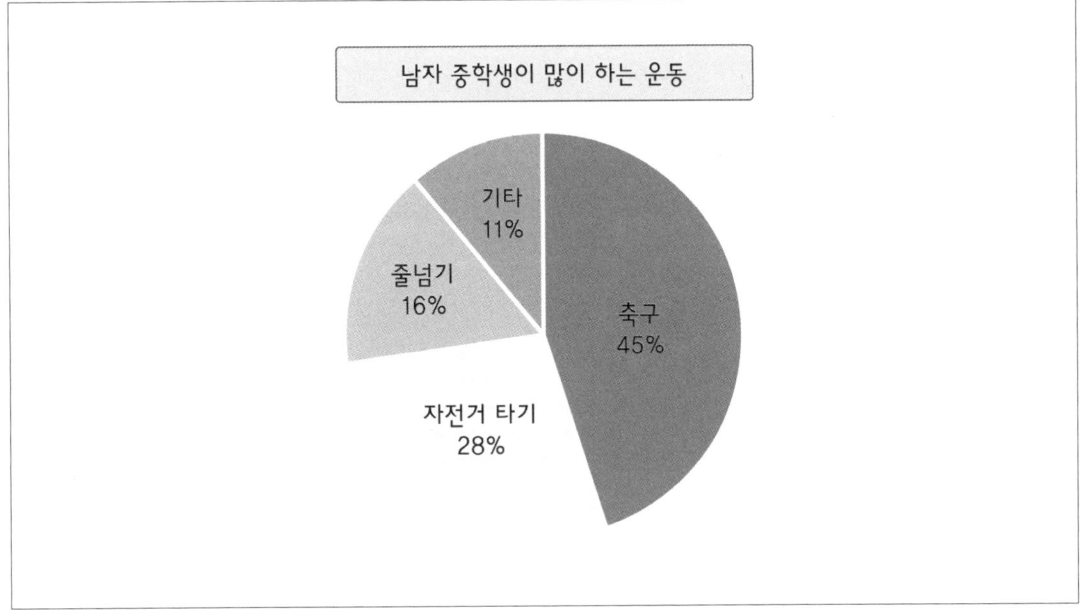

❹

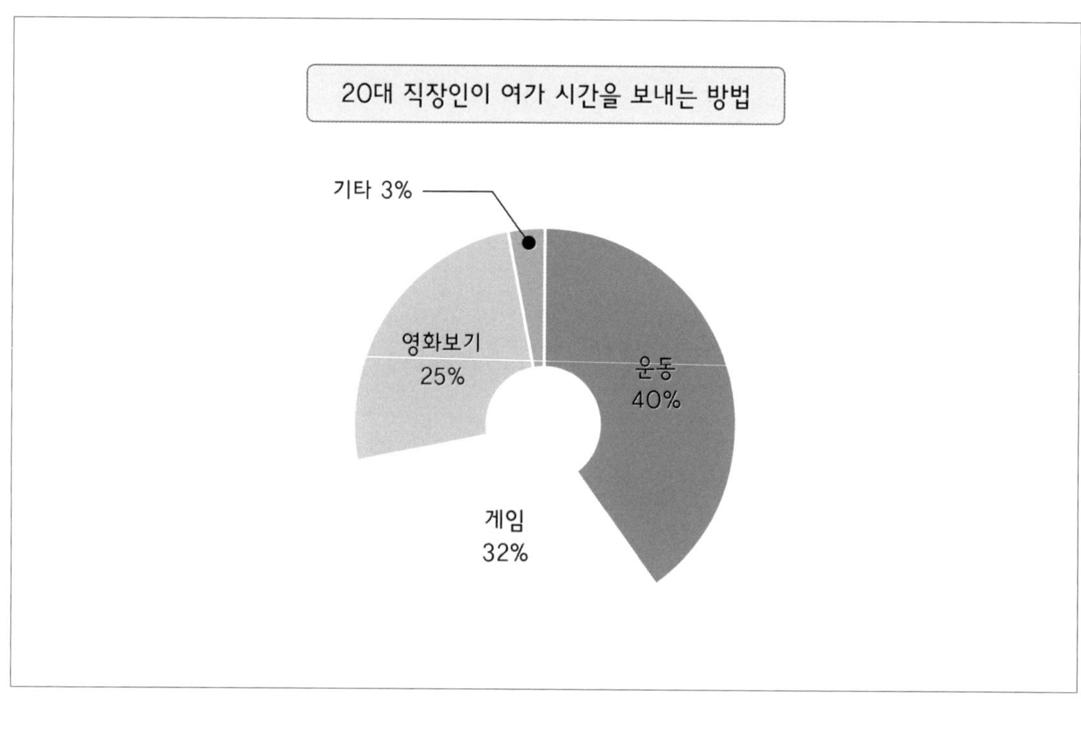

❺

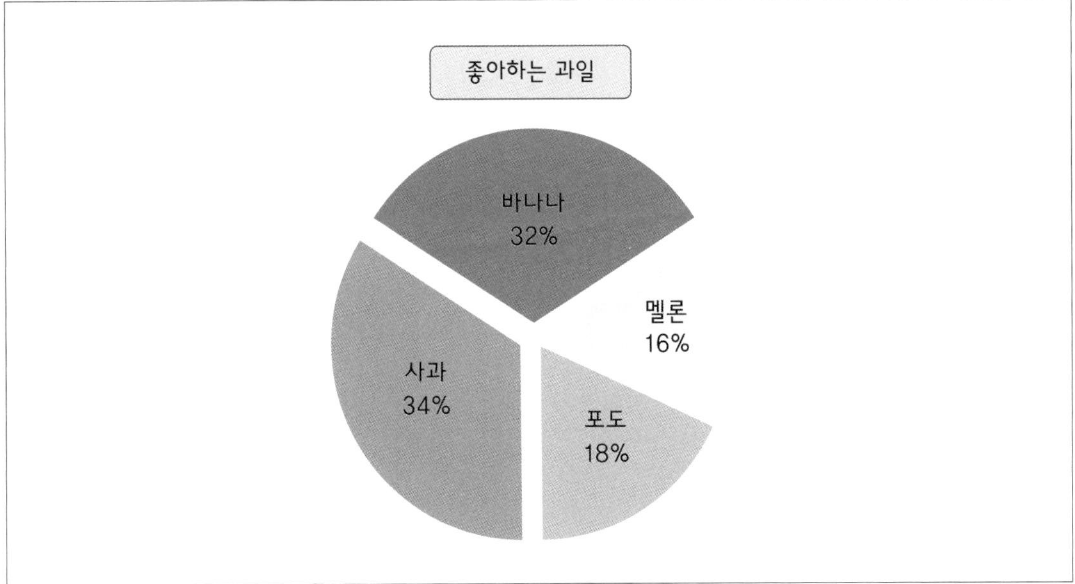

❻

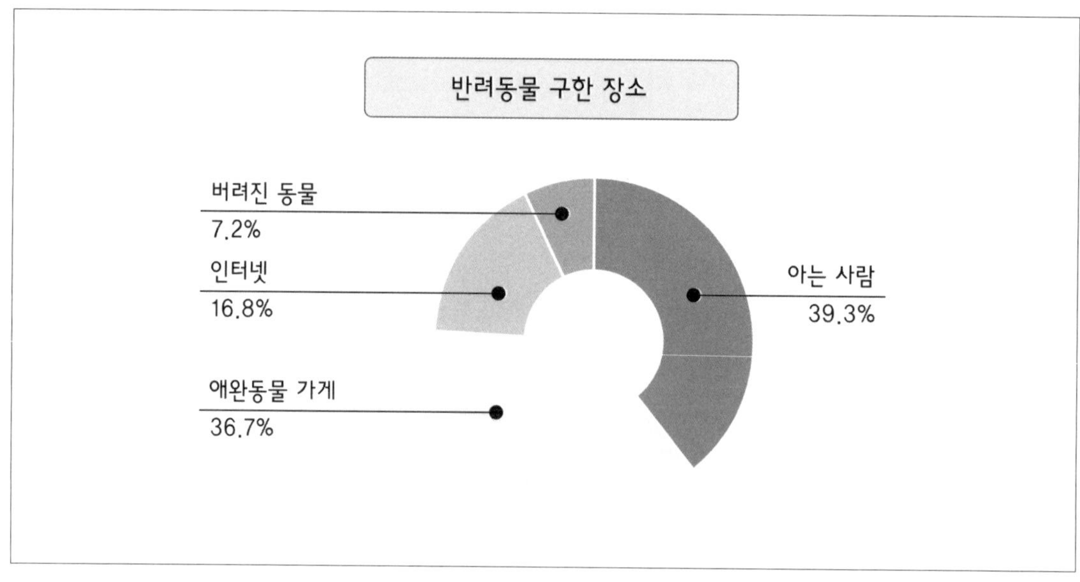

❼

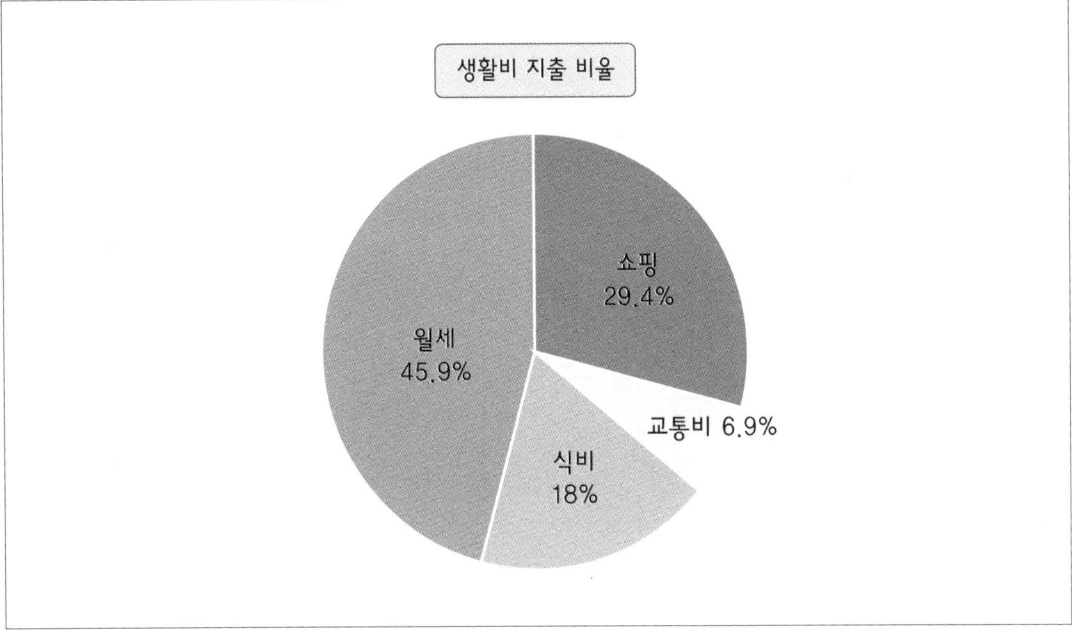

❽

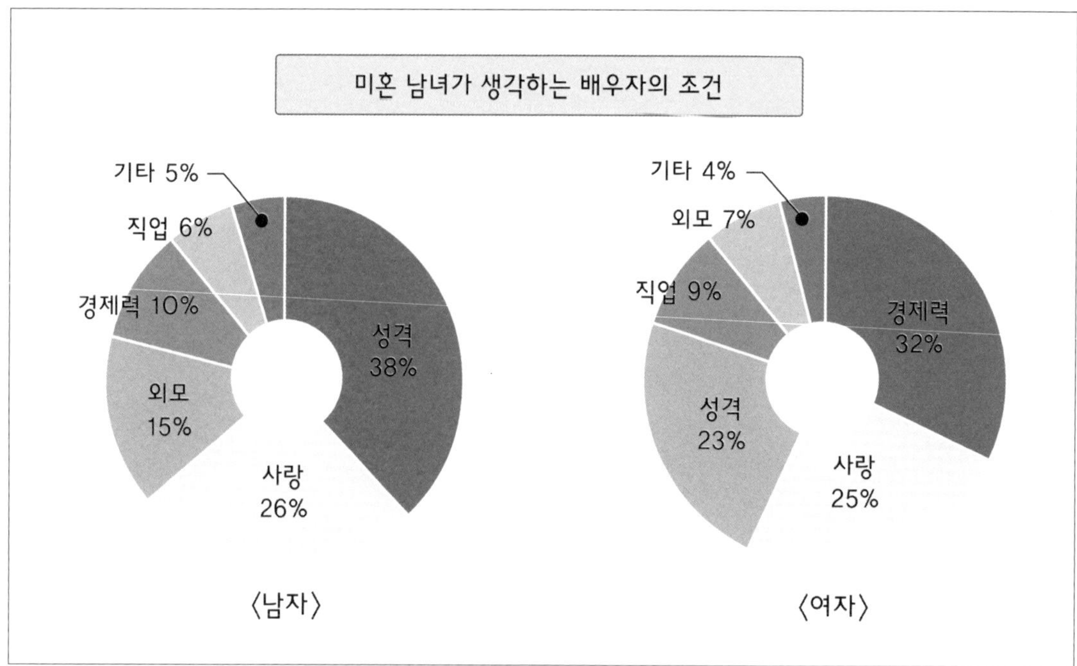
미혼 남녀가 생각하는 배우자의 조건
기타 5%
직업 6%
경제력 10%
외모
15%
성격
38%
사랑
26%
〈남자〉
기타 4%
외모 7%
직업 9%
경제력
32%
성격
23%
사랑
25%
〈여자〉

❾

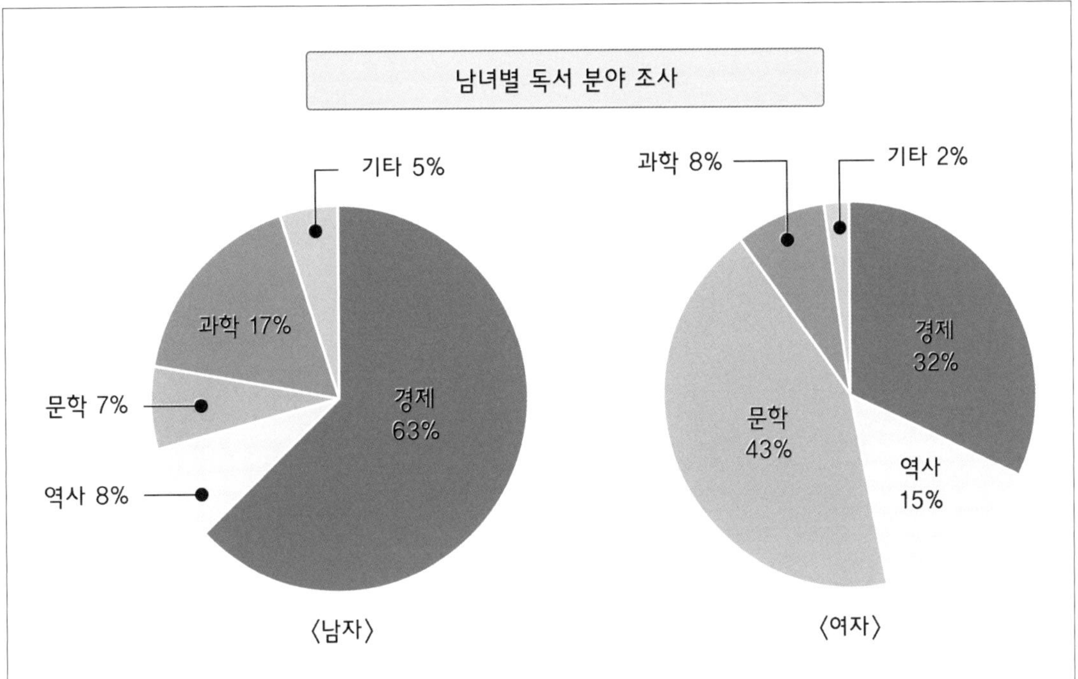

⑩

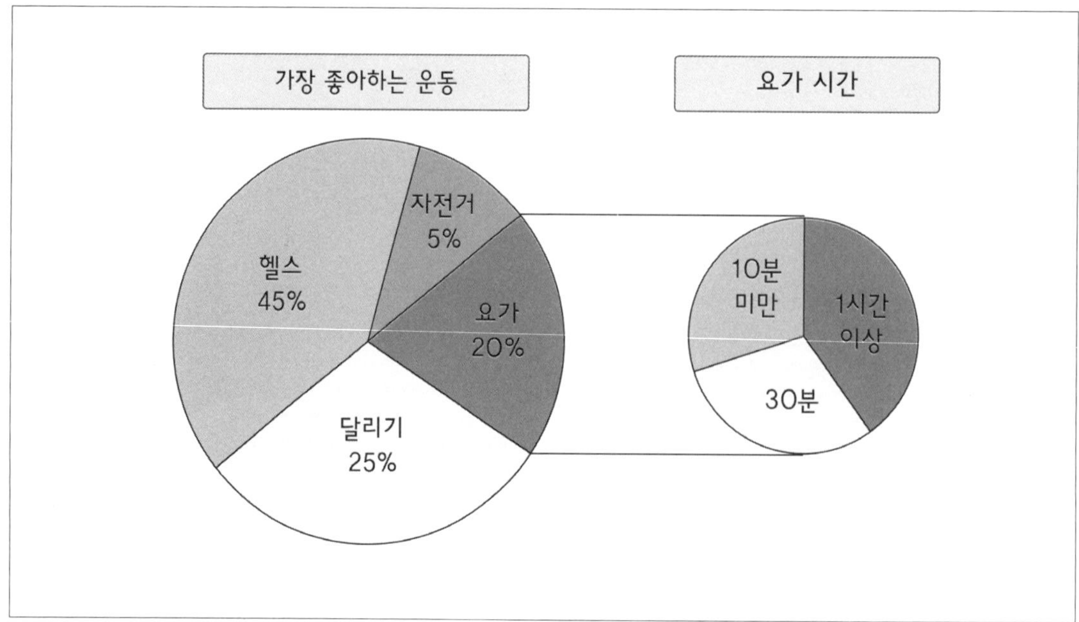

한 걸음 더

〈%를 표현하는 방법〉

1. 50%: 절반을 차지하다.
   예) 출퇴근 시 지하철을 이용하는 직장인이 전체의 절반을 차지하는 것으로 나타났다.

2. 50% 조금 안 되는 비율 (46~49%): 절반 가까이(정도)를 차지하다.
   예) 출퇴근 시 지하철을 이용하는 직장인이 전체의 절반 가까이를 차지하였다.

3. 50%를 넘는 비율 (51~59%): 과반을 차지하다, 과반수를 넘어서다
   예) 출퇴근 시 지하철을 이용하는 직장인이 56%로 과반수를 넘어서고 있다.

4. 사람에 대한 조사인 경우
   10%: 열 명 중 한 명
   20%: 다섯 명 중 한 명
   25%: 네 명 중 한 명
   50%: 두 명 중 한 명
   출퇴근 시 지하철을 이용하는 직장인이 두 명 중 한 명 정도인 50% 가까이 나타났다.

5. 10% 미만의 적은 부분: -에 그치다. -에 불과하다
   예) 출퇴근 시 자전거를 이용하는 직장인은 3%에 그쳤다.

1. 두 비교 대상에 반대되는 현상이 나타났을 때
   : 대조적인 모습을 보이다. 대조를 이루다. 대비되는 양상을 나타내다.

2. 두 비교 대상에 비슷한 현상이 나타났을 때
   : 비슷하게 나타나다. 유사한 양상을 보이다. 큰 차이가 없다

3. 한 부분에서만 차이가 나타날 때
   : ㅇㅇ을/를 제외하고 동일하게 나타나다. ㅇㅇ에서만 차이를 보이다

4. 두 자료를 비교해서 말할 때
   : 상대적으로 ㅇㅇ이/가 조금 더 증가하다/감소하다/잘 챙겨 먹다 등등

정보를 문장으로 설명하기

그래프를 서술하는 것에 대한 연습을 많이 하고 난 후 한글로 주어진 정보를 쓰려고 할 때 문제에서 제공하는 문장을 그대로 쓰려고 하니 조금 어색하고 조금 바꾸어서 쓰려고 하니 자신이 없어서 쓰지 못하고 한참을 바라보기만 하는 학생들이 많이 있습니다. 분명히 글로 제공되어 있는 정보인데 쓰는 것이 생각보다 어렵다고 하는 학생들이 많이 있습니다.

53번 문제에서 제공하는 정보는 완전한 문장이 아니라 신문 기사 제목처럼 조사가 생략되어 있고 명사형으로 끝내고 있습니다. 이러한 불완전한 문장을 완전한 문장으로 바꾸어서 글을 써야 자연스럽게 연결되고 좋은 점수를 받을 수 있습니다.

1. 주어를 찾아라: 주어를 찾아서 (주어)이/가 ~ 로 문장을 만든다.
2. 목적어를 찾아라: 목적어를 찾아서 (목적어)을/를 ~ 로 문장을 만든다.
3. '명사 + 명사': '명사의 명사' 형태로 만든다.
4. ⇒: 화살표는 원인과 결과로 설명한다.
5. ,: 두 가지의 내용이 (,)로 이어지면 중간에 접속어를 넣어라.

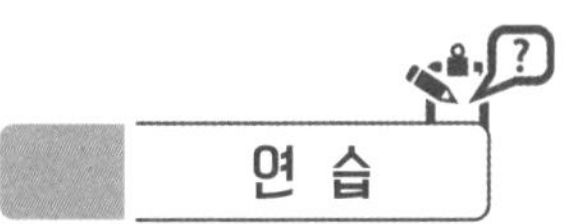

1. 수소버스 보조금 내년 2배로, 2030년까지 2만 대 보급 (1,2,3,5)

: 수소버스의 보조금이 내년에 2배로 높아진다. 또한 2030년까지 2만 대를 보급할 예정이다.
수소버스의 보조금을 2배로 올린다. 뿐만 아니라 2030년까지 2만 대까지 보급을 늘린다.
내년에는 수소버스의 보조금을 2배로 올리고 2030년까지 2만 대를 보급하겠다고 밝혔다.

2. 드론 불법 비행 급증 ⇒ 대처방안 필요

: 드론의 불법 비행이 급증하고 있다. 따라서 대처 방안이 필요한 시점이다.
드론의 불법 비행이 급증하면서 이를 막을 수 있는 대처 방안이 필요한 상황이 되었다.
드론의 불법 비행이 급증하여 이에 대한 대처 방안이 필요하다는 목소리가 높아지고 있다.

3. 인주시 대형 산불, 50년 전 시작된 무분별한 개발이 원인

: 인주시에 대형 산불이 발생하였다. 이것은 50년 전 시작된 무분별한 개발이 원인이다.
인주시에 발생한 대형 산불은 그 원인을 50년 전 시작된 무분별한 개발에서 찾을 수 있다.
인주시에 대형 산불이 발생한 것은 50년 전 무분별한 개발을 시작한 것이 원인이라 할 수 있다.

정보를 문장으로 설명하기 연습

문장 쓰기 연습을 해 봅시다. 정답이 하나만 있는 것은 아니기 때문에 여러 방법으로 문장을 만들어 보는 것이 더 좋습니다. 53번 쓰기를 할 때 가능한 300자에 가깝게 답지를 채우는 것이 좋은데 이것은 여러분들이 연습을 할 때부터 답지에 바로 쓰면서 필요한 분량만큼으로 문장의 길이를 조절하는 연습을 해 두는 것이 좋습니다.

따라서 문장의 길이를 짧게 한 번, 길게 한 번 이렇게 두 종류로 쓰기를 연습하면 실제 시험에서 당황하지 않고 300자 가까이 답지를 채울 수 있습니다. 항상 남아 있는 정보와 채워야 하는 빈칸을 신경 쓰면서 문장을 만들 수 있도록 연습해야 합니다.

1.

경제적인 어려움을 겪는 노인의 감소 자아실현을 희망하는 노인의 증가

2.

한국 문화에 대한 해외 홍보 효과 해외 상황에 맞게 한국 콘텐츠 수정

3.

직접 이름을 밝히는 실명 거래 ⇒ 신뢰성 높임

4.

신제품에 대한 홍보 부족 신제품의 특성을 살리지 못한 광고 전략

5.

결혼, 육아로 인한 퇴직 여성 증가
출산 연령이 높아지면서 재취업 어려움

6.

인터넷 보급의 확산 ⇒ 손쉽게 인터넷 접속 가능
긴 글을 읽는 것에 대한 부담

7.

결혼에 대한 가치관의 변화
고학력 여성의 증가 ⇒ 여성의 사회 활동 증가

8.

육아 휴직 등 사회 제도 정착 ⇒ 아버지들의 적극적인 육아 참여

9.

적절한 실내 온도 유지
에어컨과 선풍기 함께 사용하기

10.

집에 있는 시간 길어짐 ⇒ 가사 노동 부담 증가

11.

한국에 대한 긍정적 이미지 확산 한국 문화의 인기로 한국 방문 희망 외국인 증가

원인 설명하기

주어진 정보를 문장으로 만들 수 있으면 이제 준비가 되었습니다. 원인 설명하기부터 연습해 보겠습니다. 지금까지 53번 문제에서 가장 많이 출제된 것이 원인에 대한 부분입니다. 따라서 문제에서 어떤 주제에 대한 그래프가 나오고 그러한 현상의 원인에 대한 정보를 제공하면 그에 대한 설명을 쓰도록 하는 연습을 해야 합니다.

그래프를 설명한 다음 원인으로 넘어가는 부분에서 자연스럽게 연결하는 문장이 필요합니다. 그 문장은 아래와 같이 연습해 보십시오. 물론 이것보다 훨씬 다양한 문장이 있을 수 있지만 처음에는 이대로 연습하고 실수 없이 잘 쓸 수 있을 때 다른 문장을 연습하면 좋습니다.

① 원인 시작하는 문장 쓰기

변화 상황		원인
(증가 그래프)	(감소 그래프)	원인 1 원인 2 원인 3

이렇게 (급격하게) 증가한/감소한	원인은	다음과 같다.
이렇게 (소폭) 감소한/증가한	중요한 원인으로	다음 두(세) 가지를 들 수 있다.
이러한 (증가세/감소세)를 보이는	중요한 원인은	다음에서 찾을 수 있다.

이렇게 원인을 시작하는 문장을 쓴 후에 원인에 대한 구체적인 내용을 써야 합니다. 그때는 다음과 같이 써 보십시오. 원인이 세 가지라면 두 번째 원인 다음에 이어서 쓰면 됩니다. 53번은 글 전체에서 반복되는 표현이 없도록 다양한 표현을 연습하는 것이 좋습니다.

② 원인 두 번째 문장 쓰기

첫째 (원인 1)때문이고, 둘째 (원인 2) 때문이다.
우선 (원인 1)에서 그 이유를 찾을 수 있고, 다음으로 (원인 2)도 원인이다.
우선 (원인 1)뿐만 아니라, (원인 2)도 중요한 이유가 된다.
무엇보다 (원인 1)에 기인한다. 또한 (원인 2)에서도 그 원인을 찾을 수 있다.

예시)
1인 가구 증가 그래프
원인: 결혼 연령이 늦어짐. 독거노인 수 증가

- 이렇게 1인 가구가 증가한 원인은 다음과 같다. 첫째 결혼 연령이 늦어졌기 때문이고, 둘째 독거노인 수 증가 때문이다.
- 이렇게 1인 가구가 증가한 중요한 원인으로 다음 두 가지를 들 수 있다. 우선 결혼 연령이 늦어진 것에서 그 이유를 찾을 수 있고, 다음으로 독거노인의 수가 증가한 것도 원인이다.
- 1인 가구가 이러한 증가세를 보이는 중요한 원인은 다음에서 찾을 수 있다. 우선 결혼 연령이 늦어졌을 뿐만 아니라, 독거노인의 수가 증가한 것도 중요한 이유가 된다.
- 이러한 1인 가구 증가의 중요한 원인은 무엇보다 결혼 연령이 늦어진 것에 기인한다. 또한 독거노인의 수가 증가한 것에서도 그 원인을 찾을 수 있다.

원인 쓰기 연습

위의 보기를 참고하여 원인 쓰기 연습을 해 봅시다. 한 문제를 두 가지 이상의 방법으로 표현해 보면 더 좋은 연습이 됩니다.

1.

한류콘텐츠 중 음식의 인기 급상승 원인: 한국 드라마와 영화의 영향, 건강에 좋다는 인식

2.

제주도 유기동물 감소 원인: 제주도의 적극적인 동물보호법 홍보, 반려동물 등록 점검

3.

50대 이상 파트타임 근무자 증가
원인: 경기 불황에 대비해 가계 소득을 높이기 위해,
　　　사회생활의 연장을 계획하는 경우 증가

4.

딸에 대한 선호도 증가
원인: 공감하고 다정한 딸과의 유대 관계,
　　　키우면서도 행복을 느낄 수 있음

5.

온라인 쇼핑 192조 원, 역대 최대
원인: 외출하기 힘들었던 시대적 상황,
스트레스로 인한 보상 소비

6.

귀농 인구 1년 사이 12% 감소
원인: 국내 인구 이동 수 감소,
평균 가구원 수의 감소, 도시의 부활

7.

청년 고용보험 가입 9개월 연속 감소
원인: 청년 인구의 지속적인 감소,
여행, 외식 등 서비스업의 감소

8.

지난 해 1천 명당 결혼 3.7건 역대 최저
원인: 결혼에 대한 인식 변화,
자아실현 욕구 증가

9.

해외 공사 수주 1년 새 40% 증가
원인: 중동지역 프로젝트 증가,
한국 기술에 대한 인지도 승가

10.

소비자 물가 4.7% 상승
원인: 전기, 가스, 수도 등 공공요금 인상,
개인 서비스, 외식 가격 인상

지금과 같은 방법으로 원인 쓰는 것에 익숙해지면 조금 더 다양한 문장으로 연습해 보십시오.

요즘은 뉴스 대본을 제공하는 영상도 많이 있습니다. 그런 영상을 참고해서 좋은 문장을 만들어 보면 한국어 실력이 많이 오를 것입니다.

문제점 쓰기

조사 주제와 관련한 문제점도 가끔 출제됩니다. 문제점의 경우 해결방안과 함께 출제되기도 하고 현상과 원인 그리고 문제로 이어지기도 합니다. 어떤 내용과 함께 나오든지 문제점을 이야기할 때는 부정적인 상황이기 때문에 부정적인 표현과 함께 쓰면 주제를 더 강조할 수 있습니다.

문제점 시작하는 문장 쓰기

이러한 현상은 다음과 같은 문제점을 가지고 온다.
이런 상황에서 발생할 수 있는 문제는 다음과 같다.
이런 상황은 당연히 다음과 같은 문제를 일으킨다.
이런 상황이 지속된다면 다음과 같은 문제를 피하기 어렵다. (미래에 발생하는 문제)
~에 대한 현황이 이와 같다면 다음과 같은 문제가 야기되는 것을 피할 수 없다.

위에서 예를 든 문장 외에도 많은 문장을 만들 수 있습니다. 53번을 처음 연습하는 학생들은 가장 간단하게 '문제는 첫째 ~, 둘째 ~, 셋째 ~' 이렇게 쓰는 것부터 연습을 하는 것을 봤습니다. 하지만 그렇게 쓰면 글자 수도 너무 부족하고 읽는 사람도 잘 이해가 안 될 경우가 많습니다. 그래서 문제점을 시작하는 첫 번째 문장을 따로 한 문장 쓰고 다음 문제점에 대한 내용을 이어서 쓰는 것이 좋습니다.

이러한 방법은 54번을 쓸 때도 많이 사용되기 때문에 53번에서 미리 연습을 해 두면 편합니다. 문제점, 원인, 해결방안, 전망 등 53번에서 자주 출제되는 내용도 마찬가지로 그 내용을 안내하는 문장을 따로 쓴 후에 내용을 쓰는 연습을 먼저 하십시오. 그렇지 않으면 문장이 너무 길어질 수 있기 때문에 여러분이 실수를 하기 쉽습니다.

첫 번째 문장을 쓴 다음에 두 번째 문장을 이어서 쓸 때는 원인을 설명하는 글을 쓸 때와 그 방법이 같습니다. 다만 한 가지 조심해야 하는 것은 다른 내용을 쓸 때와 똑같은 표현을 반복해서 사용하면 좋지 않다는 점입니다. 예를 들어 원인과 문제가 세트로 나왔다면 원인에서 '첫째, 둘째'를 사용했으면 문제에서는 '우선, 다음으로'를 사용하는 것과 같이 다른 표현을 사용해야 한다는 것입니다. 하나의 표현을 반복하는 것보다 다양한 표현을 사용하는 것이 훨씬 좋다는 것을 꼭 기억하십시오.

그리고 문제점에 대한 정보만 제시되어 있는데 여러분의 혼자 생각으로 문제점에 대한 해결방안을 쓴다거나 제시된 정보 외에 다른 문제점을 하나 더 쓰는 등 문제에 나와 있는 정보 외에 다른 것을 추가하는 것은 좋지 않습니다. 문제에 있는 정보만으로 써야 합니다.

해결방안 쓰기

문제점 또는 원인과 해결방안이 세트로 나올 때가 있습니다. 해결방안이란 말 그대로 문제를 해결하는 방법을 말하는 것입니다. 어떻게 하면 이 문제를 해결할 수 있는지 그 방법에 대한 정보가 나와 있을 때도 있고 어떤 부정적인 현상에 대한 원인과 함께 부정적인 상황을 해결할 수 있는 해결방안이 세트로 나올 때도 있습니다.

해결방안 쓰기도 문제점 쓰기와 방법은 크게 다르지 않습니다. 다만 처음 시작하는 부분만 조금 신경을 쓰면 됩니다. 해결방안이라는 것에 초점을 맞추고 어떻게 시작하는 것이 좋을지 생각해 보십시오. 문제점과 해결방안이 함께 제시되었을 때, 부정적인 상황에 대한 원인과 해결방안이 세트로 나왔을 때 어떻게 연결하는 것이 자연스러운지 한번 알아보겠습니다.

해결방안 시작하는 문장 쓰기

〈문제점과 함께 출제되었을 때〉

이러한 문제점을 해결하기 위해 다음과 같은 방법이 있다.
이 문제를 해결하기 위한 방법은 크게 두(세) 가지가 있다.
이 문제를 해결하기 위해 다음과 같은 방법을 생각해 볼 수 있다.
이는 다음과 같은 방법을 통해 해결이 가능하다.

〈부정적인 상황에 대한 원인과 함께 출제되었을 때〉

원인을 알았으니 해결방안을 찾을 수 있다. 그것은
이러한 부정적인 상황에서 벗어나기 위해 다음과 같은 방법으로 노력이 필요하다.
이러한 부정적인 상황은 다음과 같은 방법으로 해결이 가능하다.
보다 근본적으로 이 상황의 원인을 해결하려면 우선,
어떻게 이 상황에서 벗어날 수 있을지를 생각해 봐야 한다.

이렇게 해결방안에 대한 내용을 시작하는 문장을 쓴 다음에 문제에서 제공하는 정보를 하나씩 쓰면 됩니다. 이 방법은 원인 쓰기에서 자세히 설명한 내용과 크게 다르지 않습니다. 그렇기 때문에 원인 쓰기 연습을 할 때 충분히 연습을 했다면 어떤 문제가 나오더라도 당황하지 않고 자신 있게 쓰기를 할 수 있을 것입니다. 다만 같은 표현을 반복해서 사용하는 것을 조심해야 합니다. 53번은 누구나 같은 정보를 가지고 있기 때문에 보다 다양한 표현을 자연스럽게 사용하는 것에서 차이를 보여줄 수 있습니다. 거기에서 점수 차이가 생기는 것이니 꼭 기억하십시오. 다양한 표현!!!

전망, 과제, 기대 효과 쓰기

최근에는 마지막에 전망이나 과제 또는 기대효과에 대한 정보가 제공되는 쓰기가 출제되기도 합니다. 그런데 전망, 과제, 기대 효과는 모두 비슷한 내용이기 때문에 하나로 묶어서 연습해 보도록 하겠습니다.

수업을 할 때 전망, 과제, 기대 효과의 의미를 물어보는 학생들이 많이 있습니다. 전망은 '앞으로 어떻게 될 것인가'라는 의미이고, 과제는 '더 좋은 방법을 찾기 위해 또는 이 문제를 해결하기 위해 앞으로 무엇을 해야 하는가'라는 의미라고 생각하면 됩니다. 그리고 기대 효과는 '이것으로 인하여 어떤 것을 기대할 수 있는가'에 대한 내용이라고 생각하면 문제에서 제공하는 정보를 이해하기 쉽습니다.

이 세 가지 정보는 보통 하나 또는 두 개로 간단하게 언급되는 경우가 많아서 대부분의 학생들이 '전망은 ○○이다', '과제는 ○○이다'와 같이 간단하게 문장을 마무리하는 편인데 아무래도 마지막 문장이기 때문에 조금 더 깔끔하게 쓰는 것이 좋습니다. 정보의 의미를 생각해서 문장을 만들면 여러분들이 내용을 충분히 이해한 후 글을 썼다는 것을 알려줄 수 있으니 훨씬 더 좋습니다.

전망, 과제, 기대 효과에 대한 문장 쓰기

〈전망〉
이러한 상황이 계속된다면 (주어진 정보) 전망이다.
지금과 같은 추세가 이어지면 (주어진 정보) 것으로 전망된다.
앞으로 (주어진 정보)을/ㄹ 전망이다.

〈과제〉
이에 대한 과제는 (주어진 정보)와/과 같다.
(주어진 정보)이/가 과제로 남아 있다.
(주어진 정보)와/과 같은 과제를 남겨 두고 있다.

〈기대효과〉
기대할 수 있는 효과는 다음과 같다.
앞으로 (주어진 정보)을/를 기대할 수 있다.
이로 인해 (주어진 정보)와 같은 효과를 기대할 수 있다.

다양한 쓰기 연습

문제점, 해결방안, 전망, 과제, 기대효과에 대해 설명하는 방법을 알아보았습니다. 전체적으로 완전하지 않은 문장으로 주어지는 정보를 자연스러운 문장으로 바꾸는 연습을 했기 때문에 어떤 내용으로 문제가 나와도 잘 쓸 수 있을 거라고 생각합니다. 그래서 시작하는 부분만 조금 신경을 쓰면 실수 없이 할 수 있습니다.

53번 문제도 전체적인 계획을 할 때 연결이 필요한 부분에 미리 메모를 해 두는 것이 좋은데 이어지는 부분에서 어떤 표현을 사용할 것인지를 생각하면 시간도 줄이고 글의 완성도도 높일 수 있습니다.

1.

반려 동물 인식 개선 / 과제 : 시스템 개선으로 구조 동물의 관리를 강화, 필요한 정보를 효과적으로 제공

2.

자연 재해 보험료 지급 2배 증가 / 해결방안 : 풍수해보험 가입 확대 노력, 기후위기 취약계층부터 낮은 보험료의 정책보험 의무화

3.

청소년 주말 스마트폰 사용 7시간 / 문제
: 신체 및 정신 건강에 부정적 영향, 특히 청소년 시절 건강한 성장 방해

4.

남녀 임금 격차 2000만 원 / 문제
: 여성에 대한 기회의 제한, 경제 성장의 저해요인으로 작용

5.

몸과 마음을 병들게 하는 우울증 / 해결방안
: 유산소 운동 우울증 최대 44% 낮춰, 일주일에 150분 이상 유산소 신체 활동 권장

6.

자동차 수출액 역대 최고 / 과제
: 해외에서 인기 많은 친환경차 홍보 방안 마련, 국가별 선호 디자인 반영

7.

인공지능이 채용에 미치는 영향 / 전망
: 서류 평가 기준 보완, 객관적 평가 가능

8.

60대 인터넷 이용률 6년 만에 35% 증가 / 과제
: 고령화 대응을 위한 사회 구성원의 역할 검토, 고령자에 대한 체계적·생산적인 정책 수립

9.

4,50대 부부 절반 이상이 맞벌이 / 문제
: 가사노동 여성에게 집중, 여성의 경우 비정규직 비율이 높음

10.

MZ 세대 IT 분야 국가기술자격증 응시율 증가 / 과제
: 디지털 기반 평가 시설을 확충, 산업 현장 중심의 시험 구성

11.

교사 직업 만족도 30% 미만 / 해결방안
: 학교를 중시하는 교육정책 마련, 교사가 소신 갖고 교육에 전념할 수 있는 여건 조성

53번 연습 문제

1. 다음을 참고하여 '가공식품 판매 현황'에 대한 글을 200자~300자로 쓰십시오.

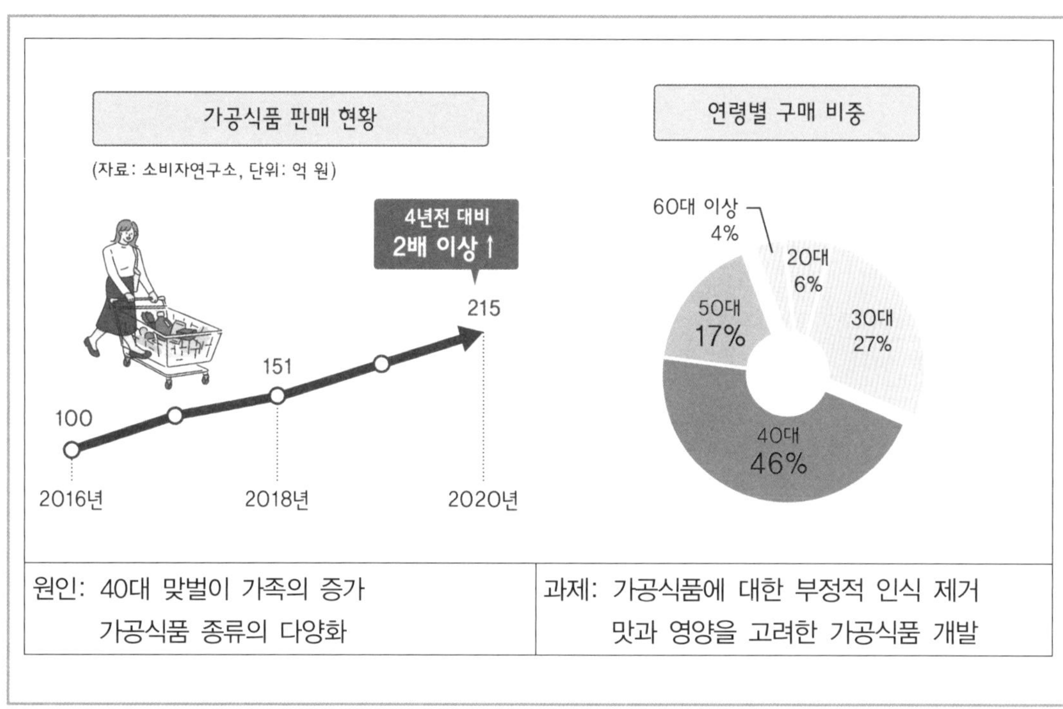

2. 다음을 참고하여 '여행 상품 판매액의 변화'에 대한 글을 200자~300자로 쓰십시오.

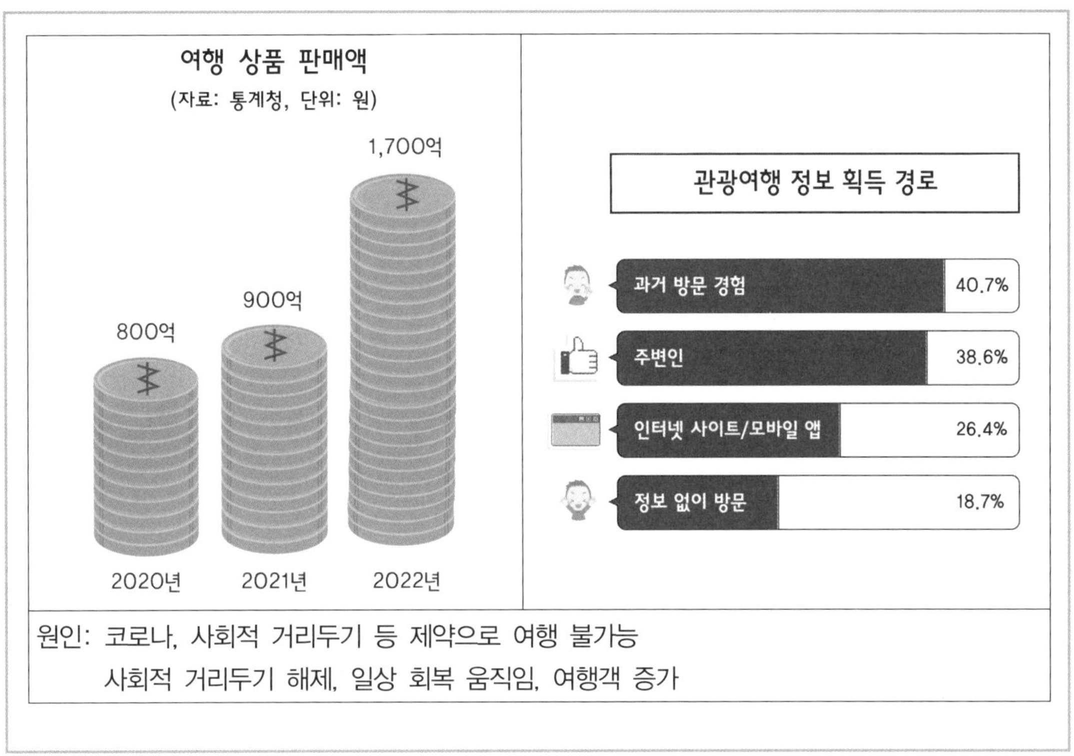

3. 다음을 참고하여 '워킹맘의 증가에 따른 사회 변화'에 대한 글을 200자~300자로 쓰십시오.

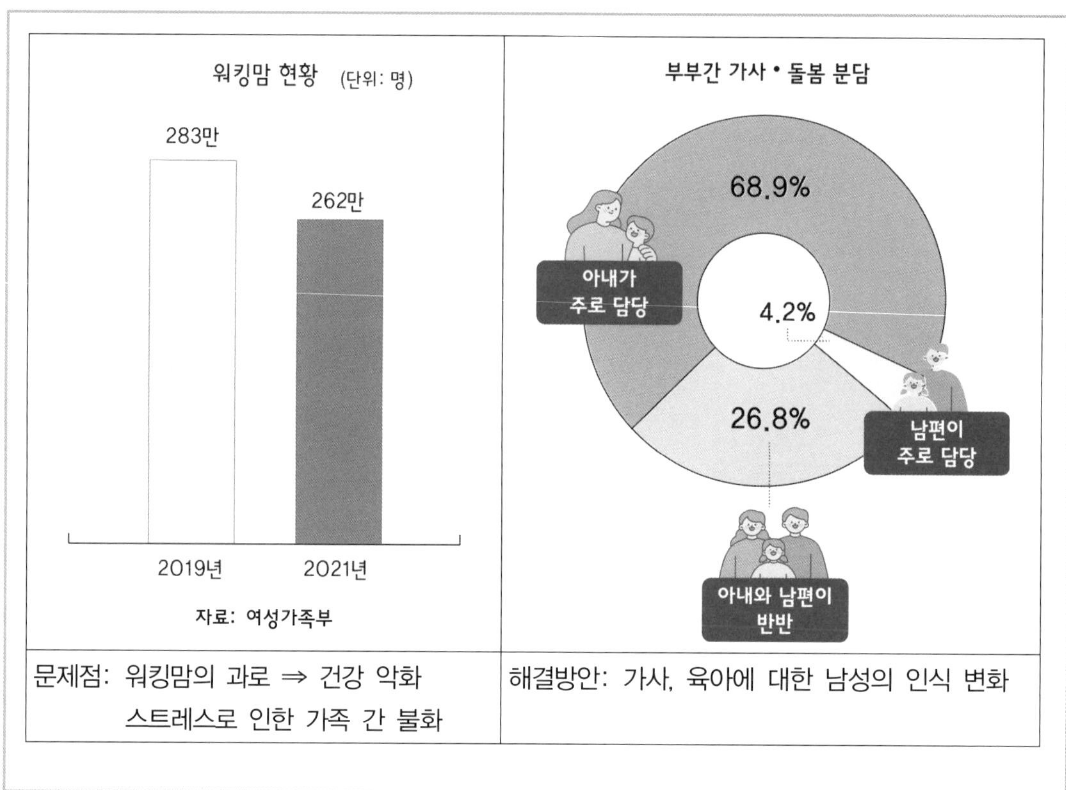

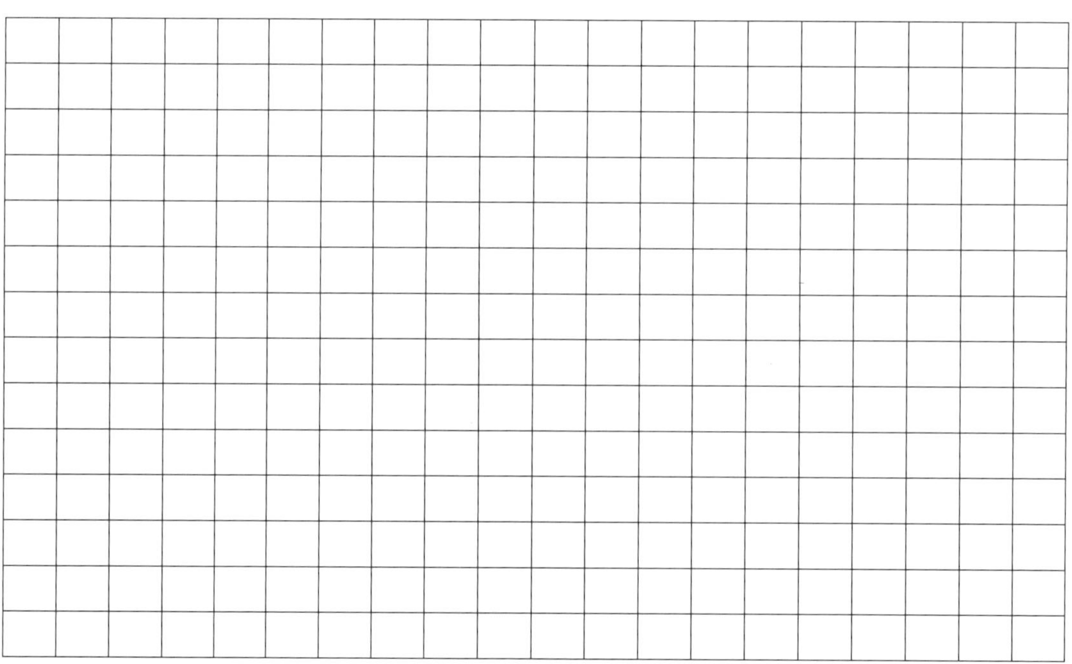

4. 다음을 참고하여 '자전거 이용 실태'에 대한 글을 200자~300자로 쓰십시오.

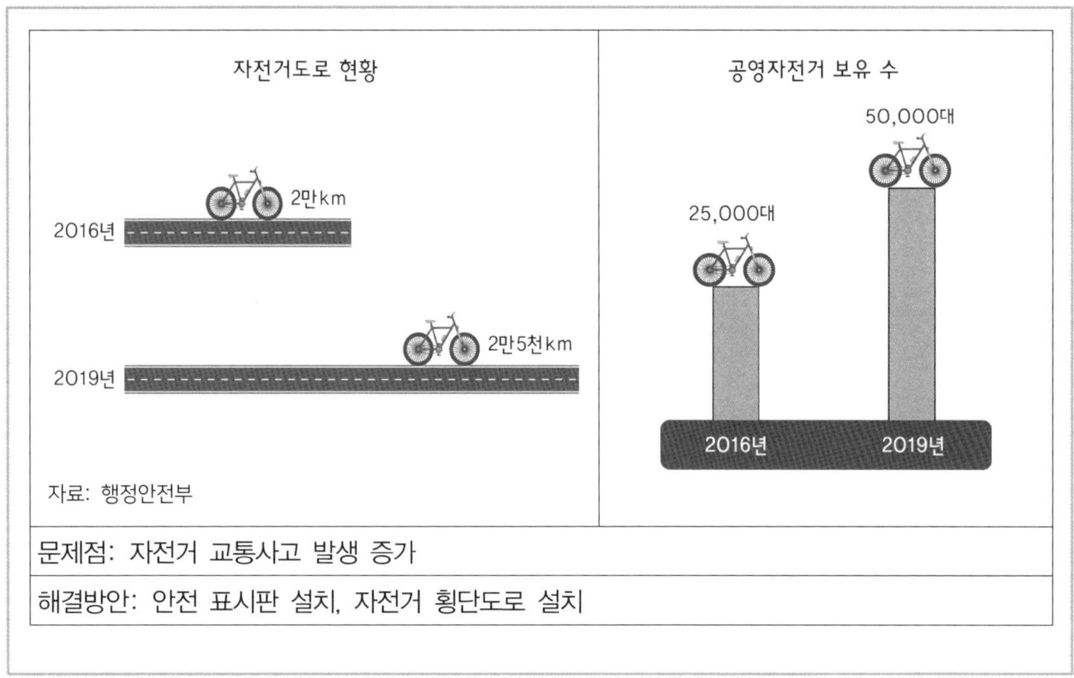

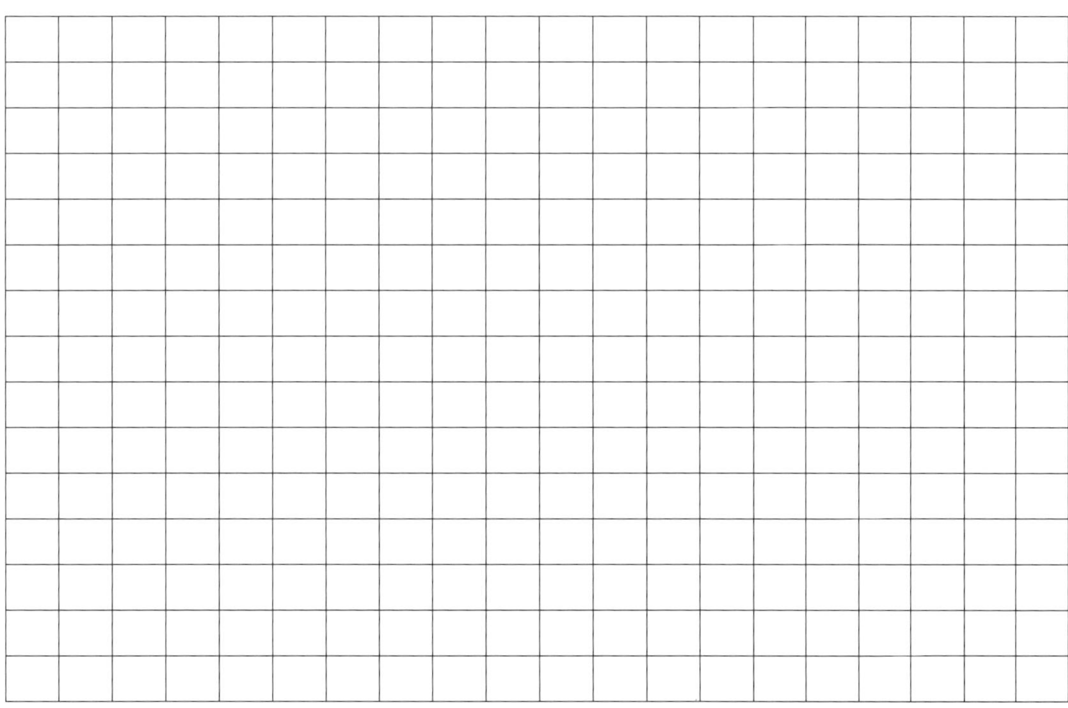

5. 다음을 참고하여 '노인의 신체활동 실천 감소 현황'에 대한 글을 200자~300자로 쓰십시오.

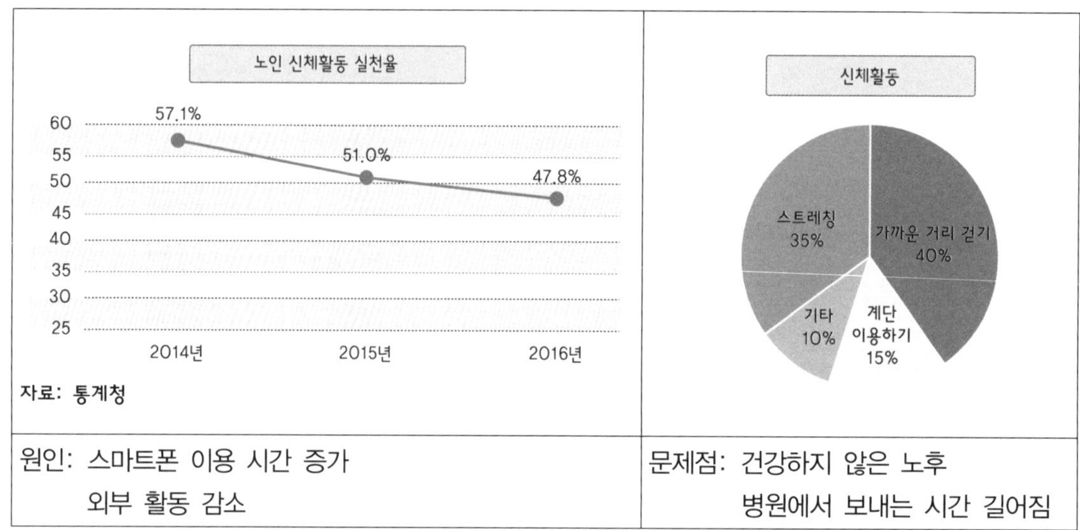

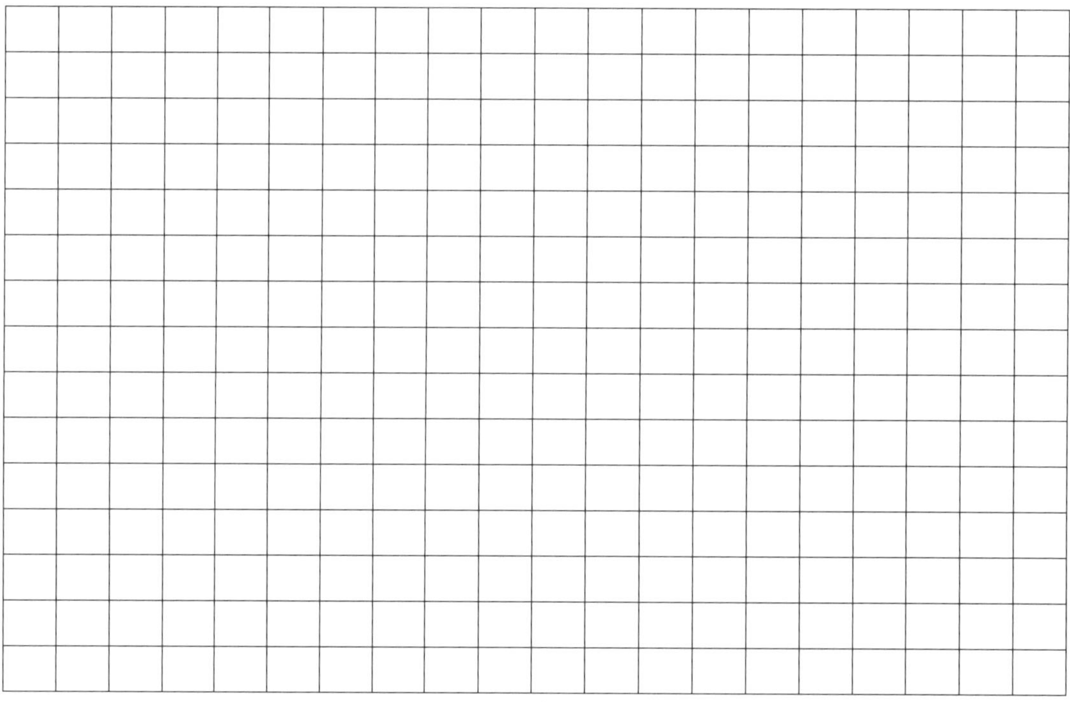

6. 다음을 참고하여 '김치 수출 현황'에 대한 글을 200자~300자로 쓰십시오.

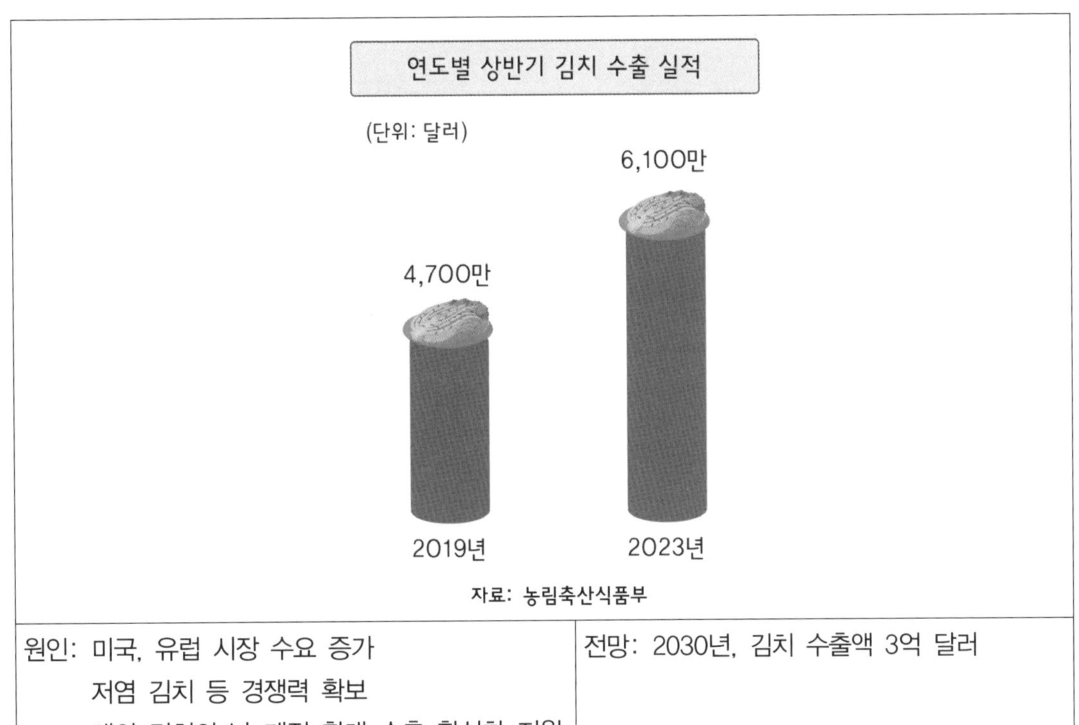

원인: 미국, 유럽 시장 수요 증가 저염 김치 등 경쟁력 확보 해외 김치의 날 제정 확대 수출 활성화 지원	전망: 2030년, 김치 수출액 3억 달러

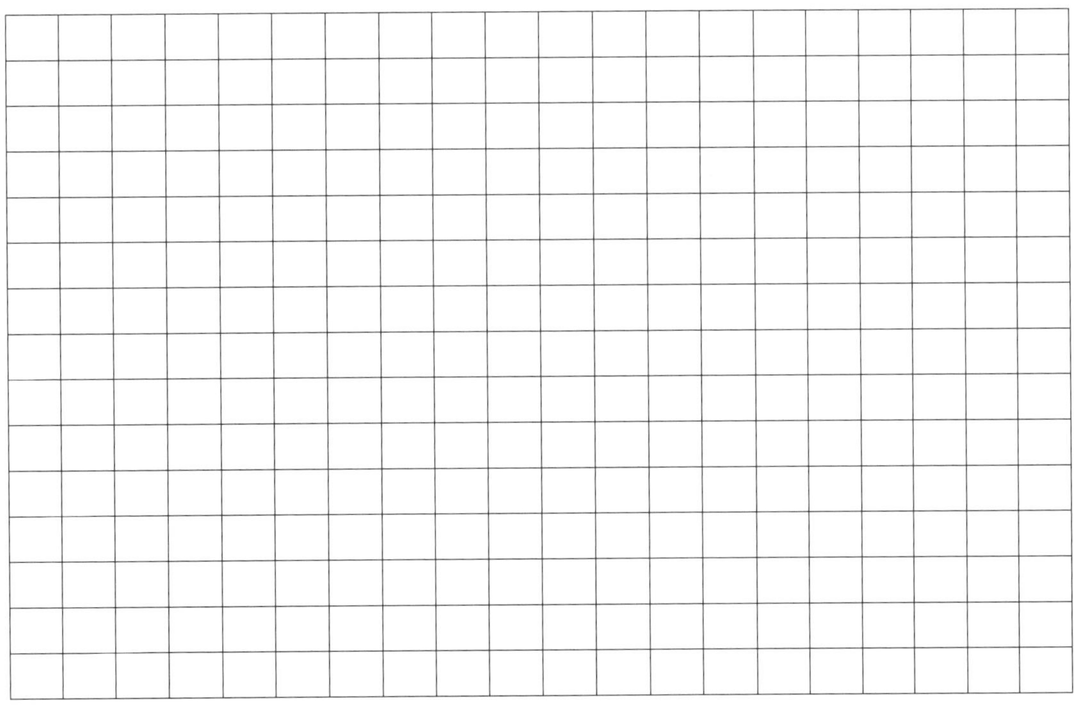

7. 다음을 참고하여 '고령 운전자 면허 반납 현황'에 대한 글을 200자~300자로 쓰십시오.

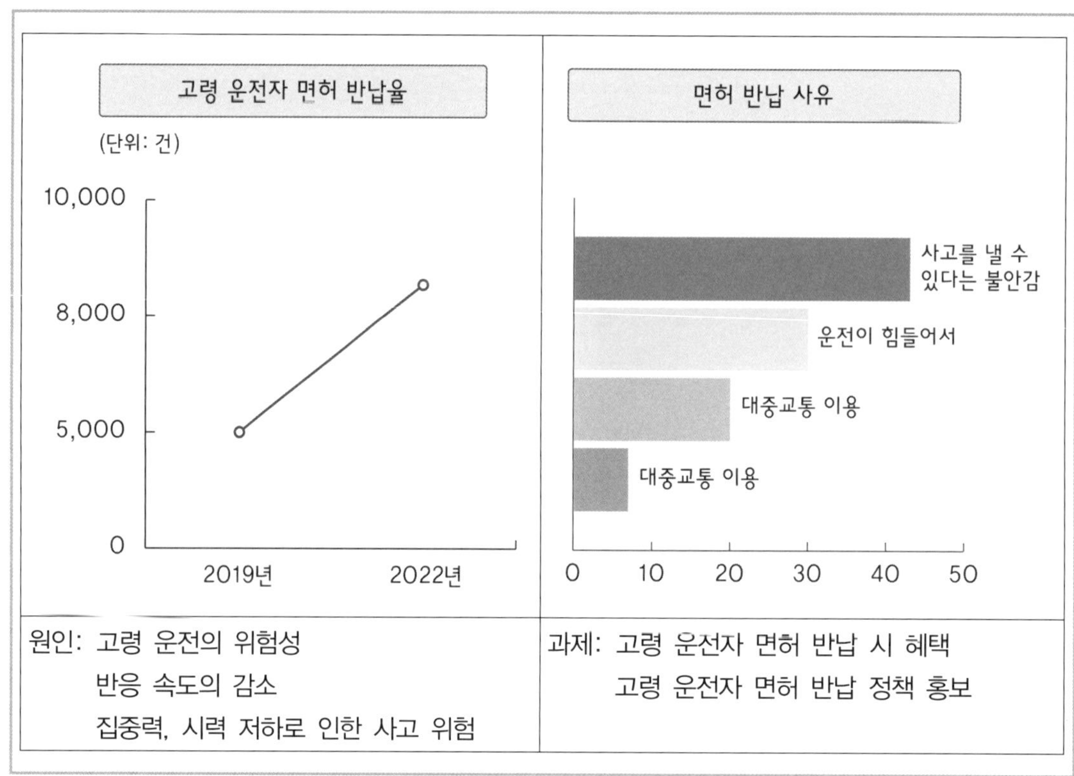

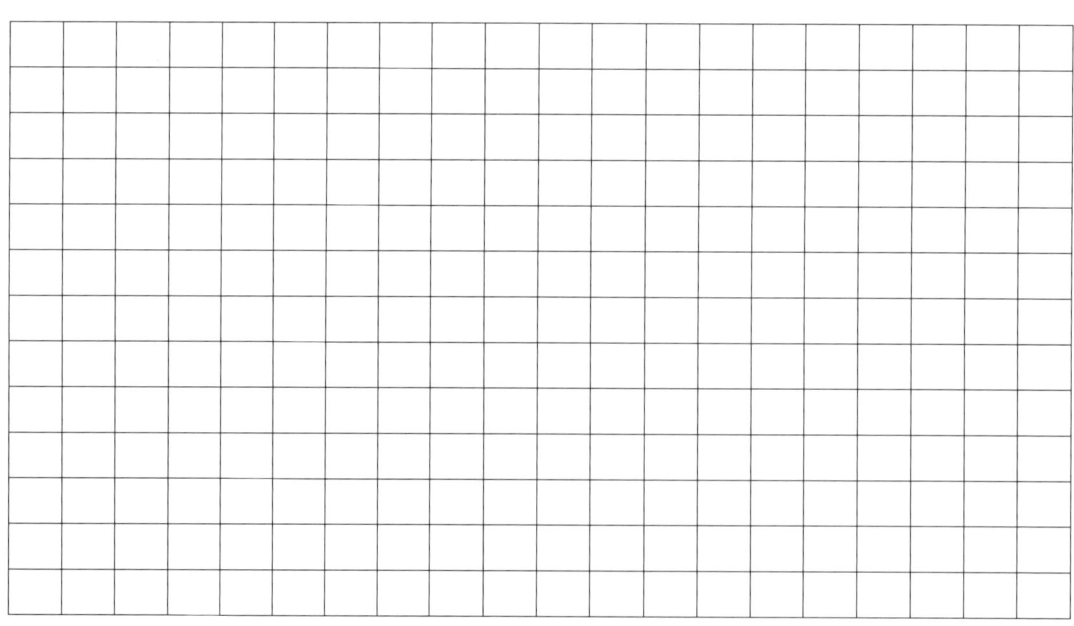

8. 다음을 참고하여 '채식 식품 판매 전망'에 대한 글을 200자~300자로 쓰십시오.

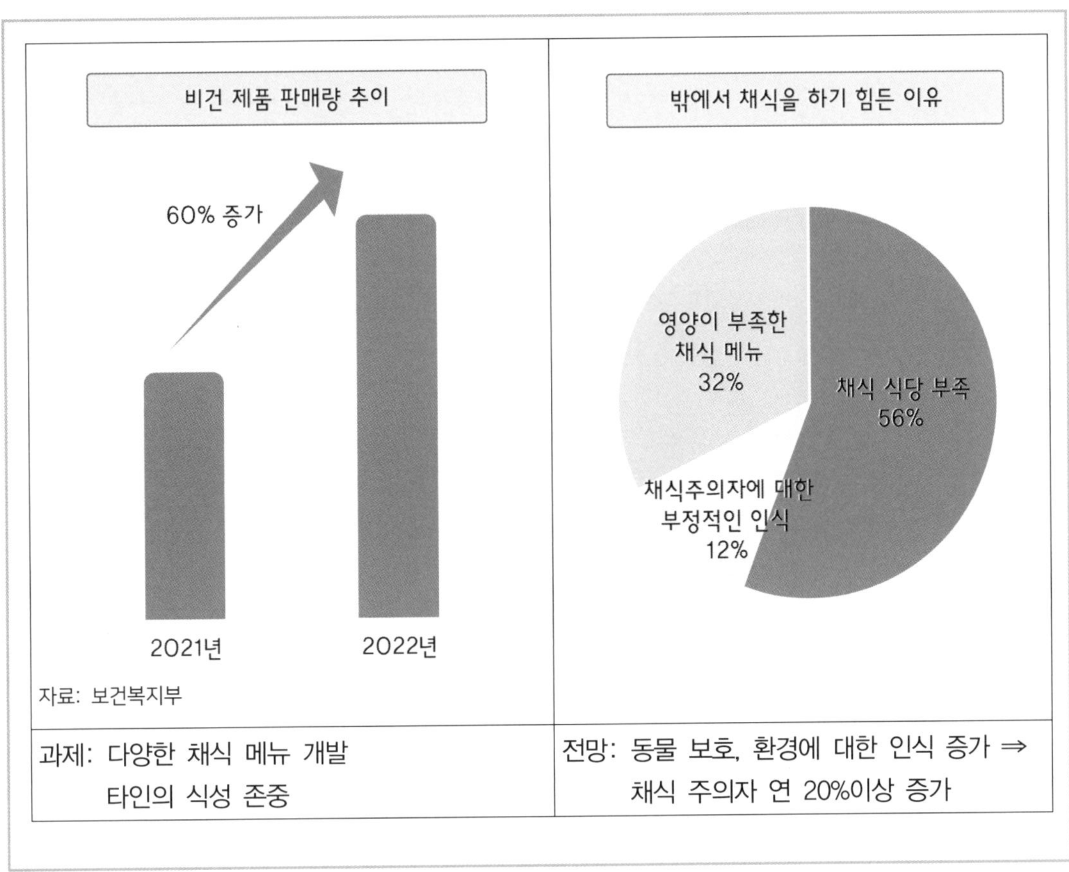

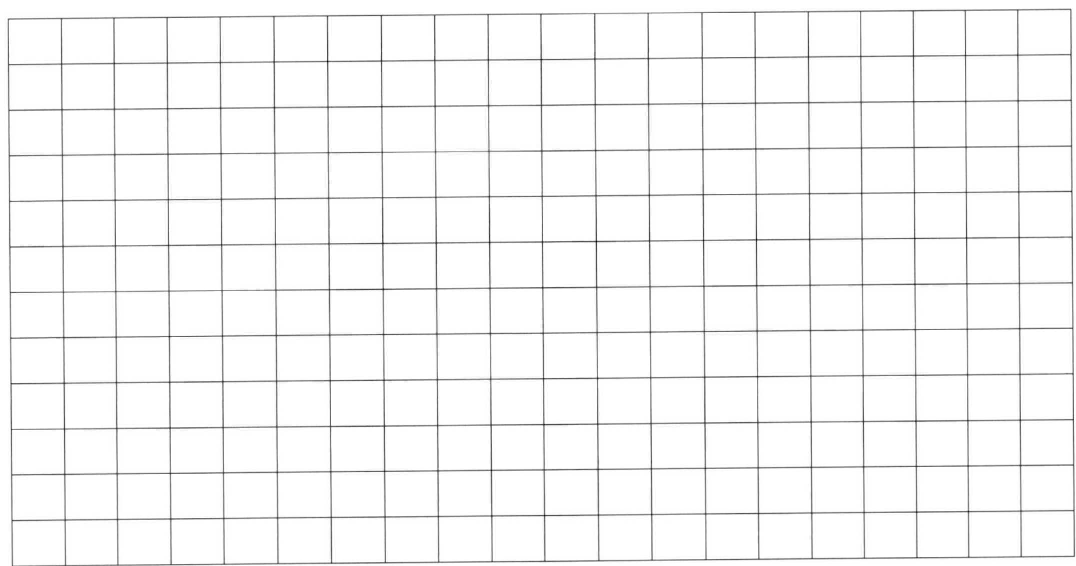

9. 다음을 참고하여 '안전 신문고 현황'에 대한 글을 200자~300자로 쓰십시오.

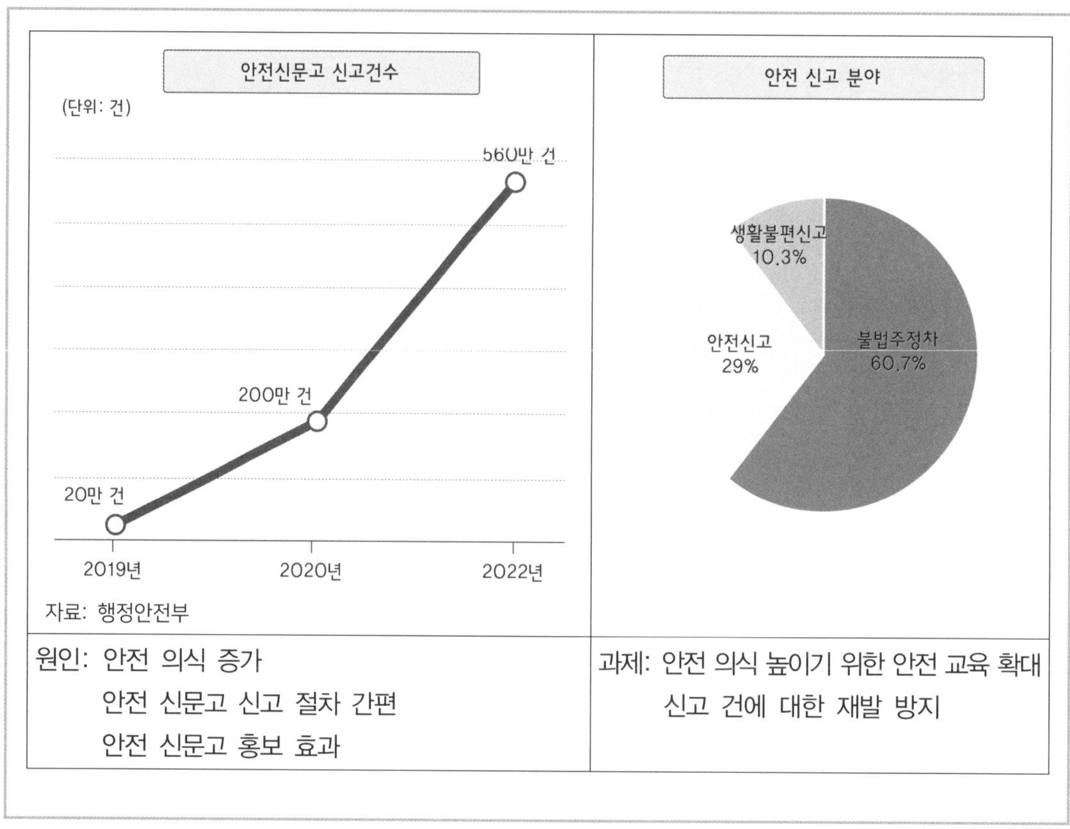

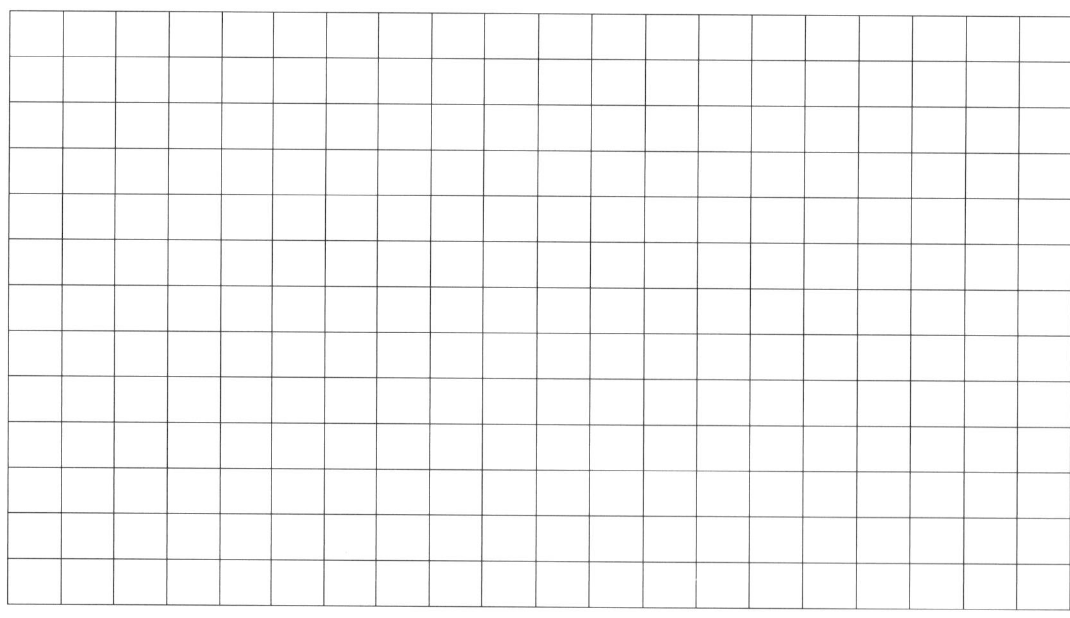

10. 다음을 참고하여 '난임 부부 지원 현황'에 대한 글을 200자~300자로 쓰십시오.

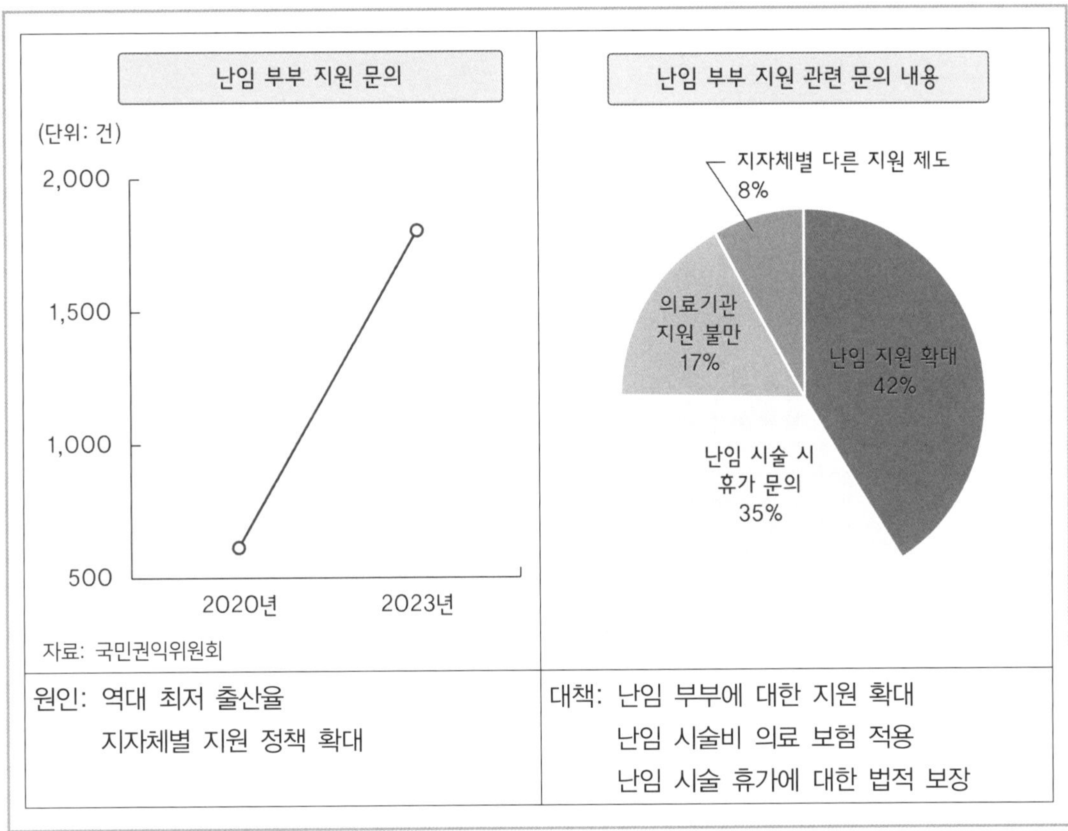

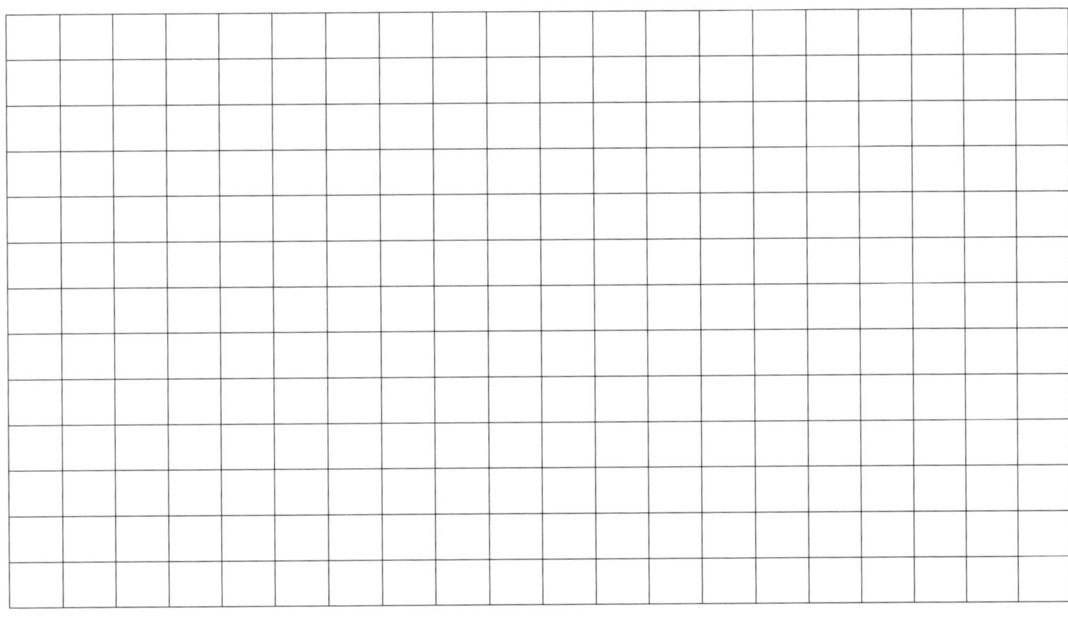

TOPIK 쓰기 한 달 완성

54번을 어떻게 써야 하는지 어려워하는 사람이 많습니다.
54번을 하나도 쓰지 않는 학생들도 많이 있고
조금 쓰다가 포기하는 학생들도 많이 있습니다.

그렇지만 54번을 포기하면
50점을 놓치는 것입니다.

포기하지 마시고 선생님과 같이 도전해 봅시다.

54번 문제

주제에 대한 자신의 생각 쓰기

54번 쓰기의 특징

54번 문제는 주어진 주제에 대한 자신의 생각을 논리적으로 쓰는 문제입니다. 문제에서는 600자에서 700자로 쓰라고 이야기하지만 짧게 쓰더라도 부분 점수가 있으니 포기하지 말고 쓰기 연습을 해야 합니다.

54번 쓰기가 어려운 이유는 크게 다음과 같은 3가지 때문입니다.

1. 문제를 이해할 수 없을 때
2. 문제는 이해했지만 자신의 생각이 없을 때
3. 문제도 이해했고 생각도 있지만 한국어로 문장을 만들 수 없을 때

1번처럼 문제를 이해할 수 없으면 글쓰기가 어렵기 때문에 문제를 처음부터 끝까지 여러 번 읽으면서 최대한 이해하려고 노력해야 합니다. '아무리 여러 번 읽어도 무슨 말인지 모르겠는데 어떻게 해요?'라고 말하는 사람도 있습니다. 문제를 읽을 때 모르는 단어에 집중하는 것보다 알고 있는 단어와 문법에 집중하면서 문제를 이해하려고 노력해야 합니다. 우선 문제에서 반복되는 단어를 찾으세요. 반복되는 단어가 알고 있는 단어라면 정말 좋고 혹시 반복되는 단어를 모르고 있다면 그 단어를 중심으로 앞뒤를 보세요. 비슷한 단어로 바꾸어 말한 것을 찾을 수도 있고 앞 뒤 단어를 중심으로 그 단어의 뜻을 생각해 볼 수도 있습니다. 그리고 알고 있는 내용만 가지고 문제를 생각해 봅니다. 정확하지는 않더라도 아무 것도 하지 않는 것보다 훨씬 좋습니다. 그리고 작은 문제 세 개는 문제점, 원인, 해결방안, 장점 등의 키워드를 중심으로 문제를 추측할 수 있습니다.

2번처럼 문제를 다 이해했는데도 문제에 대한 자신의 생각이 없을 때는 아무 생각이 안 나서 초조해지기 쉽습니다. 이때는 키워드에 대한 일반적인 이야기 또는 주제와 관련한 자신의 경험을 빨리 떠올리려고 노력해야 합니다. 처음부터 문제에 초점을 맞추고 생각하면 너무 어려워서 생각하기가 힘들기 때문입니다. 조금 범위를 넓혀서 생각하고 조금씩 범위를 좁혀 주제에 맞는 생각을 하다 보면 처음보다 쉽게 내용을 떠올릴 수 있을 것입니다. 일단 중요한 것은 머릿속에 떠오르는 단어를 손으로 하나라도 쓰면서 생각을 하는 것입니다. 우리의 손은 뇌를 움직이는 열쇠와 같아서 손을 움직이면서 생각하면 생각이 더 잘 떠오릅니다. 또한 주제와 관련한 자신의 경험을 생각하면 많은 상황들이 꼬리를 물고 떠오르기 때문에 더 좋습니다. 이러한 생각은 문제를 처음 시작할 때에도 도움이 됩니다.

3번과 같은 경우는 모국어로는 쓰기를 잘하는데 한국어 쓰기 연습이 부족한 사람들이 많이 경험하는 문제입니다. 이런 사람들은 물론 한국어 쓰기 연습을 꾸준히 하는 방법이 제일

좋습니다. 하지만 당장 시험을 쳐야 하는데 꾸준한 연습이 필요하다고 하면 이번 시험은 포기하라는 말인가 생각할 수도 있습니다. 이런 사람들이 자주 하는 실수가 모국어로 생각하는 문장을 그대로 한국어로 번역하려고 하는 것입니다. 보통 모국어 쓰기를 잘하는 사람들은 모국어로 생각할 때 문장도 길고 복잡하며 단어도 어려운 단어를 떠올립니다. 그 문장을 그대로 한국어로 번역하려고 하니 너무 어려워서 엄두가 안 나는 것입니다. 이런 사람들은 문장을 짧게 쓰면서 최대한 실수를 줄이고 하고 싶은 말을 이어서 하는 것이 좋습니다. 생각을 하나씩 끊어서 문장으로 만드는 방법을 사용해 보세요. 모국어를 말할 때처럼 유창하지 않아도 충분히 자신의 생각을 전달할 수 있습니다. 쉬운 단어와 쉬운 문법이라도 괜찮습니다. 하나의 문장에 하나의 생각만을 쓴다는 것을 잊지 말고 간단하고 짧은 문장으로 여러분의 생각을 표현해 보십시오. 여러분은 나중에 한국어 실력이 쌓이면 훨씬 좋은 문장을 만들 수 있을 것입니다.

일단 54번 쓰기는 주제에 대한 자신의 생각을 써야 하는데 생각이 없으면 쓰기 어렵습니다. TOPIK 시험에 어떤 문제가 나올지 모르기 때문에 보통 때 다양한 주제에 대한 관심을 가지고 생각을 해 보는 것이 좋습니다. 꼭 한국 뉴스가 아니라도 뉴스를 자주 보고 책도 많이 읽는 것도 도움이 됩니다. 재료가 있어야 요리를 할 수 있는 것처럼 생각이 있어야 쓰기를 할 수 있습니다. 평소에 여러 가지에 대해 생각해 보고 가능하면 자주 쓰기 연습을 해 보십시오. 쓰기는 짧은 시간에 좋아지지 않습니다. 여러분이 노력하는 만큼 잘하게 됩니다. 한국어로 일기를 쓰는 것도 쓰기 연습을 하는 좋은 방법입니다.

한국어로 긴 글을 한 번도 안 써본 사람은 우선 400자를 목표로 연습을 합니다. 처음부터 700자를 목표로 하면 너무 어려워서 포기할 수 있습니다. 우선은 400자를 연습하고, 400자를 잘 쓸 수 있게 되었을 때 조금씩 더 자세하게 쓰는 연습을 해야 합니다. 작은 문제 하나에 대해 쓰는 것부터 작은 목표를 달성하면서 쓰기의 재미를 느껴 보세요. 그리고 쓰기를 하기 전에 메모를 하는 습관도 필요합니다. 여러분은 메모를 하면 쓰기를 할 시간이 적어진다고 걱정을 하는데 메모를 하면서 생각이 정리되기 때문에 오히려 시간을 줄일 수 있습니다. 메모하는 방법에 대해서는 뒤에 자세히 설명하겠습니다.

54번 쓰기를 할 때 작은 문제가 3개 또는 2개 나오는데 이 작은 문제에 대한 내용을 빠뜨리면 안 됩니다. 아무리 글을 잘 써도 작은 문제에 대한 내용이 빠져있으면 좋은 점수를 받기 어렵습니다. 주제와 상관이 없는 내용으로 700자를 훌륭하게 썼다고 해서 좋은 점수를 받는 것이 아닙니다. 주제와 전혀 관계가 없으면 아무리 잘 써도 점수를 받지 못합니다. 내가 쓰고 싶은 내용을 쓰는 문제가 아니고 문제에서 쓰라고 한 내용을 써야 하기 때문입니다. 그래서 미리 메모를 해야 내용을 빠뜨리지 않는 것입니다.

- 보통 때 다양한 주제에 대해 관심을 가져야 한다.
- 처음에는 400자를 넘기는 것을 목표로 한다.
- 작은 문제에 대한 내용이 모두 들어가도록 글을 써야 한다.
- 문제지에 메모하면서 전체적인 글의 흐름을 잡은 후 답지에 바로 쓴다.

※ 54번은 이렇게 연습합니다.

1. 문제를 정리해서 처음 시작 부분을 쓴다. 두 문장 정도만 써도 좋다.
2. 작은 문제가 2개 또는 3개 나오는데 작은 문제마다 한 문단으로 쓴다.
3. 문제가 바뀌면 문단을 나누어야 한다.
4. 문단의 첫 번째 문장은 문제에 있는 키워드를 반드시 포함해서 써야 한다.

54번 쓰기를 할 때 꼭 지켜야 하는 내용을 4가지 정리해 보았습니다. 이 네 가지는 모든 문제에 공통적으로 지켜야 하는 내용이니 꼭 기억하시기 바랍니다.

자, 그럼 이 내용을 지켜서 54번을 어떻게 계획해야 하는지 보겠습니다. 700자 기준입니다.

처음 쓰기 (100자) - 2문장

문제와 관련된 부분으로 간단하게 쓴다.

작은 문제 1 (200자) - 5문장

키워드를 포함한 도입 문장 1
메모 1번
메모 1번에 대한 뒷받침분장 (설명, 예시 등)
메모 2번
메모 2번에 대한 뒷받침문장 (설명, 예시 등)

작은 문제 2 (200자) - 5문장

키워드를 포함한 도입 문장 1
메모 1번
메모 1번에 대한 뒷받침분장 (설명, 예시 등)
메모 2번
메모 2번에 대한 뒷받침문장 (설명, 예시 등)

작은 문제 3 (200자) - 5문장

키워드를 포함한 도입 문장 1
메모 1번
메모 1번에 대한 뒷받침분장 (설명, 예시 등)
메모 2번
메모 2번에 대한 뒷받침문장 (설명, 예시 등)

400자로 연습하고 싶은 사람들은 작은 문제 하나를 100자에서 120자 정도 쓴다고 생각하면 됩니다. 처음에는 문장을 길게 쓰는 것이 어렵기 때문에 위의 계획대로 써도 700자가 안 될 것입니다. 계속 연습하면서 구체적으로 표현하는 방법을 익히면 700자 쓰는 것이 어렵지 않다고 느끼게 되는 날이 분명히 옵니다. 연습을 하는 학생들은 쓰기 실력이 좋아지는 것을 스스로도 느낄 수 있을 것입니다.

본격적으로 54번을 시작하기 전에 문장과 문장을 이어주는 접속어에 대해 간단하게 보겠습니다. 52번 쓰기를 할 때 말한 것처럼 접속어는 글을 읽을 때 문장과 문장의 관계를 보여주는 좋은 자료가 됩니다. 마찬가지로 글을 쓸 때 접속어를 잘 활용하면 여러분이 말하고 싶은 것을 보다 정확하게 전달할 수 있습니다. 54번 쓰기는 많은 문장을 써야 하는데 그때 접속어를 적절하게 사용하면 정돈된 글을 쓸 수 있습니다.

★ 54번 쓰기에서 활용하기 좋은 이어주는 말

앞 문장과 뒤 문장의 관계	이어주는 말
자연스럽게 이어지는 내용	그리고, 이와 같이, 그리하여, 이리하여
반대 또는 부정하는 내용	그러나, 그렇지만, 하지만, 반면, 이와 반대로
원인과 결과	그래서, 그러므로, 따라서, 왜냐하면, 이러한 결과의 원인
설명을 위한 예시	예컨대, 예를 들어, 가령, 예를 들자면
보충 설명	그리고, 뿐만 아니라, 더구나, 또, 또한, 게다가
다른 화제로 연결	그런데, 한편, 아무튼, 다음으로, 우선
조금 다르게 설명	즉, 곧, 결국, 바꾸어 말하면, 다시 말하면
결론 또는 전체 요약	그러므로, 따라서
전체 문장의 요약	요컨대, 요약하자면
순서	먼저, 다음으로

이런 접속어의 사용을 조금 더 공부하고 싶으면 토픽 읽기 문제를 보면 좋습니다. 토픽 읽기에 출제된 글은 잘 정리된 문장이고 논리적으로 자연스럽게 연결된 좋은 글입니다. 그래서 여러분들이 쓰기 공부를 할 때 읽기 문제를 참고하면 많은 도움이 됩니다. 실제로 제가 수업을 하면서 읽기 문제를 똑같이 따라 쓰고 큰 소리로 다섯 번씩 읽게 했는데 그 숙제를 열심히 한 학생들은 쓰기 실력이 많이 좋아졌습니다.

시작 부분 쓰기

54번 문제의 시작 부분은 100자 정도로 간단히 쓰면 좋습니다. 시작 부분을 너무 길게 쓰면 꼭 써야 하는 작은 문제에 대해 쓸 자리가 없어지기 때문입니다. 시작 부분은 주제에 대한 간단한 언급으로 작은 문제로 자연스럽게 연결이 되도록 쓰면 좋습니다. 저는 두 문장 정도를 추천하는데 두 문장 정도를 쓰면 100자 내외가 되어 적당한 시작이 됩니다. 그럼 시작 부분을 어떻게 쓰면 좋은지 하나씩 알아보겠습니다.

예시와 함께 알아보기 위해 우선 아래의 문제에 대한 시작 부분을 다양한 방법으로 써 보겠습니다. 여러분들도 보면서 여러분만의 시작 부분을 써 보시기 바랍니다. 시작 부분을 쓰기 전에 문제에 대해 이해를 해야 하는데 만약 '반려 동물'이라는 단어를 몰랐다고 해도 문제에서 '강아지와 고양이 등 사람과 함께 살아가는 동물'이라고 그 뜻을 설명하고 있기 때문에 어렵지 않게 이해할 수 있을 것입니다. 이렇게 문제를 잘 읽어 보면 어려운 단어의 의미가 설명되어 있는 부분이 있을 수 있으니 미리 포기하지 말고 꼭 끝까지! 여러 번! 읽어 보셔야 합니다.

강아지와 고양이 등 사람과 함께 살아가는 동물을 '반려 동물'이라고 합니다. 반려 동물을 키우는 가구가 증가함에 따라 관련 산업도 급속도로 성장하고 있지만 반려동물로 인한 사회적인 문제도 발생하고 있습니다. 반려 동물과 함께 살아가는 바람직한 방향에 대해 아래의 내용을 중심으로 자신의 생각을 쓰십시오.

- 반려 동물을 키우는 사람이 증가하는 원인은 무엇입니까?
- 반려 동물로 인한 사회적 문제는 무엇입니까?
- 반려 동물로 인한 문제를 해결하는 바람직한 방법은 무엇입니까?

1. 자신의 경험으로 시작하기

주제와 관련한 자신의 경험이 있다면 간단하게 그 경험을 이야기하면서 시작하면 좋습니다. 쓰기에 대한 부담을 줄이고 연습을 하기에도 좋은 방법이기 때문에 꼭 한번 써 보시기를 추천 드립니다. 이 문제의 경우 반려 동물을 키워 본 사람이라면 반려 동물을 키운 경험을 쓰면 되고 만약 키운 적이 없다면 왜 키우지 않았는지에 대한 내용을 쓰는 것도 자신의 경험이라 할 수 있습니다. 다음 두 문장을 참고하여 여러분들의 경험으로 반려 동물에 대한 시작 부분을 써 보십시오.

예시 1) 나는 동물을 무서워해서 반려 동물을 키운 적이 없지만 요즘 주위를 보면 반려 동물을 키우는 사람들이 정말 많이 있다.

예시 2) 우리 집에도 내가 어릴 때부터 키운 강아지가 있다. 우리 가족은 모두 그 강아지를 가족이라고 생각한다. 우리 가족처럼 반려 동물을 키우는 가구가 증가하고 있다.

연습)

2. 일반적인 사실로 시작하기

주제에 대해 누구나 알고 있는 일반적인 사실로 시작하는 방법도 있습니다. 보통 상식적으로 알고 있는 이야기 또는 뉴스에서 들을 수 있을 것 같은 문장으로 시작을 하는 방법입니다. 이 방법은 문제의 키워드에 대한 사람들의 인식이나 생각을 간단하게 쓰면 되기 때문에 쉽습니다.

예시 1) 요즘에는 예전보다 반려 동물을 키우는 사람들이 정말 많아졌다. 그래서 반려 동물에 대한 텔레비전 프로그램도 많고, 반려 동물에 대해 관심이 높아지고 있다.

예시 2) 최근 반려 동물을 키우는 사람들이 많아지면서 반려 동물의 옷, 간식, 미용 등 반려 동물에 대한 여러 가지 가게도 증가하였다.

연습)

3. 문제의 문장을 조금 바꾸어서 시작하기

자신의 경험도 생각이 안 나고 일반적인 사실에 대해서 쓰기에도 자신이 없을 때는 문제에 나와 있는 문장을 조금 바꾸어서 시작하는 방법도 있습니다. 문제에 있는 문장을 그대로 쓰는 것은 안 되지만 의미는 같지만 다른 문장을 만들어서 쓰기를 시작하는 것은 괜찮습니다. 예를 들어 '세계 어느 나라나에서나 역사를 가르친다.'라는 문장이 문제에 있다면 '전 세계의 나라 중에 역사 교육을 하지 않는 나라는 하나도 없다.' 이렇게 써 보십시오. 의미는 같지만 전혀 다른 문장이 되었습니다.

이 방법은 한국어 문장 쓰기에 조금 자신이 있으면 훨씬 잘할 수 있지만 그렇지 않은 학생들도 도전해 볼 수 있습니다. 문장을 이루는 순서를 바꾼다든지, 주어와 목적어를 바꾸는 방법도 자연스럽습니다. 이런 문장을 한번 볼까요? '사람들은 몸의 건강을 위해 신경을 많이 쓰지만 정신의 건강에는 무관심한 편이다.' 이 문장을 의미는 같지만 다른 문장으로 바꾸어 보면 '사람들은 정신의 건강에는 신경을 쓰지 않고 몸의 건강에만 관심을 두고 있다.' 이렇게 됩니다. 문장의 앞뒤 순서만 바꾸어도 다른 문장이 됩니다. 또는 '사람들이'가 주어로 되어 있는 문장을 주어를 바꾸어 '몸의 건강이 중요하게 여겨지는 것에 비해 정신의 건강은 관심의 대상이 되지 않는 경우가 많다.' 이렇게 문장을 바꾸어도 됩니다. 한국어 문장을 만드는 것에 익숙한 학생들은 쉽게 할 수 있지만 이 방법이 어렵다고 하는 학생들도 많았습니다. 예시 문장을 보고 여러분도 연습해 보십시오.

예시 1) 반려 동물은 사람과 함께 사는 동물을 가리키는 말이다. 반려 동물을 키우는 사람들이 많아지면서 여러 문제도 생기고 있다.

예시 2) 사람과 함께 살아가는 반려 동물에는 강아지도 있고 고양이도 있다. 요즘에는 반려 동물을 키우는 사람이 정말 많이 있다.

연습)

4. 예를 들어 시작하기

문제에서 이야기하는 핵심 단어에 대한 예를 들면서 시작하는 방법도 있습니다. 건강에 대한 문제라면 사람들이 건강을 위해 어떤 것을 하는지를 예를 들면서 시작하면 됩니다. '사람들은 몸의 건강을 위해 운동을 하고 건강에 좋은 음식을 먹는 등 많은 관심을 가지고 있다.'와 같이 시작하는 방법입니다. 이 방법은 작은 문제 3개 중에 구체적인 예를 들어야 하는 문제가 없을 때 사용해야 합니다. 그렇지 않으면 시작 부분과 작은 문제가 반복되어 좋지 않습니다.

예시 1) 최근 반려 동물을 키우는 사람들이 증가하고 있다. 예전에는 개나 고양이를 키우는 사람들이 대부분이었지만 요즘은 햄스터, 새, 물고기 등 그 종류도 아주 다양해졌다.

예시 2) 개, 고양이뿐만 아니라 햄스터, 토끼, 새 등 사람들과 함께 살아가는 반려 동물의 종류가 다양해지고 반려 동물을 키우는 사람들도 점점 증가하고 있다.

연습) ______________________________

____

5. 핵심 단어에 대한 정의를 하며 시작하기

핵심 단어의 의미를 설명하면서 시작하는 방법도 있습니다. 이 방법은 핵심 단어에 대해 잘 알고 있어서 그 단어의 의미를 문장으로 쓸 수 있을 때 사용하면 좋습니다. 물론 이번 예시 문제와 같이 문제 속에 '반려 동물'에 대한 정의가 나와 있다면 이 방법을 사용하기 좋습니다. 하지만 문제에 있는 문장을 그대로 쓰면 안 된다는 것을 반드시 기억하십시오. 그리고 문제에 핵심 단어에 대한 설명이 나와 있지 않다면 여러분이 잘 알고 있는 단어일 때만 사용하는 것이 좋습니다. 역사 교육에 대한 문제라면 '역사란 한 사람이나 나라가 지나온 시간 동안 있었던 일을 기록해 놓은 것을 말한다.' 와 같이 역사에 대한 설명으로 시작하는 방법입니다. 이때 단어를 설명하는 것이 사전과 같이 정확할 필요는 없습니다. 여러분들이 할 수 있는 범위 안에서 잘 써 주면 됩니다.

예시 1) 반려 동물이란 강아지나 고양이처럼 사람들과 함께 사는 동물을 말한다. 이렇게 반려 동물을 키우는 집이 점점 증가하고 있다.

예시 2) 사람과 함께 살아가는 강아지 또는 고양이 등과 같은 동물을 '반려 동물'이라고 한다. 예전에는 애완동물이라는 말을 사용했지만 요즘은 '반려 동물'이라는 단어를 사용하고 있다.

연습)

6. 문제에서 이야기하는 결론으로 시작하기

문제에서 해결 방안을 이야기하는 경우도 있고, 바람직한 방법에 대해 쓰기를 지시하기도 합니다. 어떤 것에 대한 쓰기를 요구하더라도 그에 대한 결론을 간단하게 이야기하면서 시작 부분을 쓰는 것도 가능합니다. 문제에서 '역사 교육의 필요성'에 대해서 쓰라고 했다면 '역사 교육은 필요하다.'라는 결론을 시작 부분에 이야기하는 방법입니다. 이 방법은 주제에 대해 강하게 집중시킨다는 장점이 있습니다. 하지만 시작 부분에서 너무 자세하게 결론을 이야기하면 마지막 작은 문제를 쓸 때 내용이 겹치게 되는 단점이 있습니다. 따라서 이 방법으로 54번을 시작할 때는 나중에 쓸 말이 있도록 간단하게 언급을 하도록 주의해야 합니다.

예시 1) 반려 동물을 키우는 가구가 증가하면서 좋은 점도 있지만 부정적인 부분도 지속적인 문제가 되고 있다. 이러한 문제를 해결하고 반려 동물과 함께 살아가는 사회를 만들기 위해 서로 노력해야 한다.

예시 2) 반려 동물을 키우는 사람들이 많아지고 있다. 반려 동물을 키우는 사람들은 그로 인해 사회적인 문제가 발생하지 않도록 함께 살아가는 방법에 대해 고민할 필요가 있다.

연습)

지금까지 시작 부분을 쓰는 방법에 대해 알아보았습니다. 문제에 따라 어떤 시작이 어울리는지가 달라지기도 하고 여러분들의 관심과 경험에 따라 더 적절한 시작 부분이 있기도 할 것입니다. 그러니 문제를 읽으면서 어떤 시작이 어울릴지 이 여섯 가지 방법 중에서 골라서 써 보십시오. 그리고 한 가지 방법만 아니라 두 가지를 함께 사용하여 시작 부분을 써도 좋습니다. 예를 들면 '일반적인 사실+자신의 경험', '자신의 경험+문제에서 이야기하는 결론', '단어에 대한 정의+예시' 등등 6가지를 사용하는 방법은 21가지나 있으니 어떻게 결합을 해도 괜찮습니다.

간단하게 몇 가지만 예를 들어 보겠습니다. '최근 반려 동물을 키우는 가구가 증가하고 있다. 내가 살고 있는 아파트 단지에도 저녁이 되면 반려 동물과 함께 산책하는 사람들을 어렵지 않게 볼 수 있다.' 이렇게 쓰면 일반적인 사실과 자신의 경험을 함께 사용한 것입니다. 또 '저녁 시간 공원에 가 보면 반려 동물을 산책시키는 사람들을 많이 볼 수 있다. 이때 자신의 반려 동물이 다른 사람에게 방해가 되지 않도록 신경 써야 한다.' 이 문장은 자신의 경험에 문제에서 이야기하는 결론을 함께 사용한 시작입니다. 여러분도 두 가지를 함께 사용하는 시작 부분을 연습해 보십시오. 어떻게 결합해도 괜찮습니다.

연습 1) ____________________

____

연습 2) ____________________

____

문장 만들기가 잘 되고 있습니까? 처음에는 쉽지 않겠지만 연습을 하면 할수록 점점 쉬워지는 것을 느낄 수 있을 것입니다. 방법을 아는 것은 아주 작은 시작입니다. 방법을 알고 난 후에 연습을 하는 것이 훨씬 더 중요합니다. 이제 방법을 알았으니 계속해서 연습을 해야 합니다. 책만 읽는다고 쓰기 실력이 늘지 않습니다. 여러분이 연습을 하는 만큼 쓰기 실력이 는다는 것을 꼭 기억하시기 바랍니다.

메모하기

54번 쓰기를 할 때 메모를 하는 것은 정말 중요합니다. 메모를 하지 않으면 글을 쓰다가 전혀 다른 이야기로 진행되기도 하고 진짜 중요한 내용을 빠뜨리기도 합니다. 보통 54번 쓰기는 시험 문제에 빈 공간이 있기 때문에 짧게라도 그 자리에 메모를 하고 글을 쓰는 습관을 길러야 합니다. 메모를 하면서 생각이 정리되고 메모한 내용을 보고 글을 쓰면 글 쓰는 시간도 훨씬 줄일 수 있습니다.

메모를 할 때는 답지에 쓸 전체 문장을 쓰는 것이 아니라 자신의 생각을 잊어버리지 않도록 중요한 단어나 중심 내용만을 간단하게 써야 합니다. 완전한 문장으로 메모를 하면 메모하는 데 시간이 너무 많이 걸리기 때문에 글을 두 번 쓰는 것과 같습니다. 그럼 메모를 어떻게 하는 것이 좋을지 메모하는 방법에 대해 알아보겠습니다.

★ 54번 메모하는 방법 1

1. 빨리 쓴다.
2. 생각이 나는 것을 모두 쓴다.
3. 문장이 아니라 키워드 중심으로 쓴다.
4. 전체에 대해 빠르게 메모한 후 내용을 검토한다.
5. 답지에 쓸 내용을 결정한다.

하나씩 설명하겠습니다. 우선 빨리 써야 합니다. 글씨도 예쁘게 쓸 필요가 없습니다. 글씨를 예쁘게 쓰다가 여러분의 좋은 생각이 날아가 버릴 수도 있습니다. 잠깐이라도 떠오르는 생각이 있으면 한 단어라도 좋으니 써야 합니다. 그래서 빨리 쓰는 것이 좋습니다. 다음은 생각나는 것은 모두 써야 합니다. 메모를 하면서 이건 좋아, 이건 안 좋아 생각을 하면 생각이 멈춰 버립니다. 그러니 일단은 생각 나는 것은 모두 쓰는 것이 좋습니다. 그 다음 문장이 아니라 키워드 중심으로 써야 합니다. 메모에 완전한 문장을 쓸 필요가 없습니다. 메모는 말 그대로 여러분이 답지에 쓰기 위한 안내를 만드는 것입니다. 그러니 메모에서 힘을 빼면 안 됩니다.

이렇게 여러분의 생각을 빠르게 쏟아낸 후가 중요합니다. 이제 메모한 내용을 한번 검토해야 합니다. 검토할 때 가장 중요한 것은 작은 문제의 질문에 어울리는 내용인가를 확인하는 것입니다. 아무리 잘 써도 질문에 대한 내용이 아니면 좋은 점수를 받을 수 없습니다. 이것은 "어디에 살아요?'라는 질문에 '네, 저는 한국 사람입니다.'라고 대답하면 전혀 소통이 되지 않는 것과 같습니다. 그래서 질문에 대한 내용으로 적절한지를 제일 먼저 보십시오. 그리고 나서 만약 하나의 질문에 내용이 여러 개 메모가 되어 있다면 여러분이 잘 쓸 수 있는 것으로 두 개만 고르십시오. 이때도 어떤 것을 써야 더 좋은 점수를 받을 수 있을까를 기준으로 선택하지 말고 여러분이 잘 알고 잘 쓸 수 있는 것이 무엇인지를 기준으로 선택해야 합니다.

전체적으로 어떻게 메모해야 하는지를 알았으면 답지를 완성하기 위해 생각해야 하는 점을 알아보겠습니다. 빠르게, 생각나는 것을 모두, 키워드 중심으로 메모하는 것에 어느 정도 익숙해지면 메모를 할 때부터 답지에 어떻게 쓸지를 생각하면서 메모할 수 있습니다. 그때가 되면 조금 더 효율적으로 메모하는 연습을 해야 합니다.

우리는 시험 문제에서 물어보는 내용에 대한 쓰기를 해야 하므로 처음부터 작은 문제 각각에 대해 2개 정도만 메모가 되면 바로 다른 문제로 넘어가서 메모 시간을 줄일 수 있습니다. 그리고 중심 내용을 메모한 후 뒷받침 문장을 어떻게 쓸지 간단하게 뒷받침 문장 쓰기 방법 정도만 메모를 해 놓아도 쓰기 시간을 많이 줄일 수 있습니다. 뒷받침 문장 쓰기에 대한 부분을 참고하십시오.

★ 54번 메모하는 방법 2

1. 작은 문제 각각에 대한 내용이 모두 포함되어야 합니다.
2. 작은 문제마다 2개 정도 메모가 되면 좋습니다.
3. 여러 개를 메모했다면 가장 잘 쓸 수 있는 것으로 선택합니다.
4. 뒷받침 내용을 어떻게 쓸지도 간단히 메모 되면 좋습니다.
5. 메모가 끝난 후에는 메모 내용이 문제에 대한 답이 맞는지 확인해야 합니다.

이렇게 각각의 문제에 대해 여러분이 쓸 내용을 결정하는 것까지가 메모하기에서 해야 할 일입니다. 메모할 때 생각이 정리가 되면 쓰기 시간은 생각보다 많이 걸리지 않습니다. 54번 쓰기 연습을 많이 하면 메모를 10분, 쓰기를 15분 정도로 계산하고 쓸 수 있습니다. 물론 문제에 따라서 메모에 시간이 더 걸리기도 하고 쓰기에 시간이 더 걸리기도 하지만 평균적으로 이 10분 ~ 15분 정도라고 생각하고 쓰기를 연습해 보십시오.

앞으로 모든 쓰기는 메모를 쓴 후에 답안을 작성하는 것을 잊지 마십시오. 예시를 보면 이해가 빠를 것 같으니 수업 시간에 학생들이 쓴 메모를 잠시 보고 가겠습니다. 아래 문제에 대한 학생들의 메모를 보겠습니다.

요즘 예전에 비해 부부가 모두 직장에 다니는 맞벌이 가정을 흔히 볼 수 있습니다. 아이들이 어릴 때는 부모의 도움이 필요하고 아이를 위해 신경 써야 할 일도 많습니다. 그렇기 때문에 두 사람이 모두 일을 하면서 아이를 키우는 일은 쉽지 않습니다. 다음 내용을 중심으로 맞벌이 가정을 위한 육아 정책에 대한 자신의 생각을 쓰십시오.

- 맞벌이 가정이 증가하는 원인은 무엇입니까?
- 맞벌이 가정이 아이를 키울 때 겪는 어려움은 어떤 것이 있습니까?
- 이러한 어려움을 해결하기 위해 어떤 정책이 필요하다고 생각합니까?

예시 1)

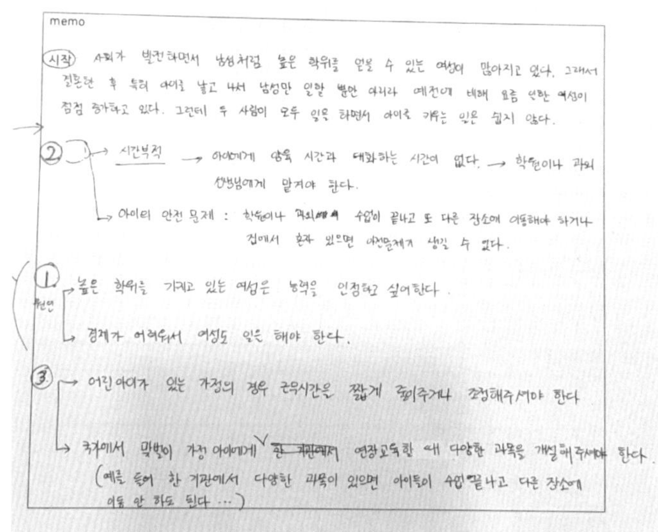
memo

(시작) 사회가 발전하면서 남성처럼 높은 학위를 얻을 수 있는 여성이 많아지고 있다. 그래서 결혼한 후 특히 아이를 낳고 나서 남성만 일할 뿐만 아니라 예전에 비해 요즘 일한 여성이 점점 증가하고 있다. 그런데 두 사람이 모두 일을 하면서 아이를 키우는 일은 쉽지 않다.

② → 시간부족 → 아이에게 양육 시간과 대화하는 시간이 없다. → 학원이나 과외 선생님에게 맡겨야 한다.
→ 아이의 안전 문제 : 학원이나 과외 수업이 끝나고 또 다른 장소에 이동해야 하거나 집에서 혼자 있으면 안전문제가 생길 수 있다.

① → 높은 학위를 가지고 있는 여성은 능력을 인정하고 싶어한다.
→ 경제가 어려워서 여성도 일을 해야 한다.

③ → 어린 아이가 있는 가정의 경우 근무시간을 짧게 줄여주거나 조정해주셔야 한다
→ 국가에서 맞벌이 가정 아이에게 ~~한 기관에서~~ 연장교육할 때 다양한 과목을 개설해주셔야 한다.
(예를 들어 한 기관에서 다양한 과목이 있으면 아이들이 수업 끝나고 다른 장소에 이동 안 하도 된다 ...)

이 메모는 내용은 좋지만 너무 길고 복잡합니다. 그리고 문장으로 메모를 했기 때문에 시간도 많이 걸리고 이 내용을 답지에 또 써야 한다는 단점이 있습니다. 메모를 처음 연습할 때 많은 학생들이 이렇게 문장으로 메모를 하기 때문에 시간이 걸립니다. 시작 부분도 아예 전체를 다 메모에 썼습니다. 이렇게 하면 시간이 부족할 수밖에 없습니다.

듣기를 50번까지 듣고 나면 쓰기를 할 수 있는 시간이 50분 정도 남습니다. 듣기 마킹을 검토할 시간도 필요하니 45분 정도에 쓰기 51번부터 54번까지를 다 써야 하는데 51번부터 53번까지를 15분에 다 써야 54번에 쓸 수 있는 시간이 30분 정도 남습니다. 고급을 준비하고 있다면 30분 중에서 메모를 10분 답지에 쓰기를 20분 정도 계산하면 적당합니다. 그런데 메모를 이렇게 하면 절대로 10분에 끝낼 수 없습니다. 그럼 정말 중요한 답지에 쓰는 시간이 부족해서 답지에 다 쓰지 못한 채 제출해야 하는 불행한 일이 생길 수 있습니다. 따라서 54번 문제는 꼭 시간을 재면서 연습을 해야 합니다.

예시 2)

1. ①경제적으로 부족하다.
   육아 비용 부담
   집값 올림

2. ① 아이한테 시간이 없다.
   ②아이를 맡길 수 있는 곳이 부족

   국가에서
3. ① 육아 휴식을 주면 좋다. 남자들한테도
   ② 유치원, 어린이집 등의 만들 필요가 있다

예시 1)보다 훨씬 간단한 메모입니다. 물론 글씨를 틀린 곳도 있지만 이 정도 메모라면 답지에 쓸 때 자신의 생각을 막힘없이 쓸 수 있습니다. 그리고 문제에서 요구하는 내용이 들어 있기 때문에 크게 수정하지 않아도 메모한 내용 그대로 답지에 써도 좋습니다. 이 메모를 보면 알 수 있는 것처럼 메모할 때는 글씨를 틀리는 것에 신경 쓰지 않아도 됩니다. 실제 답지에 쓸 때 실수를 고치면 됩니다. 또 맞춤법보다 중요한 것은 내용이기 때문에 내용을 더 신경 쓰는 것이 좋은 방법입니다.

예시 3)

1. ·경제 격차 사회 양극화 → 가구소득이 감소.
   ·여성의 사회 진출과 남성의 육아 참여

2. (장) 수입이 안정, 자녀의 자립심
   (단) 어린이집에 송영, 갑작스러운 몸살 대응 → 단축근무

3. ·지역 육아 지원 서비스 → 가사 대행
   ·남성의 육아 휴직 제도 → 취득하기 쉽게

이 메모는 어떻습니까? 고급 학생이 쓴 메모입니다. 어휘도 고급 어휘가 많이 있고 메모도 많이 해 본 학생이라는 것을 알 수 있습니다. 간단하게 자신의 생각을 정리한 것이 아주 좋습니다. 이렇게 메모를 한 다음 질문에 대한 내용으로 적절한지 확인이 필요합니다. 잠깐, 두 번째 문제가 무엇인지 한번 볼까요? '맞벌이 가정이 아이를 키울 때 겪는 어려움'에 대한 내용을 쓰라고 되어 있습니다. 그런데 이 학생은 맞벌이 가정의 장점과 단점에 대해서 메모를 했습니다. 문제에서 요구한 내용과 다르게 메모를 했습니다. 그런데 메모를 검토하는 과정을 거치지 않고 메모를 한 후 바로 답지에 글을 썼기 때문에 이 실수를 확인할 시기를 놓쳤습니다.

이렇게 쓰면 글을 잘 써도 좋은 점수를 받기 어렵다고 말씀드렸습니다. 문제에서 요구한 내용이 아니기 때문입니다. 그래서 메모를 한 후 문제에서 요구한 내용과 내가 메모한 내용이 적절한지를 확인하는 과정이 꼭 필요합니다. 이 학생의 경우 원래 쓰기를 잘하기 때문에 검토 과정을 거치면서 실수를 확인하고 장점 대신 어려움을 하나 더 추가한 후 답지에 쓰기 시작했다면 아주 높은 점수를 받을 수 있었을 것입니다.

메모는 깨끗하게 예쁘게 하지 않아도 좋습니다. 여러분의 생각이 정리되는 과정이기 때문에 썼다가 지우기도 하고 자리를 바꾸기도 하면서 메모를 하면 됩니다. 보통 여러분들이 메모를 깨끗하게 하려고 하니까 메모하는 것이 더 어렵게 느껴지는 것입니다.

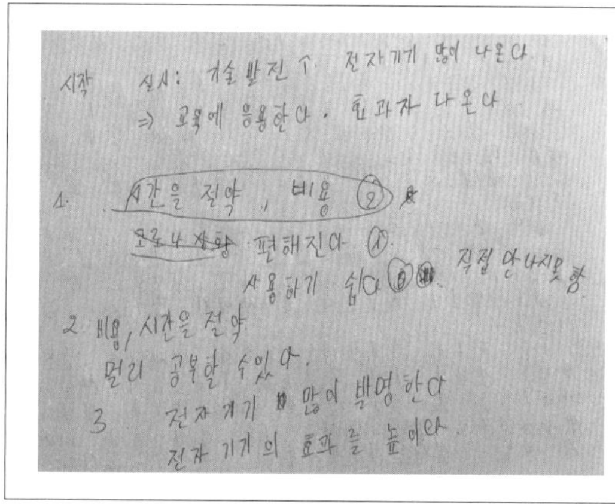

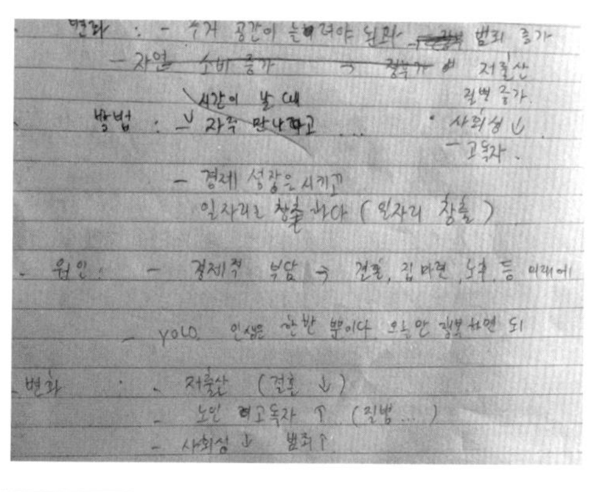

위의 예시는 다른 문제에 대한 메모이지만 이렇게 지우고 다시 생각하고 순서도 바꾸고 하면서 메모를 하면 된다는 것을 보여주기 위해 넣었습니다. 여러분이 메모에 대한 부담을 줄일수록 더 메모를 잘할 수 있게 될 것입니다. 그리고 메모를 하는 것이 습관이 되면 54번 쓰기도 더 잘할 수 있게 됩니다. 저도 54번 쓰기를 하기 전에 항상 메모를 합니다. 메모를 하지 않고 바로 글을 쓰면 시간이 더 많이 걸립니다. 확실하게 차이가 있어요. 여러분들도 꼭!! 메모를 한 후 글쓰기를 하기 바랍니다.

시작

1.

2.

3.

보통 이렇게 메모를 할 수 있는 표를 주지만 이렇게 하지 않고 어디든지 메모해도 괜찮습니다.

뒷받침 문장 쓰는 방법

시작 부분에 대한 계획을 세우고 각각의 작은 문제에 대한 메모가 끝난 다음에는 답지에 바로 쓰기를 하면 되는데 그 전에 메모한 내용에 대한 뒷받침 문장을 계획해야 합니다. 뒷받침 문장은 말 그대로 뒤에서 앞의 문장을 도와주는 문장이라고 생각하면 되는데 다음과 같은 방법이 있습니다.

방법	표현	예문
설명하기	특히 구체적으로 말하면 다시 말하면 즉	-란 -을/를 말한다. -은/는 -을/를 뜻한다. 다시 말하면 - 것이다.
근거 들기	왜냐하면 그 이유는	이러한 주장의 근거는 -에서 그 원인을 찾을 수 있다.
예시 들기	예를 들면 가령	이러한 예는 주변에서 흔히 볼 수 있다. 예를 들어 쉽게 예를 들어 보면 다음과 같은 경우를 예로 들 수 있다.
비교하기	A 은/는 B와/과 유사하다 마찬가지이다	동일하다, 일치한다. 유사하다. 이렇게 볼 때 A와 B의 공통점을 발견할 수 있다.
대조하기	이와 반대로 이와는 달리 반면	그러나 A는 B와 상당한 차이가 이다. 이런 면에서 볼 때 A와 B는 반대의 경우라 할 수 있다. A는 B와 대조적 상황을 나타낸다.
분석하기	-로 이루어져 있다	우리가 살아가는 대기는 산소, 이산화탄소, 질소 등 다양한 기체로 이루어져 있다.
분류하기	분류하면 -에 속한다	A는 가,나,다로 분류할 수 있다. 가,나,다는 모두 A에 속한다. -를 기준으로 가, 다, 다로 분류할 수 있다.
시간, 순서	시간의 흐름에 따라 순차적으로 이어 뒤따른다	계절의 변화는 봄, 여름, 가을, 겨울이 순차적으로 이어진다. 우선적으로 주민들의 의견을 물어본 후 지방자치단체, 민간의 순으로 결정권이 주어진다.

메모가 끝난 다음에는 답지에 바로 쓰기를 하면 됩니다. 그런데 메모를 완성해도 쓰기를 할 수 없을 것 같은 생각이 들 것입니다. 54번 시작할 때 54번 쓰기를 위한 계획을 세우는 방법에 대해 기억하고 있습니까? 이 표를 한번 보겠습니다. 시작 부분을 쓴 다음에는 작은 문제 각각에 대해 이렇게 5문장으로 쓰면 된다고 이야기했습니다.

작은 문제 (200자) – 5문장

키워드를 포함한 도입 문장 1
메모 1번
메모 1번에 대한 뒷받침 문장 (설명, 예시 등)
메모 2번
메모 2번에 대한 뒷받침 문장 (설명, 예시 등)

우선 키워드를 포함한 도입 문장을 봅시다. 도입 문장은 53번 쓰기에서 연습한 것과 같습니다. 문제가 '세대 차이가 발생하는 원인은 무엇입니까?'라면 첫 번째 문장을 '세대 차이가 발생하는 원인은 여러 가지가 있다. / 세대 차이가 발생하는 원인은 여러 가지가 있지만 그 중 대표적인 것을 알아보면 다음과 같다. / 세대 차이가 발생하는 원인에 대해 살펴보기로 한다.' 등과 같이 반드시 키워드를 포함한 한 문장으로 시작하는 것입니다. 이 때 문장을 나누지 않고 '~ 원인은 / 대표적인 것은 / 살펴보면' 과 같이 다음 메모한 부분과 이어서 써도 괜찮습니다. 하지만 문장이 길어지면 아무래도 실수하기 쉽기 때문에 첫 번째 문장을 완전한 하나의 문장으로 나누는 것을 추천 드립니다. 각 문단의 첫 번째 문장은 53번 문제에서 충분히 연습을 했기 때문에 다시 하지 않겠습니다.

그 다음이 어렵습니다. 표를 보면 작은 문제 하나에 대해 2개씩 메모를 하고 각각의 메모에 대해 뒷받침 문장을 하나씩 쓰라고 되어 있습니다. 그런데 그 동안 뒷받침 문장에 대해 생각하지 않았기 때문에 뒷받침 문장을 어떻게 써야할지 막막하다고 말하는 학생들이 많이 있습니다. 뒷받침 문장은 말 그대로 뒤에서 앞의 문장을 도와주는 문장이라고 생각하면 됩니다.

뒷받침 문장을 쓰는 방법은 다양하지만 글쓰기에서 자주 사용되는 방법은 설명하기, 근거 들기, 예시 들기, 비교하기, 대조하기, 분석하기, 분류하기, 시간이나 순서에 대해 말하기 등이 있습니다. 이들 각각에 대해 잘 이해한 다음 여러분의 메모 내용에 적절한 뒷받침 문장을 선택해서 쓸 수 있도록 연습해야 합니다.

★ 뒷받침 문장을 쓰는 다양한 방법

각 뒷받침 문장 쓰기를 어떻게 해야 하는지 잘 알아보기 위해 다음 문제로 설명을 해 보겠습니다. 세대 차이를 극복하는 방안을 주제로 출제된 문제에 작은 문제 세 개가 아래와 같이 있습니다.

> 어느 시대에나 부모 세대와 자녀 세대의 생각이 다른 것에서 오는 세대 차이는 존재했지만 요즘은 특히 세대 차이가 심각한 상황입니다. 부모와 자녀, 직장 상사와 부하직원 등 세대 차이가 심각하여 소통이 불가능하고 갈등이 생기는 경우가 많습니다. 세대 차이를 극복하는 바람직한 방향에 대해 아래의 내용을 중심으로 자신의 생각을 쓰십시오.
>
> • 현대 사회에서 세대차이가 더욱 커지는 원인은 무엇입니까?
> • 세대 차이로 인해 발생하는 문제는 무엇입니까?
> • 세대 차이로 인한 문제를 해결하기 위한 바람직한 방법은 어떤 것이 있습니까?

문제를 보고 먼저 메모를 해야 합니다. 메모를 하기 전에 문제를 여러 번 읽고 문제에서 요구하는 내용이 무엇인지 정확하게 이해하는 과정이 필요합니다. 선생님은 이 문제로 수업을 하면서 수업 시간에 여러 학생들과 연습했기 때문에 학생들이 많이 쓴 내용으로 골라서 메모를 정리해 보았습니다. 이 내용이 정답이 아니라 더 좋은 내용도 얼마든지 있을 수 있습니다. 하나의 보기라고 생각하고 보시면 좋겠습니다.

> • 현대 사회에 세대 차이가 더욱 커지는 원인
> – 사회가 빠르게 변함
> – 기술의 발전 (예전에 없던 기술 생김)
>
> • 세대 차이로 인해 발생하는 문제
> – 가족 간의 갈등
> – 소통의 어려움
>
> • 세대 차이로 인한 문제를 해결하기 위한 바람직한 방법
> – 서로에 대한 이해
> – 열린 마음으로 듣기

같은 메모에 대해 다양한 뒷받침 문장을 예시로 보고 여러분들이 뒷받침 문장을 쓸 때 어떻게 쓰는 것이 좋을지 생각해 보기 바랍니다. 각각의 문제에 대한 뒷받침 문장을 모두 보여드

리겠습니다. 잘 보고 각 뒷받침 문장이 어떤 특징이 있는지, 어떤 문제에 어떤 뒷받침 문장이 어울리는지 생각해 보시기 바랍니다.

첫 번째 문제에 대해 쓸 때 우선 문단을 나누어 준 후 키워드를 포함한 도입 문장을 쓰고 메모한 내용으로 두 번째 문장을 씁니다. 그 다음 세 번째 문장, 즉 첫 번째 메모에 대한 뒷받침 문장과 두 번째 메모 내용을 쓴 다음의 뒷받침 문장이 필요합니다. ③번 문장과 ⑤번 문장 자리에 들어갈 뒷받침 문장을 각각 8가지 방법으로 써 보겠습니다.

① 우선 현대 사회에 세대 차이가 더욱 커지는 원인에 대해 알아보기로 한다. ② 세대 차이가 심각해지는 가장 큰 원인은 바로 사회가 빠르게 변화하기 때문이다. ③ 뒷받침 문장 ④ 세대 차이가 심해지는 것은 기술이 발전하면서 예전에 없던 새로운 기술이 생긴 것도 원인이 된다. ⑤ 뒷받침 문장

〈③번 문장〉

ㄱ. 설명하기

세대 차이란 서로 다른 세대가 가치관이나 경험의 차이 때문에 서로를 이해하지 못하는 상황을 나타내는 말인데 사회가 빠르게 변화하면 그 차이가 클 수밖에 없다.

ㄴ. 근거 들기

사회가 빠르게 변화하면 부모님 세대의 생활과 자녀 세대의 생활에 차이가 커진다. 자신이 살아온 경험은 사고방식에 영향을 주기 때문에 세대 차이는 더욱 커지게 된다.

ㄷ. 예시 들기

예전에는 부모와 자식 간의 세대 차이를 이야기했지만 요즘은 형제들 사이에서도 세대 차이를 느낀다는 것에서 확실하게 알 수 있다.

ㄹ. 비교하기

사람들은 환경의 영향을 많이 받으며 그 환경에 의해 생각이 달라지는데 이는 비슷한 나이라 해도 살아온 환경에 때라 생각이 다른 것과 비슷하다.

ㅁ. 대조하기

사회의 변화 속도와 세대차이는 농사를 주로 짓던 예전에는 할아버지에서 아버지로 세대가 바뀌어도 생활이 크게 변하지 않았다.

ㅂ. 분석하기

사람들의 가치관은 경험에 영향을 많이 받게 되어 있고 그 경험은 사회적 환경에 따라 다르다. 따라서 사회의 변화가 빠르면 그에 맞게 사람들의 인식도 빠르게 변화한다.

ㅅ. 분류하기

이러한 세대 차이는 친족 관계인 가족 내에서 뿐만 아니라 사회적 관계인 직장에서도 발생한다.

ㅇ. 시간이나 순서

사회가 빠르게 변화하면 그 사회 속에서 살아가는 사람들의 생활도 변하게 되고 사람들의 생활은 자연스럽게 사람들의 생각에 영향을 주게 된다.

〈⑤번 문장〉

ㄱ. 설명하기

새로운 기술이 생기면 그 기술을 쉽게 받아들이고 사용하는 사람들과 기술을 쉽게 받아들이지 못하는 사람들 사이에 차이가 발생하게 되기 때문이다.

ㄴ. 근거 들기

아무래도 젊은 사람들에 비해 새로운 기술을 받아들이기 어려운 어른 세대들은 기술에서 소외되기 쉽고 기술을 사용하는 사람들과의 공감대를 찾기 어려워진다.

ㄷ. 예시 들기

예를 들어 예전에는 할 말이 있으면 전화를 하던 시대였는데 핸드폰이 개발되고 SNS가 활성화되면서 전화보다는 문자나 톡을 많이 하게 되었다. 이러한 변화는 문자 사용이 어려운 세대와 전화가 어려운 세대로 나누어지게 하였다.

ㄹ. 비교하기

새로운 기술을 아는 것과 모르는 것은 스포츠 경기의 규칙을 하나도 모르는 채 경기를 관람하는 것과 같아서 재미를 느끼기도 어렵고, 경기를 즐기는 사람들과 비슷한 감정을 느낄 수도 없다.

ㅁ. 대조하기

새로운 기술이 개발되는 것은 새로운 음식을 맛보는 것과는 완전히 다르다. 새로운 음식을 먹는 것은 좋아하고 싫어하는 기호의 문제이지만 새로운 기술은 받아들이고 싶다고 해서 쉽게 받아들일 수 있는 것이 아니기 때문이다.

ㅂ. 분석하기

새로운 기술이 개발되면 그 기술을 받아들이는 사람은 그 그만큼 경험이 넓어지고 속도도 빨라진다. 그 사람들은 이렇게 편리한 새로운 기술을 받아들이지 않는 사람을 고집스럽다 느끼게 되고 답답해 하는데 이런 감정이 세대 차이를 크게 만들 수 있다.

ㅅ. 분류하기

새로운 기술은 특정 전문 분야에서 사용되는 기술과 일상생활에서 널리 사용되는 기술로 나눌 수 있는데 어떤 기술이라도 그 기술을 주로 사용하는 사람들의 집단에서는 기술을 받아들이는 사람과 그렇지 않은 사람 사이에 세대 차이를 느끼게 된다.

ㅇ. 시간이나 순서

새로운 기술이 개발되면 우선 신기술에 가장 적극적인 사람들이 먼저 그 기술을 사용해 본 후 사용법과 후기를 알려주고 점점 일반 사람들에게 확대된다. 이때 대부분 청년층이 기술에 대한 호기심으로 기술을 수용하고 가장 마지막에 노인층 중 일부가 소용을 하게 되는데 그 동안에 세대 차이가 자리잡게 된다.

두 번째 문제도 마찬가지 동일한 구조로 작성합니다. 세대 차이가 심각해지면 발생하는 문제에 대해 키워드를 포함한 시작 문장과 메모한 내용으로 문장을 만들었고 각각의 메모에 대한 뒷받침 문장인 ③번 문장과 ⑤번 문장을 써 보기로 하겠습니다.

① 이렇게 세대 차이가 심각해지면 여러 가지 문제가 발생할 수 있다. ② 기본적으로 부모님과 자녀 사이에 세대 차이로 인해 갈등이 생기게 된다. ③ **뒷받침 문장** ④ 세대 차이로 인한 문제 중 가장 위험한 것은 소통이 되지 않는다는 것이다. ⑤ **뒷받침 문장**

〈③번 문장〉

ㄱ. 설명하기

갈등이란 서로의 의견이 달라 부딪히는 것을 말하는데 세대 차이는 기본적으로 중요한 일에 대한 가치관이 다르기 때문에 갈등이 생길 수밖에 없다.

ㄴ. 근거 들기

세대 차이로 인해 서로를 이해하기 어려워지면 작은 일에도 부딪히기 쉽고 크고 작은 갈등이 계속해서 이어질 수 있다.

ㄷ. 예시 들기

예를 들어 집에 들어오는 시간이나 직로 선택, 생활 방식, 취직 준비 등등 일상생활뿐만 아니라 중요한 선택을 해야 하는 대부분의 순간에 부딪힌다.

ㄹ. 비교하기

서로 다른 문화에서 살아온 사람들이 처음 만나면 서로에 대해 이해할 수 없는 것과 같이 부모와 자식 간의 완전히 다른 생각으로 인한 갈등을 피하기 어렵다.

ㅁ. 대조하기

이와 반대로 비슷한 생각을 하고 크게 갈등이 생기지 않는 사람들이 바로 비슷한 또래의 친구들이다. 따라서 부모님보다는 친구들에게 의지하는 사람들도 많다.

ㅂ. 분석하기

서로의 생각이 다른 상황에서 부모님은 더 많은 경험이 있다, 어른이다, 내가 너를 낳았다 등의 이유로 부모님의 생각을 굽히지 않을 때 그 갈등은 더욱 깊어진다.

ㅅ. 분류하기

물론 세대 차이로 인한 갈등이 부모와 자식 사이에 한정되지 않는다. 가정에서는 부모와 자식 간의 갈등으로 나타나고 직장이나 사회에서도 기성 세대와 청년층 간의 갈등이 자주 일어난다.

ㅇ. 시간이나 순서

처음 작은 의견 차이가 있을 때 그 차이를 무시하고 덮어두면 계속 생각의 차이는 더 커지고 갈등은 깊어질 수 있다.

〈⑤번 문장〉

ㄱ. 설명하기

소통은 대화를 통해 서로를 이해할 수 있는 중요한 요소이다. 소통이 되지 않는 사이는 속마음을 털어놓는 것은 물론 가벼운 이야기도 나누기 어려워서 문제가 된다.

ㄴ. 근거 들기

소통이 되지 않으면 서로의 마음을 알 수 없고 서로를 이해할 수 없다. 사람과 사람 사이에 이해가 빠지면 결국에는 크고 작은 문제가 지속적으로 일어날 수밖에 없다.

ㄷ. 예시 들기

예를 들어 가족 사이에 소통이 안 되면 고민이 많고 혼란스러운 청소년기의 자녀들은 자신의 마음을 털어 놓을 사람이 없어 잘못된 선택을 할 수도 있고, 직장에서는 업무를 제대로 수행할 수 없다.

ㄹ. 비교하기

같은 집단 속의 구성원들이 소통이 되지 않는 상황은 각자 눈과 귀를 막고 자기가 원하는 곳으로 달려가는 것과 같다. 이런 상황에서는 공동의 목표를 달성하기는커녕 목표가 무엇인지도 놓치기 쉽다.

ㅁ. 대조하기

소통이 되지 않아도 각자 할 일을 알아서 하면 큰 문제가 아니라고 생각할 수 있지만 소통이 잘 되었을 때의 결과와 비교하면 너무나 큰 차이가 있다는 것을 알게 될 것이다. 소통이 되지 않는 상황은 폭풍이 오기 전날처럼 위험하다.

ㅂ. 분석하기

소통이 안 되는 상황이 문제가 되는 것은 각자 자신이 피해를 입고 있다고 생각할 수 있다는 것이다. 모든 구성원이 나만 불행하다고 생각하기 때문에 시간이 지날수록 더욱 소통이 어려워지고 문제는 점점 커지게 된다.

ㅅ. 분류하기

겉으로 보기에 소통이 잘 되는 사이인 것 같아도 어떤 문제가 생겼을 때 관계가 무너지는 경우가 있는데 이는 진정한 소통이 아니라 가벼운 취향이 맞는 경우일 때가 있다. 진정한 소통은 자신의 생각을 깊이 있게 나눌 수 있어야 하는데 그런 소통이 없으면 크고 작은 문제를 이겨나갈 수 없다.

ㅇ. 시간이나 순서

소통이 되지 않으면 서로의 생각을 알 수 없고, 알 수 없다고 생각하는 것보다 더 나쁜 것은 자기 마음대로 다른 사람의 생각을 짐작하고 사실로 여기는 것이다. 이런 일이 반복되면 오해가 쌓이고 걷잡을 수 없이 큰 문제에 부딪힐 수 있다.

마지막으로 세 번째 문제를 연습해 보겠습니다. 54번 쓰기에서 작은 문제 세 개가 나오면 가장 중요한 문제가 바로 마지막인 세 번째입니다. 첫 번째와 두 번째 문제는 이 마지막 문제를 이야기하기 위한 과정의 역할을 한다고 해도 무방할 정도로 전체 쓰기의 주제가 드러나야 하는 부분입니다. 그래서 시간 안에 마지막 문제까지 마무리하는 것이 정말 중요합니다.

여러분 중에 첫 번째와 두 번째 문제를 지나치게 길게 쓰다가 시간이 다 되어 마지막 문제를 못 쓰거나 아주 짧게 쓰는 사람들도 있을 것입니다. 이것은 좋지 않습니다. 왜냐하면 세 번째 문제가 주제이기 때문에 가장 신경 써서 써야 하는데 안 쓰거나 아주 짧게 대충 쓰게 되면 주제를 잘 살릴 수 없기 때문입니다.

마지막 문제를 잘 마무리하는 연습이 필요합니다. 작은 문제 하나에 200자 정도는 쓰라고 말씀드렸는데 여러 문제를 쓰다 보면 어떤 것은 200자를 쓰기 어려울 때가 있습니다. 그럴 때는 다른 문제에서 조금 더 길게 써야 합니다. 만약 조금 더 길어지는 문제가 필요할 때는 마지막 문제가 긴 것이 제일 좋다는 것도 기억해 두십시오. 그 정도로 마지막 문제에 신경을 써서 답안을 작성해야 합니다.

> ① 세대 차이로 인한 문제를 해결할 방법이 없는 것은 아니다. ② 서로 생각이 다르더라도 자기만 맞다고 주장하기보다 서로를 이해하려는 마음이 필요하다. ③ **뒷받침 문장** ④ 또한 무엇보다 서로를 이해하기 위해 가장 필요한 것은 열린 마음으로 상대방의 말을 끝까지 들어주려고 노력하는 것이다. ⑤ **뒷받침 문장**

〈③번 문장〉

ㄱ. 설명하기

갈등을 해결하는 가장 좋은 방법은 상대방을 이해하는 것이다. 상대방의 입장에서 왜 그렇게 생각하는지 이해하려 노력하면 문제를 해결할 수 있는 실마리를 찾게 될 것이다.

ㄴ. 근거 들기

상대방을 이해하려고 노력하는 과정에서 마음의 문을 열 수 있기 때문이다. 마음의 문을 닫은 채 문제의 원인을 상대방에게서만 찾는다면 영원히 세대 차이를 해결할 수 없다.

ㄷ. 예시 들기

세대 차이로 인해 갈등을 겪는 두 사람이 있다고 생각해 보자. 왜 그렇게 생각하는지를 물어보고 갈등을 줄이려고 하는 사람이 있고 무조건 자기가 맞다고 주장하는 사람이 있다면 당연히 생각을 물어보는 사람과 계속 이야기를 하고 싶을 것이다. 대화를 하는 것은 해결의 시작이다.

ㄹ. 비교하기

속상한 일이 있어서 친구들에게 이야기를 할 때도 내 마음을 이해해 주는 친구가 있으면 고맙고 어느 정도 마음이 풀린다. 세대 차이도 마찬가지이다. 상대방을 이해하려는 마음이 전달되면 서로가 다른 것이 나쁜 것만이 아니라 오히려 생각의 폭을 넓혀 주는 역할을 할 수도 있다.

ㅁ. 대조하기

서로를 이해하는 마음 없이 세대 차이를 극복하려고 하면 오히려 역효과가 생길 수 있다. 무조건 자신의 생각을 강요하는 것처럼 느껴져서 문제를 더 심각하게 만든다.

ㅂ. 분석하기

세대 차이가 생기는 원인을 고려할 때 원인을 해결하는 방법이 근본적인 해결책이 되는데 그것이 바로 서로에 대한 이해이다. 상대방의 생각을 이해하려는 작은 노력이 모여 세대 차이를 극복하는 힘이 된다.

ㅅ. 분류하기

상대방을 이해하는 것은 머리로 이해하는 것과 마음으로 이해하는 것이 있다. 어떤 것이라도 전혀 이해를 하지 않는 것보다 좋지만 마음을 열고 상대방을 이해하려 노력한다면 분명히 세대 차이를 극복할 수 있을 것이다.

ㅇ. 시간이나 순서

상대방을 이해할 때 시작은 관심을 가지는 것이다. 왜 그런 생각을 하는지, 어떤 경험이 그런 생각을 하게 했는지에 관심을 갖는 것부터 시작해서 상대방의 마음을 읽어내려고 노력하면 세대 차이도 극복할 수 있다.

〈⑤번 문장〉

ㄱ. 설명하기

다른 사람의 말을 듣는 것은 쉬운 일인 것 같지만 생각보다 쉽지 않다. 중간에 말을 끊고 자기 이야기를 계속 하거나 귀로는 듣는다고 하지만 사실 자신이 듣고 싶은 대로 듣는 경우도 많다. 그래서 '무조건 끝까지 듣기' 위해 노력해야 세대 차이를 극복하는 시작이 될 수 있다.

ㄴ. 근거 들기

우리가 말을 할 때 듣는 사람이 내 말에 집중하고 있다는 것이 느껴지면 그것만으로도 위로가 될 때가 있다. 세대 차이로 인한 갈등이 생겼을 때 상대방이 내 생각을 진지하게 듣고 있다면 날카롭던 감정이 누그러지면서 서로에 대한 부정적인 생각이 줄어든다. 이렇게 세대 차이를 극복할 수 있다.

ㄷ. 예시 들기

친구와 재미있는 이야기를 하고 있을 때에도 친구가 내 말을 집중해서 듣고 있지 않으면 화가 난다. 그런데 원래 소통이 안 되는 사람과는 말할 것도 없다. 이런 상황에서 벗어나기 위해서는 일부러라도 들어주는 연습을 해야 한다. 일단 듣기 시작하면 세대 차이를 극복할 길을 찾을 수 있을 것이다.

ㄹ. 비교하기

상대방의 말을 열심히 듣는 것은 '나는 당신의 생각을 받아들일 준비가 되어 있습니다.'라고 말하는 것과 같다. 이렇게 열린 마음으로 들으려고 하는 사람들에게 계속해서 나쁜 감정을 가지는 사람은 거의 없다. 세대 차이로 갈등을 겪는 경우에도 이 방법으로 해결할 수 있을 것이다.

ㅁ. 대조하기

자신은 상대방의 말을 전혀 듣지 않으면서 자신의 말을 들어주기를 바라는 사람이 있다. 내 말을 듣지 않는 사람이 하는 말을 들어주고 싶은 사람은 없기 때문에 세대 차이를 극복하고 싶으면 우선 내가 먼저 상대방의 말을 들어야 한다.

ㅂ. 분석하기

올바른 소통의 기술은 말하기보다 듣기에서 찾아야 한다. 의미 있는 소통을 위해 듣기의 비율을 80%까지 올리면 갈등이 생길 가능성이 눈에 띄게 낮아질 것이다. 우선 끝까지 듣고 자신의 생각을 말하면 세대 차이도 극복할 수 있다.

ㅅ. 분류하기

세대 차이로 인한 문제는 가정과 사회 어디에서도 일어날 수 있지만 가족은 바꿀 수 없으니 더 큰 문제가 된다. 우선 자녀가 어리다고 무시하거나 부모님들이 현재의 시대를 모른다고 답답해하는 것보다 서로의 생각을 들으려 노력해야 관계를 개선할 수 있다.

ㅇ. **시간이나 순서**

처음에는 상대방의 말을 들어주는 것이 갈등을 해소하는 데 도움이 되지 않는 것처럼 보일 수 있다. 그러나 이런 노력이 계속된다면 서로를 아끼는 진심이 통하게 되고 절대로 풀리지 않을 것 같던 세대 차이도 극복할 수 있다.

지금까지 뒷받침 문장을 어떻게 써야 하는지 알아보기 위해 각 문단에 뒷받침 문장 2개를 8가지의 방법으로 작성해 보았습니다. 물론 실제로 쓰기 답안을 작성할 때는 이 중에 하나씩만 써도 되기 때문에 저도 이렇게 모든 방법을 다 사용해서 쓰는 데 시간이 좀 걸렸습니다. 이 8가지 뒷받침 문장 쓰는 방법 중에서 여러분이 잘 쓸 수 있는 것이 있을 것입니다. 또 문제에 따라 잘 어울리는 뒷받침 문장이 있을 것입니다. 그것을 적절히 쓰기 위해 뒷받침 문장 쓰기 연습이 필요합니다.

가장 쉽게 생각할 수 있는 뒷받침 문장은 예시 들기와 근거 들기 또는 자세히 설명하기인 것 같습니다. 실제로 학생들과 수업을 할 때도 예를 들어 설명하는 것과 이유를 설명하는 것을 가장 많이 사용하고 가장 자신 있게 쓰는 것을 확인했습니다. 처음에는 잘할 수 있는 것부터 연습해서 잘 사용하지 않던 방법까지 연습해 보면 54번 쓰기에 자신이 생길 것입니다. 그럼 이제 뒷받침 문장 쓰기 연습을 해 보겠습니다.

뒷받침 문장 쓰기 연습

문장이 여러 개 모인 문단에는 주제를 나타내는 중심 문장이 있고 뒷받침 문장이 있습니다. 어떤 문단이라도 중심 문장이 하나 뒷받침 문장이 여러 개 올 수 있습니다. 토픽 54번 쓰기에서는 중심 문장이 바로 작은 문제의 키워드를 포함하는 첫 번째 문장이 됩니다. 이제 여러분이 뒷받침 문장 쓰기 연습을 해 보겠습니다. 제가 한 것처럼 8가지 방법을 다 하는 것은 무리이고 아래 중심 문장을 읽고 뒷받침 문장을 쓰십시오. 가능한 다양한 방법을 사용해 보면 더욱 좋습니다.

1. 환경을 보호하기 위해 일회용품의 사용을 줄여야 한다.

2. 사람들이 편하기 위해 자연을 보존하지 않고 개발을 한 것이 원인이다.

3. 외국어 교육은 어릴 때부터 해야 한다.

4. 남자가 하는 일과 여자가 하는 일이 따로 정해져 있지 않다.

5. 일을 미루는 습관을 고치기 위해 할 일을 메모하는 것이 도움이 된다.

6. 어떤 일이라도 익숙해질 때까지는 시간이 필요하다.

7. 휴대전화의 지나친 사용이 어른들에게도 좋지 않지만 청소년들에게는 특히 위험하다.

8. 학교에서는 지식의 전달도 중요하지만 사회성을 기르는 교육도 필요하다.

9. 왜 역사를 배워야 하는지에 대한 이유를 알아보기로 한다.

10. 어릴 때부터 경제에 대한 교육을 시켜야 올바른 소비를 할 수 있다.

11. 생각을 정리하기 위해 책상 정리부터 하는 것이 좋다.

12. 몸의 건강 못지 않게 정신의 건강도 중요하다.

13. 여가 생활을 즐기는 것을 시간의 낭비라고 생각하는 사람도 있는데 그렇지 않다.

14. 스트레스를 해소하는 가장 좋은 방법은 친구를 만나서 즐거운 시간을 보내는 것이다.

15. 젊은 세대가 직장 생활에 적응하지 못하는 것은 다음과 같은 이유 때문이다.

16. CCTV를 설치하는 것이 반대하는 사람들도 있지만 나는 CCTV가 필요하다고 생각한다.

17. CCTV 설치를 찬성하는 사람들도 있지만 나는 CCTV의 설치를 반대한다.

18. 인공지능 기술의 발전으로 사람이 하는 일을 대신하는 로봇이 많이 개발되었지만 그래도 사람이 하는 것이 인공지능보다 더 나을 것이라고 생각한다.

19. 성공을 위해 작은 일이라도 꾸준히 하는 습관이 필요하다.

20. 아무리 어린 아이들이라도 공공장소에서 다른 사람에게 피해를 주는 행동을 하지 않는 것은 가르쳐야 한다.

21. 지구 곳곳에 이상 기후가 나타나는 것은 심각한 문제이다.

22. 예전에 비해 현대 사회에서 더 많은 창의력이 더 요구된다.

23. 가까운 사이일수록 예의를 지켜야 한다.

54번 연습 문제

이제 시작부분 쓰기, 메모하기, 뒷받침 문장 쓰기를 모두 연습했으니 지금까지 연습한 순서대로 54번 문제를 써 봅시다.

※ [01] 다음을 주제로 하여 자신의 생각을 600~700자로 글을 쓰십시오. (50점)

건강에 관심을 갖는 사람들이 많아지면서 건강을 위해 운동을 하는 사람도 많고, 건강에 좋은 음식이 인기가 많습니다. 그런데 몸의 건강에 신경을 쓰는 만큼 정신의 건강에 대해 신경을 쓰지 않는 것 같습니다. 정신 건강을 지키기 위해 필요한 노력에 대해 아래의 내용을 중심으로 자신의 생각을 쓰십시오.

- 정신 건강이 중요한 이유는 무엇입니까?
- 정신 건강을 해치는 것은 어떤 것이 있습니까?
- 정신 건강을 지키기 위해 어떻게 노력해야 합니까?

메모하기

시작

1.

2.

3.

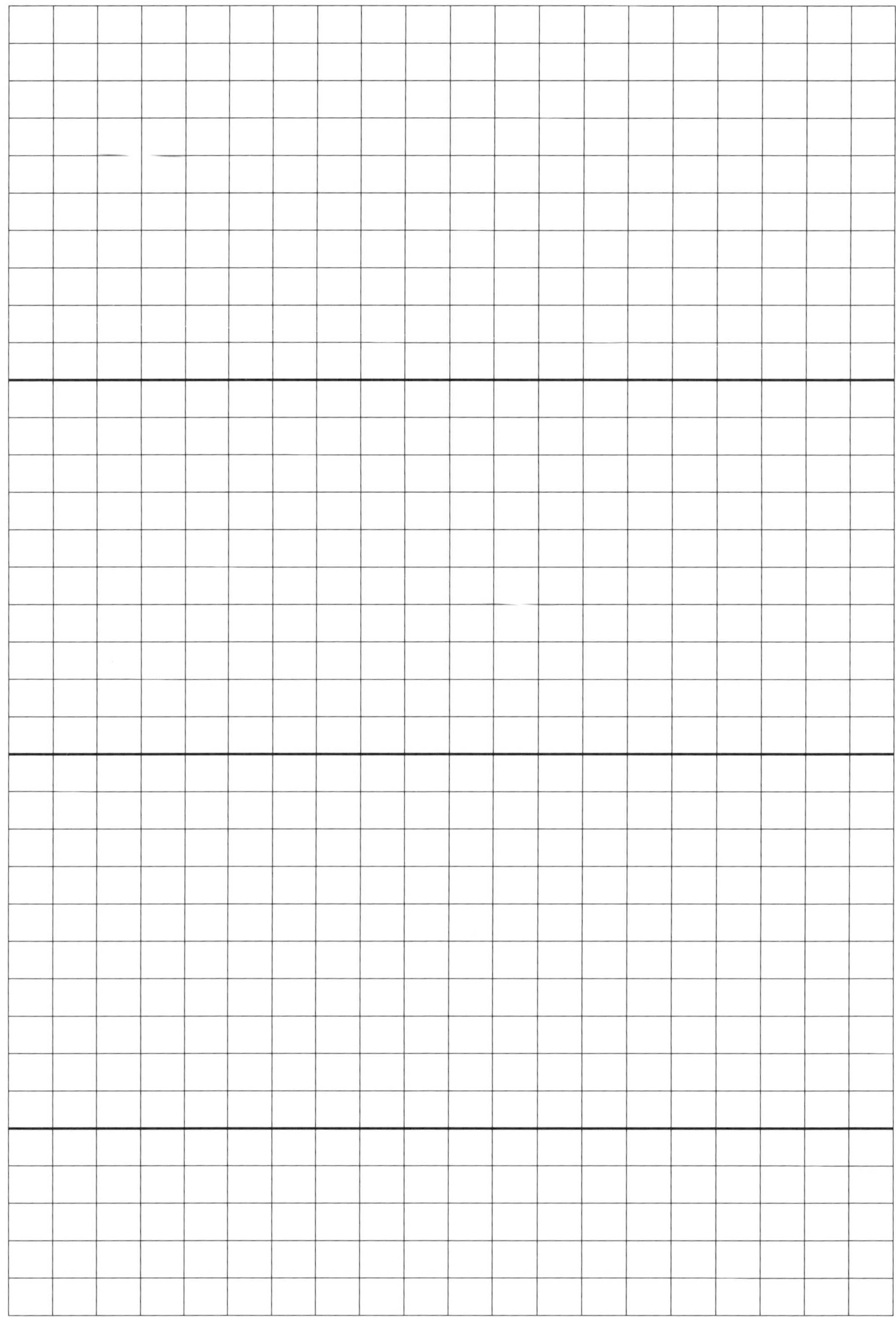

※ [02] 다음을 주제로 하여 자신의 생각을 600~700자로 글을 쓰십시오. (50점)

최근 행복한 삶, 삶의 질이 높은 삶에 대한 관심이 높아지면서 여가 산업이 발달하고 있습니다. 한국도 주5일 근무제가 정착되면서 여가 산업이 발달하기 시작했지만 대부분의 사람들이 여가 생활을 즐기기에 비용 부담이 크고, 시설도 부족한 상황입니다. '바람직한 여가 문화를 위해 필요한 것'에 대해 아래의 내용을 중심으로 자신의 생각을 쓰십시오.

- 여가 생활이 필요한 이유는 무엇입니까?
- 바람직한 여가 문화를 위해 개인이 해야 할 일은 무엇입니까?
- 바람직한 여가 문화를 위해 국가가 해야 할 일은 무엇입니까?

메모하기

시작

1.

2.

3.

※ [03] 다음을 주제로 하여 자신의 생각을 600~700자로 글을 쓰십시오. (50점)

사회가 발전하면서 다른 부분과 마찬가지로 직업에서도 많은 변화가 일어나고 있습니다. 새로운 직업이 생기기도 하고 직업에서의 성별의 경계가 없어지기도 합니다. 특히 특정 설별의 고유 영역으로 여겨지던 경계가 약해지면서 직업에 대한 인식도 변화하고 있습니다. 다음 질문에 대한 답을 포함하여 '직업 선택의 기준'에 대한 글을 쓰십시오.

- 직업에서 성별의 경계가 무너지고 있는 구체적 사례는 무엇입니까?
- 이러한 현상의 긍정적 측면은 무엇입니까?
- 직업을 선택하는 올바른 기준은 무엇입니까?

메모하기

시작

1.

2.

3.

※ [04] 다음을 주제로 하여 자신의 생각을 600~700자로 글을 쓰십시오. (50점)

요즘 예전에 비해 부부가 모두 직장에 다니는 맞벌이 가정을 흔히 볼 수 있습니다. 아이들이 어릴 때는 부모의 도움이 필요하고 아이를 위해 신경 써야 할 일도 많습니다. 그렇기 때문에 두 사람이 모두 일을 하면서 아이를 키우는 일은 쉽지 않습니다. 다음 내용을 중심으로 맞벌이 가정을 위한 육아 정책에 대한 자신의 생각을 쓰십시오.

- 맞벌이 가정이 증가하는 원인은 무엇입니까?
- 맞벌이 가정이 아이를 키울 때 겪는 어려움은 어떤 것이 있습니까?
- 이러한 어려움을 해결하기 위해 어떤 정책이 필요하다고 생각합니까?

메모하기

시작

1.

2.

3.

※ [05] 다음을 주제로 하여 자신의 생각을 600~700자로 글을 쓰십시오. (50점)

자녀를 사랑하지 않는 부모는 없겠지만 아이를 키우면서 힘들 때가 많습니다. 생활 습관에서 문제가 있는 경우도 있고 성격이 달라서 갈등을 겪기도 합니다. 그래서 육아로 인한 어려움을 겪는 부모들이 어떻게 해야 하는지를 가르치는 부모 교육이 필요하다는 목소리가 높아지고 있습니다. 부모 교육의 기대 효과에 대해 아래 내용을 중심으로 자신의 생각을 600~700자로 쓰십시오.

- 부모 교육이 필요한 이유는 무엇입니까?
- 부모 교육에서 배워야 하는 것은 어떤 것이 있습니까?
- 부모 교육으로 인한 기대 효과는 무엇입니까?

메모하기

시작

1.

2.

3.

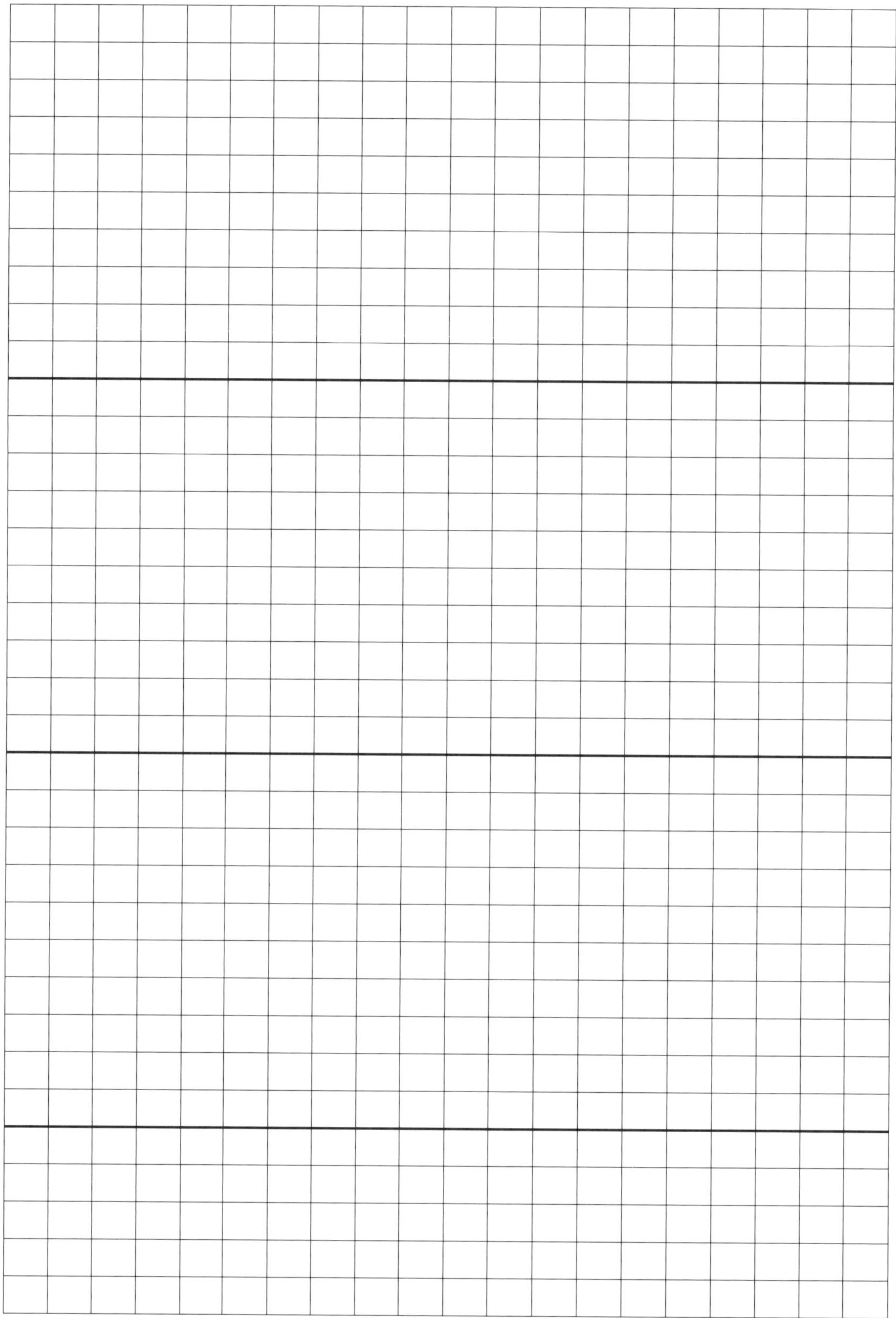

※ [06] 다음을 주제로 하여 자신의 생각을 600~700자로 글을 쓰십시오. (50점)

2년이 넘게 지속되고 있는 사회적 거리 두기로 인해 하루 종일 가족과 함께 생활하는 시간이 늘어나면서 가족 간의 갈등이 커지고 있습니다. 특히 가사노동으로 인한 갈등과 스트레스 지수가 급격히 증가했다는 통계도 있습니다. 가사노동으로 인한 가족 간의 갈등을 줄이는 방법에 대하여 아래의 내용을 중심으로 자신의 생각을 쓰십시오.

- 가족들 사이에서 생길 수 있는 갈등은 어떤 것이 있습니까?
- 특히 가사 노동으로 인한 갈등이 심각한 원인은 무엇입니까?
- 가사노동 문제를 해결하기 위한 바람직한 방법은 무엇이 있습니까?

메모하기

시작

1.

2.

3.

※ [07] 다음을 주제로 하여 자신의 생각을 600~700자로 글을 쓰십시오. (50점)

> 어느 시대에나 부모 세대와 자녀 세대의 생각이 다른 것에서 오는 세대 차이는 존재했지만 요즘은 특히 세대 차이가 심각한 상황입니다. 부모와 자녀, 직장 상사와 부하직원 등 세대 차이가 심각하여 소통이 불가능하고 갈등이 생기는 경우가 많습니다. 세대 차이를 극복하는 바람직한 방향에 대해 아래의 내용을 중심으로 자신의 생각을 쓰십시오.

• 현대 사회에서 세대 차이가 더욱 커지는 원인은 무엇입니까?
• 세대 차이로 인해 발생하는 문제는 무엇입니까?
• 세대 차이로 인한 문제를 해결하기 위한 바람직한 방법은 어떤 것이 있습니까?

메모하기

시작

1.

2.

3.

※ [08] 다음을 주제로 하여 자신의 생각을 600~700자로 글을 쓰십시오. (50점)

인공지능 기술이 발전하면서 컴퓨터 프로그램을 통한 외국어 번역의 정확성이 높아지고 있습니다. 조금 더 시간이 지나면 통역 도구를 사용하여 다른 언어를 사용하는 사람들이 실시간으로 대화를 하는 것도 가능해질 것이라고 합니다. 이러한 상황에서 외국어 교육이 필요 없다고 주장하는 사람들도 있는데 아래의 내용을 중심으로 '외국어 교육의 필요성'에 대한 자신의 의견을 쓰십시오.

- 외국어가 필요한 상황의 예는 어떤 것이 있습니까?
- 외국어 교육이 필요 없다고 주장하는 사람들의 근거는 무엇입니까?
- 현재와 같이 통번역 기술이 발달해도 외국어 교육은 필요합니까?

메모하기

시작

1.

2.

3.

※ [09] 다음을 주제로 하여 자신의 생각을 600~700자로 글을 쓰십시오. (50점)

한국에는 예전부터 이웃사촌이라는 말이 있을 정도로 이웃을 가깝게 생각했습니다. 그러나 최근 자신의 옆집에 누가 사는지 모르는 사람들이 많아지는 데다가 이웃들과 크고 작은 갈등을 겪는 사람들이 많습니다. 가까이 살고 있는 이웃들과의 갈등을 해결하는 방법에 대한 자신의 생각을 쓰십시오.

- 이웃과 생기는 갈등에는 어떤 것이 있습니까?
- 이렇게 이웃과 갈등이 생기는 원인은 무엇입니까?
- 이웃과의 갈등을 해결하는 방법은 어떤 것이 있습니까?

메모하기

시작

1.

2.

3.

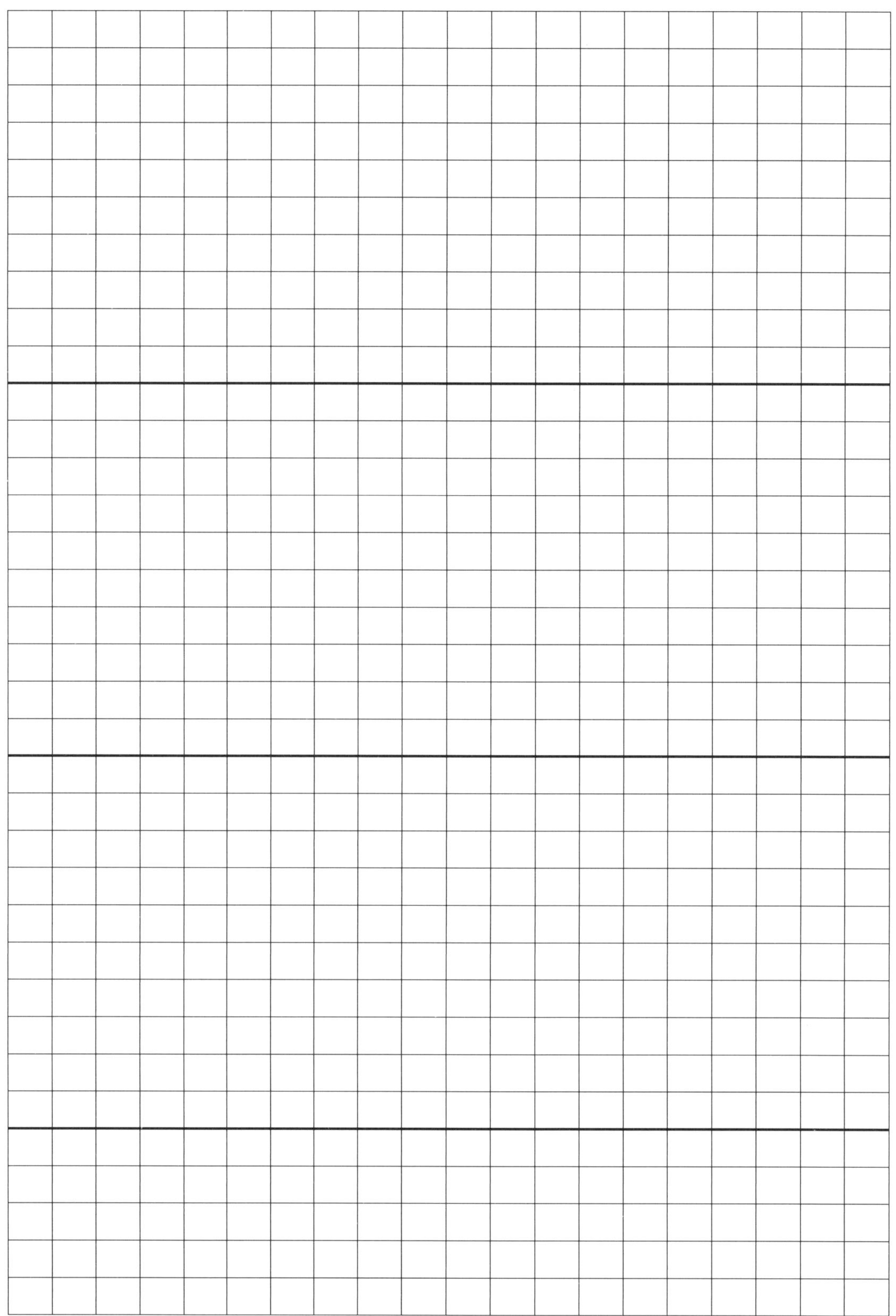

※ [10] 다음을 주제로 하여 자신의 생각을 600~700자로 글을 쓰십시오. (50점)

스마트폰은 카메라, 음악 재생 등의 기능뿐만 아니라 결제, 쇼핑 등 생활에 필요한 대부분의 일을 할 수 있는 아주 편리한 도구입니다. 그래서 스마트폰을 사용하는 시간이 길어지면서 스마트폰에 중독되어 스마트폰이 없으면 아무 것도 할 수 없을 정도로 불안한 사람들도 있습니다. 스마트폰 중독을 예방하는 방법에 대해 아래의 내용을 중심으로 자신의 생각을 쓰십시오.

- 스마트폰에 중독되는 이유는 무엇입니까?
- 스마트폰 중독이 위험한 이유는 무엇입니까?
- 스마트폰 중독을 예방할 수 있는 바람직한 방법은 무엇입니까?

메모하기

시작

1.

2.

3.

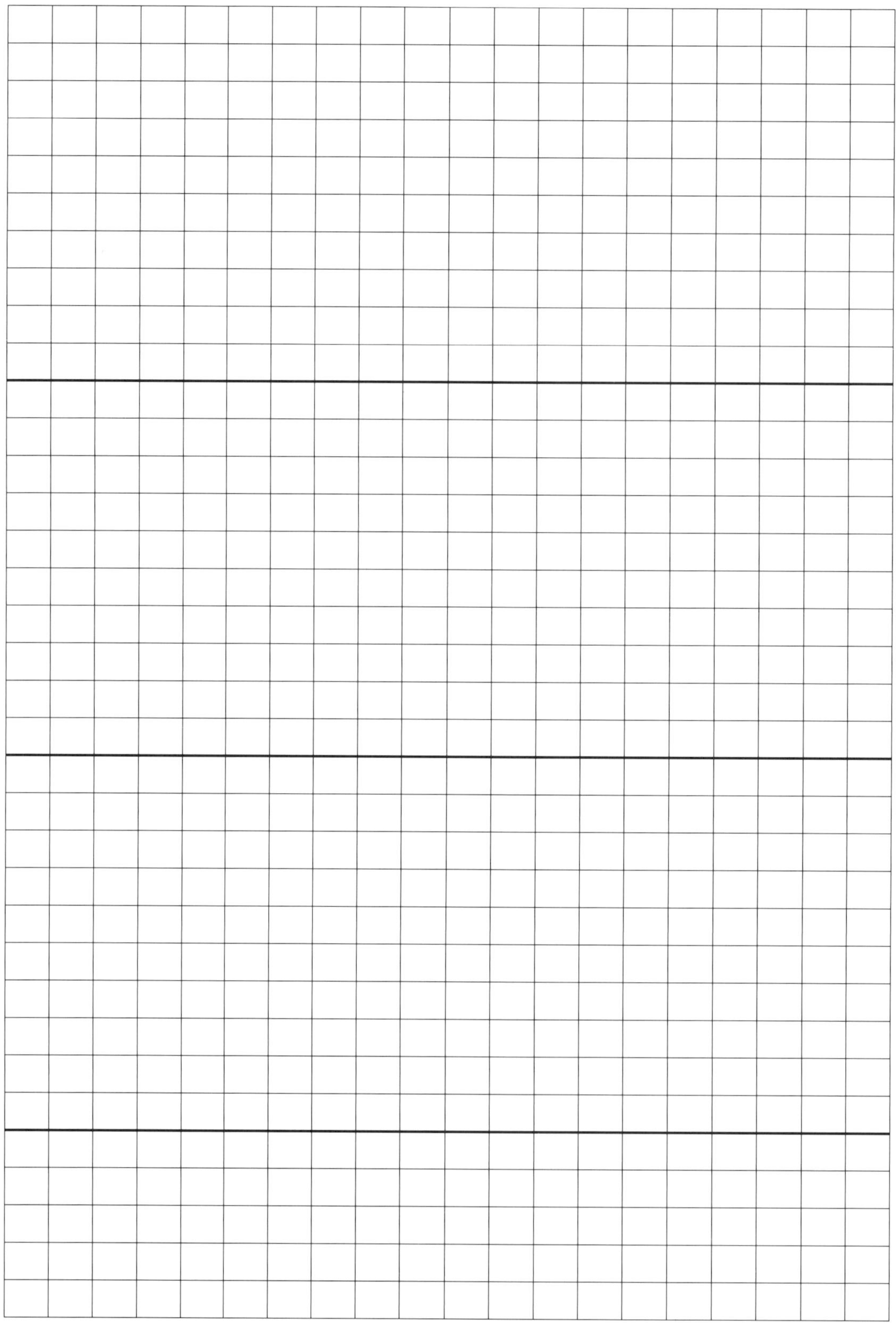

TOPIK 쓰기 한 달 완성

이제 모든 준비는 끝났습니다.
50분 시간을 맞추고 51번부터 54번까지
이어서 풀어 보십시오.
답안 작성까지 50분입니다.
중간에 쉬지 말고
네 문제를 한번에 푸는 것이 중요합니다.
시작합니다.

모의고사

TOPIK II – 쓰기(1회)

※ [51–52] 다음을 읽고 ㉠과 ㉡에 들어갈 말을 각각 한 문장으로 쓰십시오. (각 10점)

51.

임시 휴업 안내

저희 식당을 이용해 주시는 고객 여러분께 감사드립니다. 50년의 전통을 자랑하는 식당이지만 자리가 불편하여 항상 죄송한 마음이었습니다. 고객 여러분이 (　　㉠　　) 있도록 식당 내부 인테리어 공사를 합니다. 공사 기간인 8월 1일부터 15일까지 임시 휴업을 하게 되었음을 안내 드립니다. 8월 16일에 새롭게 단장한 모습으로 (　　㉡　　). 감사합니다.

52.

카메라 삼각대의 다리는 세 개다. 세 개의 다리가 삼각형을 이루면 카메라를 안전하게 세울 수 있다. 특히 바닥이 울퉁불퉁한 야외에서 (　　㉠　　). 다리가 네 개면 평평한 곳에서만 사용할 수 있지만, 다리가 세 개면 평평하지 않은 곳에서도 (　　㉡　　). 카메라 삼각대의 다리가 세 개인 이유가 여기에 있다.

※ [53] 맨발걷기 운동본부에서 발표한 다음 자료를 참고하여 '맨발 걷기 인구 증가 현황'에 대한 글을 200자~300자로 쓰십시오. (30점)

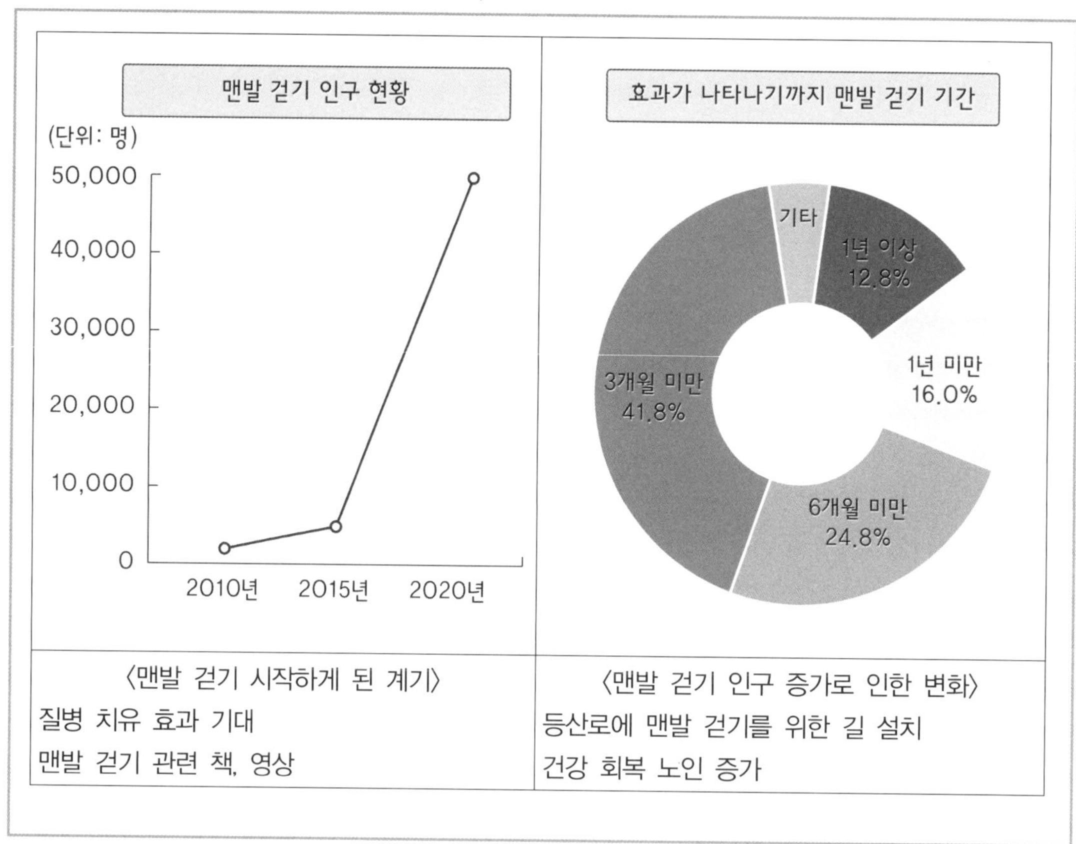

※ [54] 다음을 주제로 하여 자신의 생각을 600~700자로 쓰십시오. (50점)

시간은 누구에게나 공평하게 주어지지만 어떤 사람은 시간을 의미 있게 보내고 어떤 사람은 그저 생각 없이 보냅니다. '시간은 금이다.' 라는 말처럼 한번 지나가면 다시 오지 않는 시간을 소중하게 여기면 많은 것이 달라질 수 있습니다. 시간을 활용하는 바람직한 방법에 대한 자신의 생각을 아래의 내용을 중심으로 쓰십시오.

- 시간은 어떤 특징이 있습니까?
- 여러분은 시간을 어떻게 쓰고 있습니까?
- 시간을 바람직하게 활용하는 방법에는 어떤 것이 있습니까?

TOPIK II - 쓰기(2회)

※ [51-52] 다음을 읽고 ㉠과 ㉡에 들어갈 말을 각각 한 문장으로 쓰십시오. (각 10점)

51.

'더 맛있는 김밥' 출시 기념 이벤트

맛있고 영양도 풍부한 '더 맛있는 김밥'이 나왔습니다. 재료를 아끼지 않고 넣어서 한 줄만 먹어도 (㉠). '더 맛있는 김밥' 출시 기념으로 1일부터 한 달 동안 500원 할인 이벤트를 진행합니다.

든든한 한 끼, '더 맛있는 김밥'을 (㉡) 기회를 놓치지 마십시오.

52.

성인의 모든 뼈는 206개 정도이다. 그러나 태어난 지 얼마 되지 않은 아기들의 몸에는 305개의 뼈가 있다고 한다. 아기가 자라서 어른이 되는 과정에 뼈들 중 여러 개 합해지면서 어른이 되면 (㉠). 뼈의 개수는 (㉡) 뼈의 크기는 커지는 것이다.

※ [53] 다음 자료를 참고하여 '스트레스와 고혈압의 관계'에 대한 글을 200자~300자로 쓰십시오. (30점)

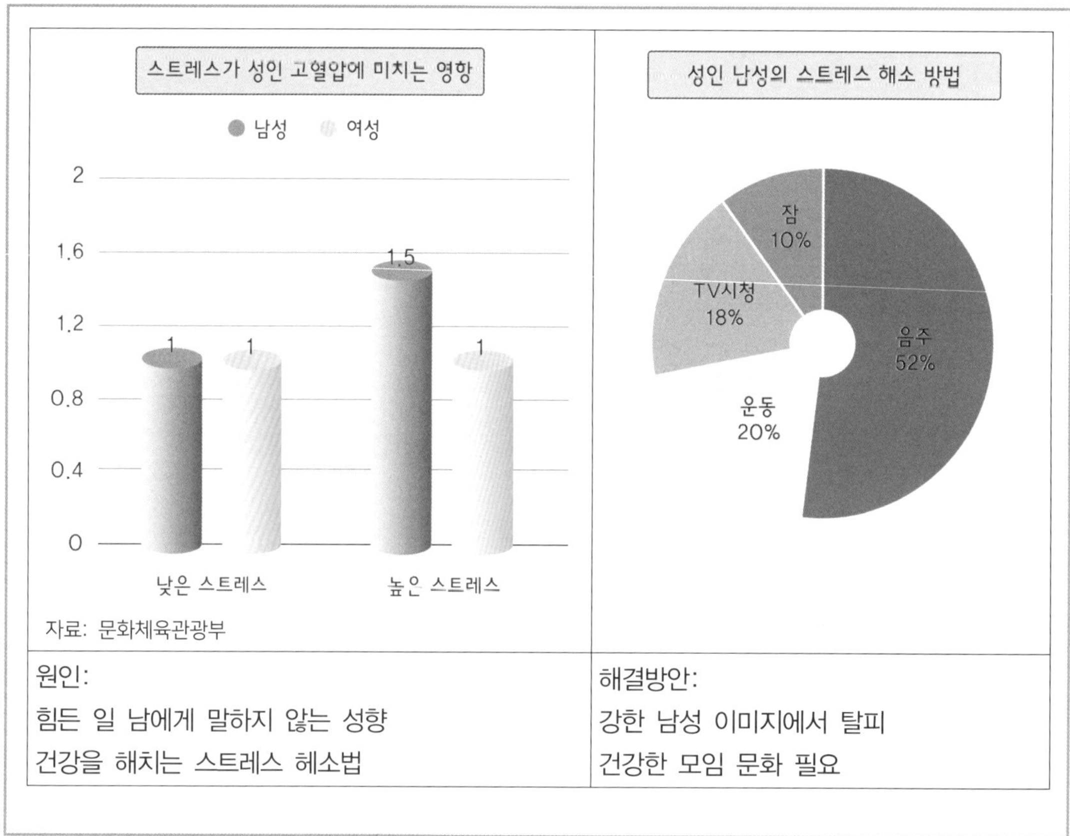

원인: 힘든 일 남에게 말하지 않는 성향 건강을 해치는 스트레스 헤소법	해결방안: 강한 남성 이미지에서 탈피 건강한 모임 문화 필요

※ [54] 다음을 주제로 하여 자신의 생각을 600~700자로 쓰십시오. (50점)

여러 세대가 모여 사는 대가족부터 부모와 자녀로 이루어진 가족, 부부만 사는 가족까지 현대 사회에서 가족의 형태는 다양합니다. 어떤 형태의 가족이라도 개인에게 가족이 미치는 영향은 클 수밖에 없습니다. 이렇게 큰 의미가 있는 가족의 중요성에 대해 아래의 내용을 중심으로 자신의 생각을 쓰십시오.

- 다양한 가족의 형태에는 어떤 유형이 있습니까?
- 가족이 개인의 삶에 미치는 영향은 무엇입니까?
- 바람직한 가족 관계를 위해 어떤 노력이 필요합니까?

TOPIK II – 쓰기(3회)

※ [51–52] 다음을 읽고 ㉠과 ㉡에 들어갈 말을 각각 한 문장으로 쓰십시오. (각 10점)

51.

도시 철도를 이용하실 때 위험한 것을 발견하면 꼭 신고해 주십시오. 에스컬레이터가 멈추거나 화재가 발생했을 때, 기차가 다니는 선로에 물건이 떨어졌을 때 등 사고가 날 위험이 있는 어떤 것이라도 (㉠   ). 역무원에게 직접 말씀하시거나 02–1234–7788로 (㉡   ). 여러분의 신고가 안전한 철도를 만듭니다. 감사합니다.

52.

사회가 바쁘게 돌아가고 복잡해지면서 불안과 우울증세를 보이는 사람들이 증가하고 있다. 이들은 불안과 우울 때문에 사람들을 만나지 않고 혼자 괴로워한다. 그러나 인간은 사회적 동물이기 때문에 (㉠   ) 그 증세는 더욱 심해진다. 그리고 의사들은 불안을 없애기 위해 규칙적인 생활이 가장 도움이 (㉡   ). 우선 일정한 시간에 일어나고, 자는 것부터 해 보자.

※ [53] 다음 자료를 참고하여 '한국 성인의 평생학습 실태'에 대한 글을 200자~300자로 쓰십시오. (30점)

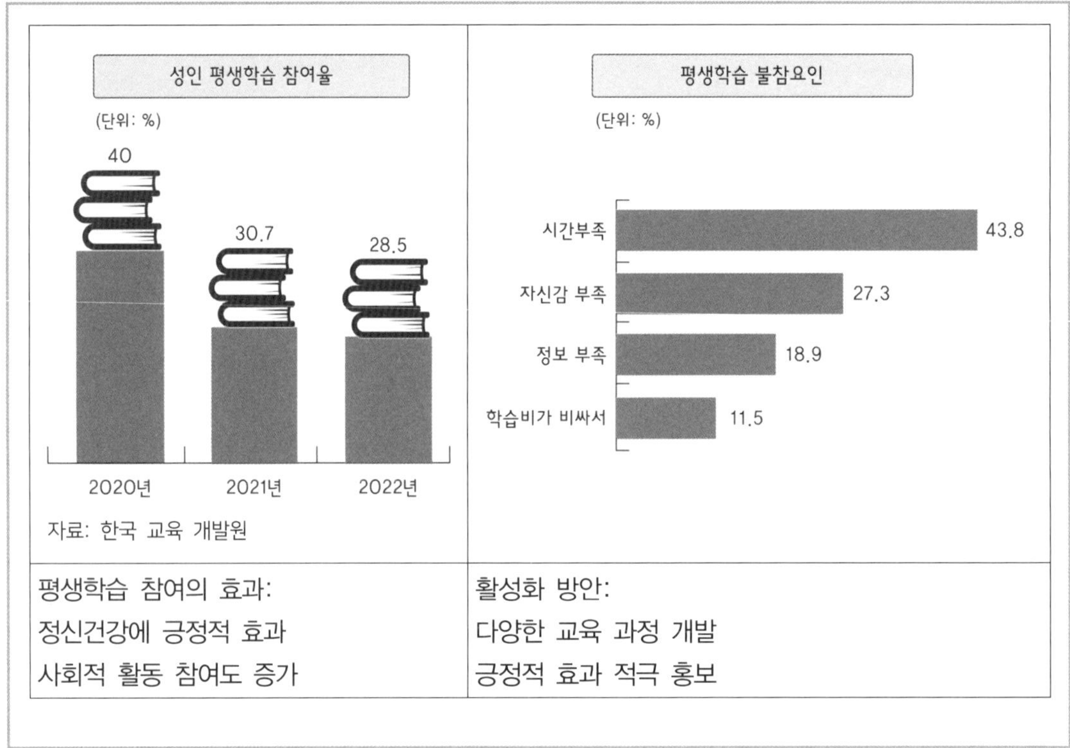

평생학습 참여의 효과: 정신건강에 긍정적 효과 사회적 활동 참여도 증가	활성화 방안: 다양한 교육 과정 개발 긍정적 효과 적극 홍보

※ [54] 다음을 주제로 하여 자신의 생각을 600~700자로 쓰십시오. (50점)

살면서 실수를 한 번도 하지 않는 사람은 없습니다. 내가 한 실수 때문에 다른 사람에게 사과를 해야 할 때도 있는데 사과를 제대로 하지 않으면 오히려 하지 않는 것보다 못한 상황이 되기도 합니다. 사과가 필요한 상황에서 제대로 된 사과를 하려면 어떻게 해야 하는지 아래의 내용을 중심으로 자신의 생각을 쓰십시오.

- 어떤 경우에 사과가 필요합니까?
- 사과를 하는 가장 좋은 때는 언제입니까?
- 사과를 하는 바람직한 방법은 무엇입니까?

TOPIK Ⅱ - 쓰기(4회)

※ [51-52] 다음을 읽고 ㉠과 ㉡에 들어갈 말을 각각 한 문장으로 쓰십시오. (각 10점)

51.

안내 말씀 드립니다. 2023년 1월 1일부터 매장에서 일회용품을 사용할 수 없게 되었습니다. 일회용 컵에 음료를 받아서 매장에 앉으시면 안 됩니다. 잠깐이라도 매장에서는 머그컵에 (㉠). 나가실 때 직원에게 말씀하시면 (㉡) 담아 드리겠습니다.

52.

우리의 몸에는 헌 세포를 재활용해서 새 세포처럼 만드는 능력이 있는데 커피가 이 능력을 높여 주는 대표적인 음식이다. 그러나 커피에는 카페인이 있어 (㉠), 잠을 못 자면 스트레스가 쌓여 혈액이 맑아지는 것을 방해한다. 따라서 잠을 자는 시간에 영향을 주지 않는 오전에 커피를 마시거나 카페인이 없는 커피를 (㉡).

※ [53] 한국국제문화교류원에서 발표한 다음 자료를 참고하여 '한류 콘텐츠에 대한 외국인의 인식'에 대한 글을 200자~300자로 쓰십시오. (30점)

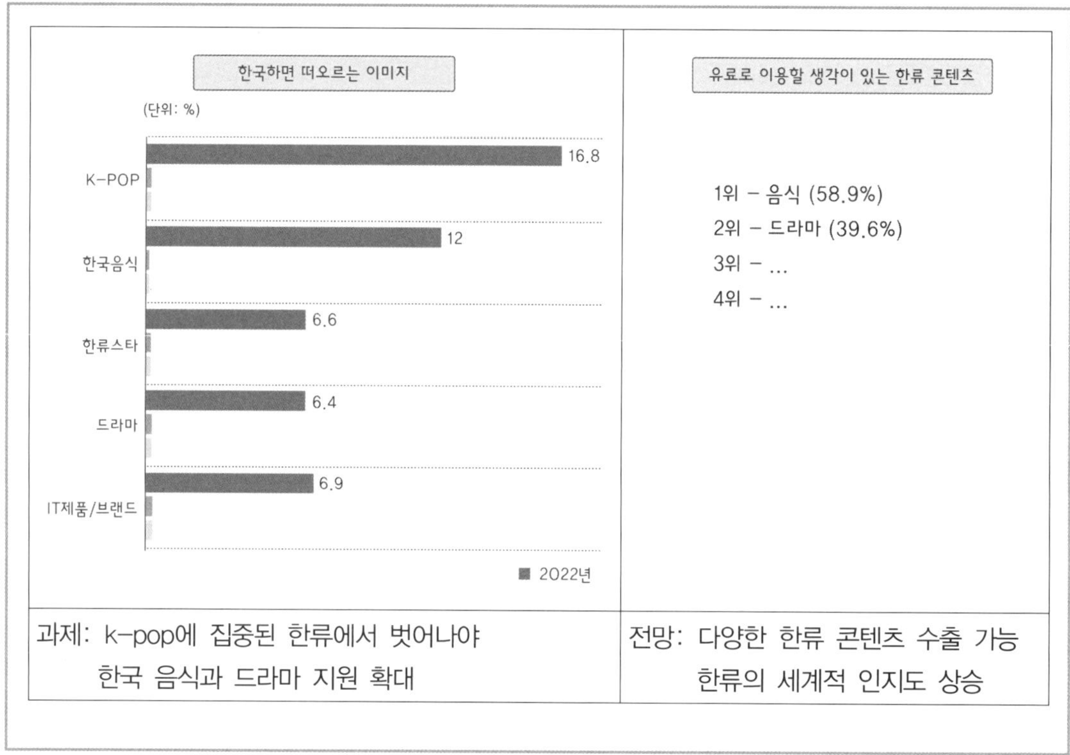

※ [54] 다음을 주제로 하여 자신의 생각을 600~700자로 쓰십시오. (50점)

여러 사람들이 함께 이용하는 교통수단인 대중교통에는 버스, 지하철 등이 있습니다. 이런 대중교통은 나 한 사람만 타는 것이 아니기 때문에 불편한 점이 없지 않습니다만 대중교통을 이용하는 장점도 분명히 있습니다. 이런 대중교통을 더 많이 이용하게 만들기 위한 방법은 어떤 것이 있는지 자신의 생각을 아래의 내용을 중심으로 쓰십시오.

- 대중교통의 불편한 점은 무엇입니까?
- 대중교통을 이용해야 하는 이유는 무엇입니까?
- 더 많은 사람들이 대중교통을 이용하게 하려면 어떻게 해야 합니까?

TOPIK II – 쓰기(5회)

※ [51-52] 다음을 읽고 ㉠과 ㉡에 들어갈 말을 각각 한 문장으로 쓰십시오. (각 10점)

51.

바다와 영화의 도시 부산에서 특별한 인문학 강의를 준비했습니다. 4월부터 6월까지 매주 수요일 부산 시청 강당에서 '영화 속 바다'를 만날 수 있습니다. 영화 감독, 시나리오 작가, 배우들의 목소리를 통해 영화 속 바다로 여행을 (　　㉠　　). 수요일 저녁이 행복해질 것입니다. 선착순 50명까지만 신청이 (　　㉡　　).

52.

세계에는 다양한 나라가 있고 나라마다 다양한 문화가 있다. 나라에 따라 같은 손모양이 다른 (　　㉠　　) 조심해서 사용해야 한다. 흔히 '최고 또는 좋아요'라는 의미로 엄지손가락을 올리는 동작도 어떤 나라에서는 정반대인 (　　㉡　　). 따라서 여행을 가거나 해외에서 생활할 일이 있으면 실수하지 않도록 미리 알아봐야 한다.

※ [53] 다음 자료를 참고하여 '전국 대학생의 취업 실태'에 대한 글을 200자~300자로 쓰십시오. (30점)

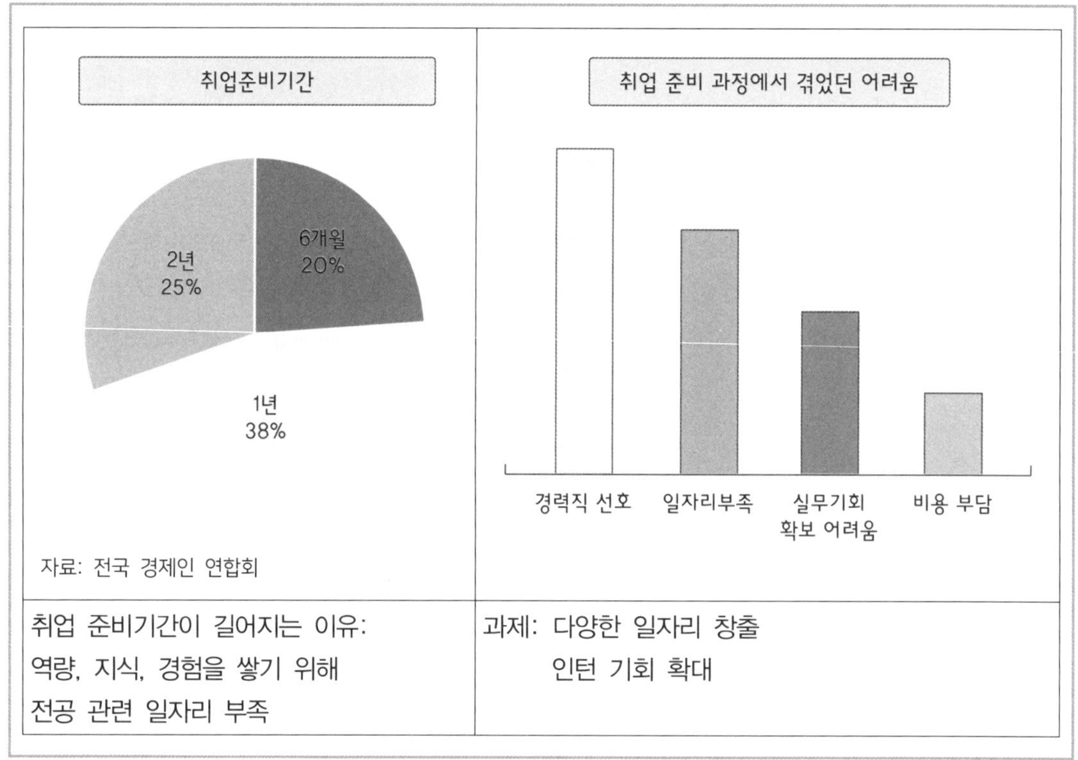

※ [54] 다음을 주제로 하여 자신의 생각을 600~700자로 쓰십시오. (50점)

> 여러 사람들이 이용하는 시설에서 뛰어 다니거나 소리를 질러 다른 사람들에게 피해를 주는 아이들이 있습니다. 어리니까 그럴 수 있다고 생각하는 사람도 있고 어리지만 아닌 것은 분명히 가르쳐야 한다고 생각하는 사람도 있습니다. 함께 살아가는 사회에서 예절 교육의 적절한 시기와 방법에 대해 아래의 내용을 중심으로 자신의 생각을 쓰십시오.

- 우리 사회에 예절이 필요한 이유는 무엇입니까?
- 자녀에게 예절 교육을 하는 적절한 시기는 언제입니까?
- 예절 교육을 하는 올바른 방법은 무엇입니까?

TOPIK II - 쓰기(6회)

※ [51-52] 다음을 읽고 ㉠과 ㉡에 들어갈 말을 각각 한 문장으로 쓰십시오. (각 10점)

51.

New Message

이름 박지훈

제목 자랑스러운 시민상 추천

저는 자랑스러운 시민으로 김민수 씨를 추천합니다. 김민수 씨는 인주시 중구에 있는 한국 아파트의 주민 대표로서 아파트 주민이 소통할 수 있는 온라인 공간을 만들었습니다. 바쁜데도 적극적으로 활동하여 주민들도 참여를 (㉠). 민수 씨의 노력으로 이웃 간의 갈등이 (㉡). 살기 좋은 아파트를 만들어 준 김민수 씨가 자랑스러운 시민상을 받았으면 좋겠습니다.

Send

52.

관광지로 유명한 그리스의 건축물은 하얀색 대리석으로 지어졌다. 건축뿐만 아니라 조각상도 (㉠) 그리스를 하얀 문명으로 묘사하기도 한다. 하지만 처음에는 하얀색이 아니라 화려한 색깔이 있는 건축물이었다. 이것은 색을 알아보는 특수 장치로 그리스의 건축물을 비추어 본 과학자들에 의해 (㉡).

※ [53] 다음 자료를 참고하여 '청소년의 스마트폰 과위험 실태'에 대한 글을 200자~300자로 쓰십시오. (30점)

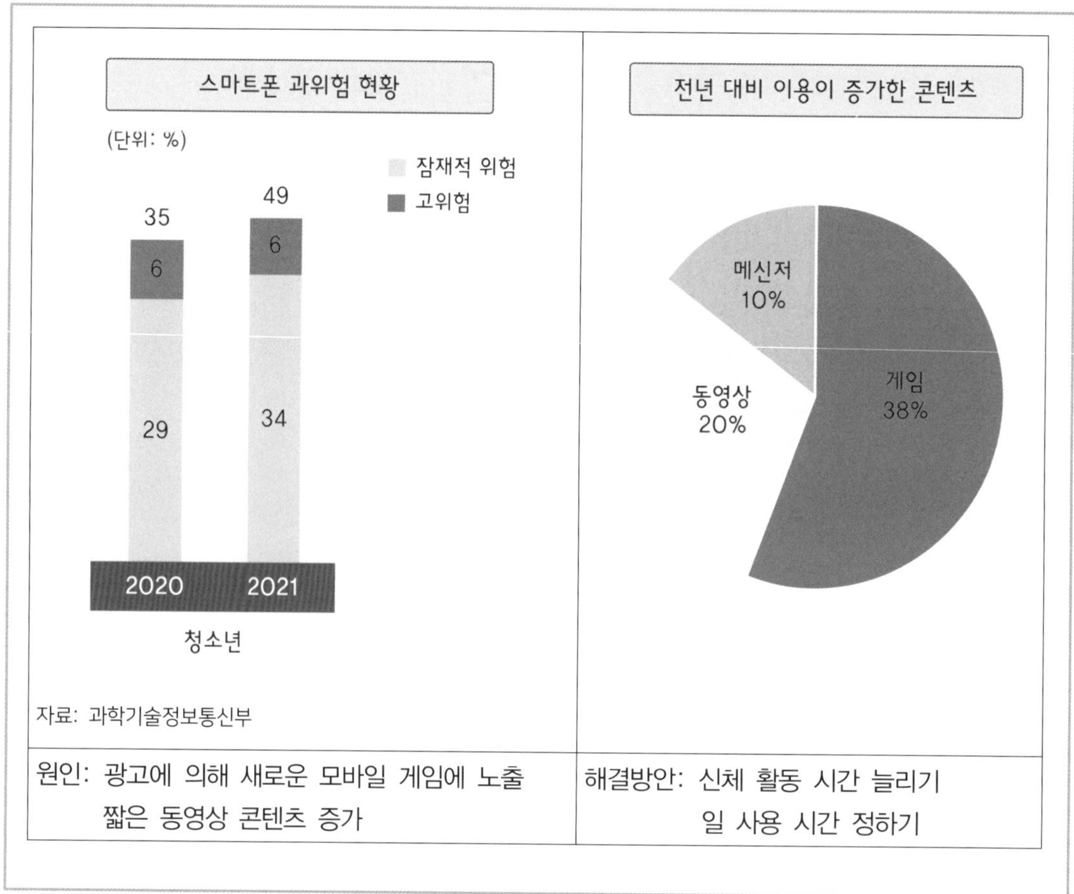

※ [54] 다음을 주제로 하여 자신의 생각을 600~700자로 쓰십시오. (50점)

요즘에는 예전에 비해 맵고 짜고 단 자극적인 맛을 선호하는 사람들이 많습니다. 조리 방법도 기름에 튀기고 구워서 만드는 음식들이 인기가 많습니다. 무엇을 먹는지는 매우 중요하고 이러한 식습관이 생각보다 여러 부분에 영향을 미칩니다. 아래의 내용을 중심으로 올바른 식습관을 갖기 위한 노력에 대한 자신의 생각을 쓰십시오.

- 최근 유행하는 음식의 특징은 무엇입니까?
- 식습관이 중요한 이유는 무엇입니까?
- 올바른 식습관을 갖기 위해 어떻게 노력해야 합니까?

TOPIK Ⅱ – 쓰기(7회)

※ [51–52] 다음을 읽고 ㉠과 ㉡에 들어갈 말을 각각 한 문장으로 쓰십시오. (각 10점)

51.

회원 혜택 안내

다양한 혜택이 기다리는 한국 항공 회원이 되십시오. 한국 항공 회원이 되시려면 50,000 마일리지 이상 또는 40회 이상 한국 항공 비행기를 (㉠). 회원님들에게는 공항 라운지 이용, 항공권 할인, 마일리지 추가 적립 등 혜택을 (㉡). 회원이 되어 다양한 혜택을 누리시기 바랍니다.

52.

우주 영화에서 보면 태양이 뜨겁고 조용하게 불타는 것으로 표현된다. 하지만 실제로 태양은 엄청난 에너지를 뿜어내기 때문에 거대한 전자레인지가 돌아가는 것처럼 엄청나게 (㉠). 그러나 우주 공간에서 소리를 전달하는 공기가 없기 때문에 우리는 그 소리를 (㉡).

※ [53] 도로교통공단의 다음 자료를 참고하여 '이륜차 교통사고 현황'에 대한 글을 200자~300자로 쓰십시오. (30점)

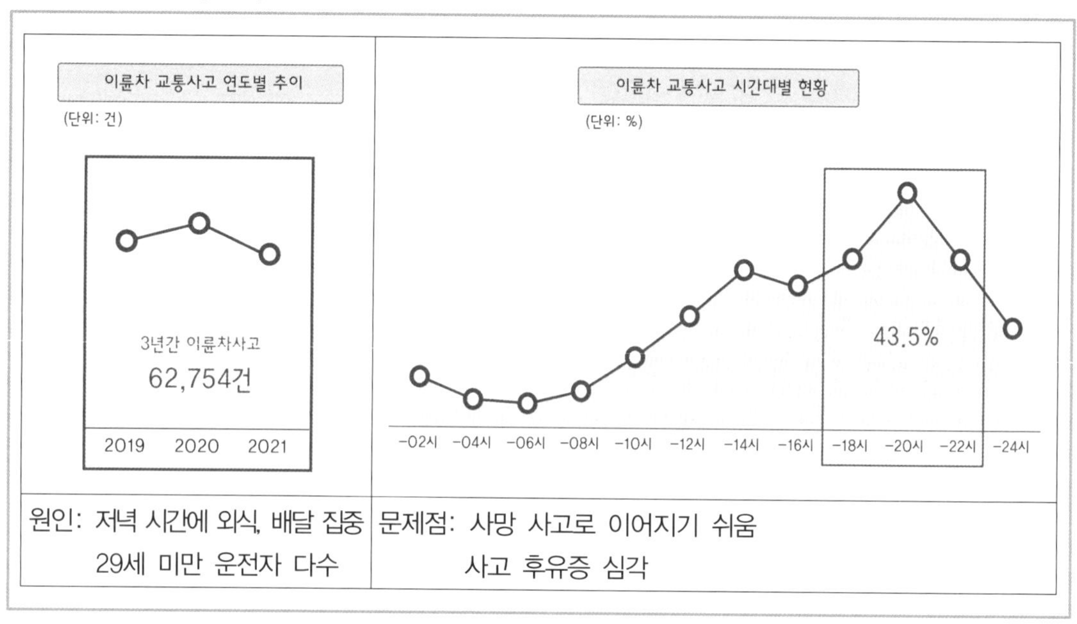

※ [54] 다음을 주제로 하여 자신의 생각을 600~700자로 쓰십시오. (50점)

요즘에는 지식과 정보를 얻는 방법이 다양해지고 쉬워졌지만 예전에는 책을 읽는 것이 거의 유일한 방법이었습니다. 책을 읽지 않고도 간단한 검색으로 정보를 얻을 수 있는데도 독서를 하는 사람이 있고, 또 성공한 사람들은 모두 독서의 중요성을 강조합니다. 독서가 왜 중요한지 아래 내용을 중심으로 자신의 생각을 쓰십시오.

- 요즘 사람들이 책을 많이 읽지 않는 이유는 무엇입니까?
- 정보를 얻는 다른 방법과 비교했을 때 독서의 장점은 무엇입니까?
- 독서하는 습관을 만들기 위한 방법은 어떤 것이 있습니까?

TOPIK II – 쓰기(8회)

※ [51-52] 다음을 읽고 ㉠과 ㉡에 들어갈 말을 각각 한 문장으로 쓰십시오. (각 10점)

51.

요즘 일반 자전거를 타고 등산을 하다가 사고가 나는 경우가 많이 있습니다. 등산을 하실 때는 안전을 위해 반드시 산악 자전거를 (㉠). 또한 산을 내려올 때 빠른 속도로 인해 등산객이 다치는 경우도 있습니다. 등산객이 (㉡) 천천히 내려 오시기 바랍니다. 모두가 안전한 등산이 되도록 협조 부탁드립니다.

52.

여름에는 다른 계절에 비해 음식이 빨리 상하고 배탈도 자주 난다. 높은 온도와 습도 때문에 병균이 생기기 쉽기 때문이다. 그래서 더운 여름일수록 찬물보다 (㉠) 마시고 잘 익힌 음식을 먹어야 한다. 또한 설거지를 한 후 그릇과 수저를 뜨거운 물로 소독해서 (㉡). 이렇게 하면 여름철에도 배탈에 걸리지 않을 수 있다.

※ [53] 다음 자료를 참고하여 '육아 휴직 실태'에 대한 글을 200자~300자로 쓰십시오. (30점)

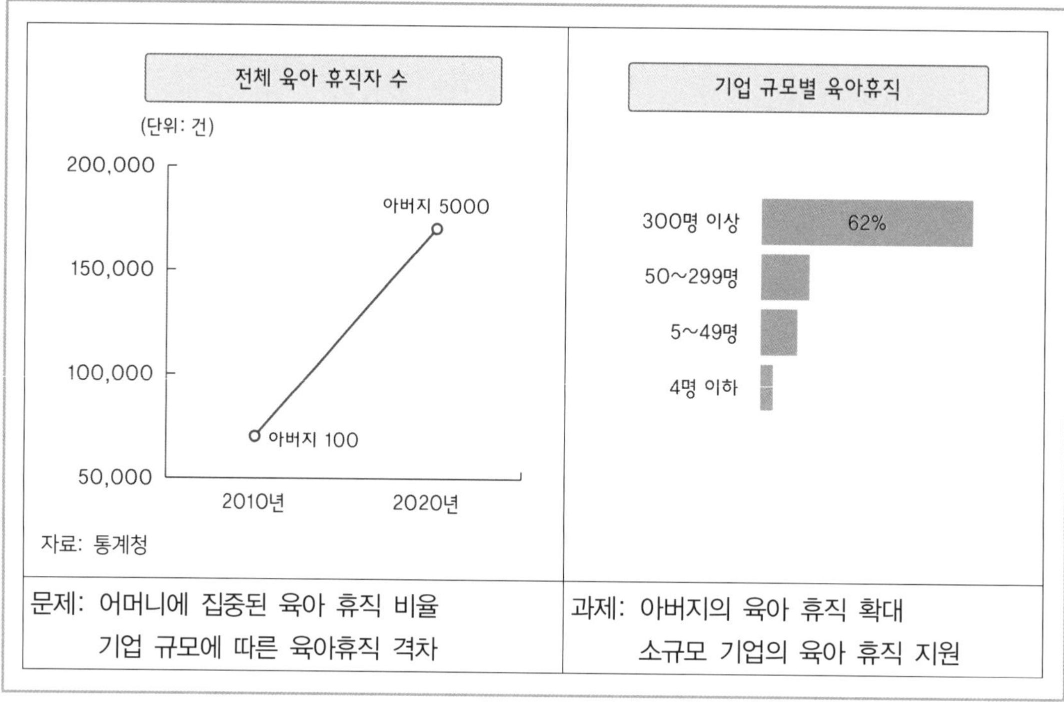

※ [54] 다음을 주제로 하여 자신의 생각을 600~700자로 쓰십시오. (50점)

> 세 사람이 함께 길을 가고 있으면 그 중 두 사람에게서 배울 것이 있다는 말이 있고 다른 사람의 잘못을 통해서 교훈을 얻는다는 말도 있습니다. 이렇게 우리는 마음만 먹으면 어디에서나 누구에게서나 배울 수 있지만 다른 사람에게 배울 점을 찾는 것이 쉽지 않습니다. 일상적인 상황에서 배울 점을 찾기 위해 어떤 마음이 필요한지 아래 내용을 중심으로 자신의 생각을 쓰십시오.

- 여러분은 다른 사람의 단점을 발견했을 때 어떻게 생각합니까?
- 다른 사람에게 배울 점을 찾아야 하는 이유는 무엇입니까?
- 다른 사람에게 배울 점을 찾기 위해 어떤 노력이 필요합니까?

TOPIK Ⅱ - 쓰기(9회)

※ [51-52] 다음을 읽고 ㉠과 ㉡에 들어갈 말을 각각 한 문장으로 쓰십시오. (각 10점)

51.

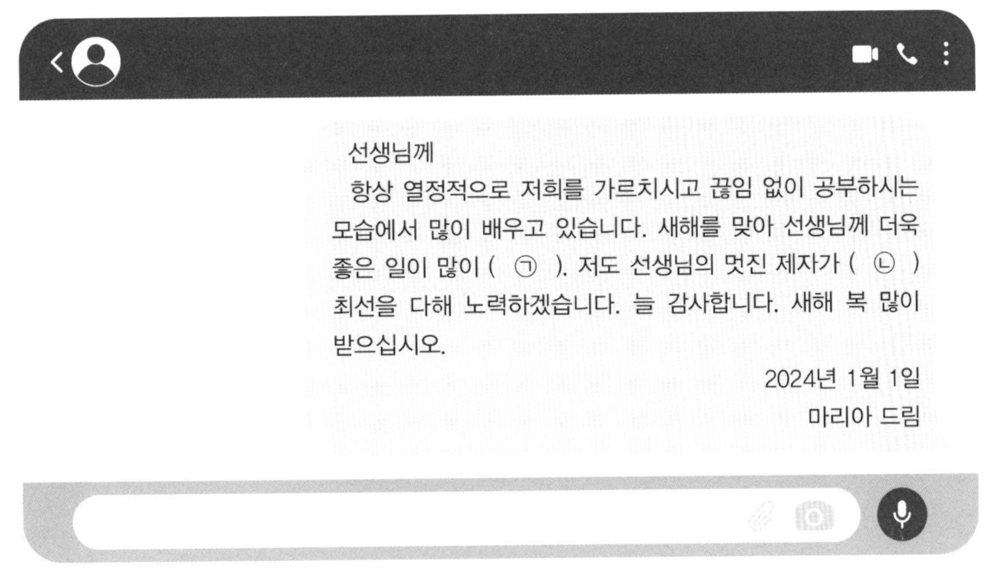

선생님께

항상 열정적으로 저희를 가르치시고 끊임 없이 공부하시는 모습에서 많이 배우고 있습니다. 새해를 맞아 선생님께 더욱 좋은 일이 많이 (㉠). 저도 선생님의 멋진 제자가 (㉡) 최선을 다해 노력하겠습니다. 늘 감사합니다. 새해 복 많이 받으십시오.

2024년 1월 1일

마리아 드림

52.

귀여운 동물하면 대표적으로 떠오르는 것이 토끼이다. 토끼가 귀엽게 보이는 것에는 짧고 동그란 꼬리도 큰 역할을 한다. 그러나 꼬리가 (㉠) 긴 꼬리가 위로 접혀 있는 것이다. 잡아당겨서 재 보면 어른의 손바닥 정도인 17cm 정도나 된다고 한다. 하지만 이것을 확인하기 위해 토끼 꼬리를 (㉡). 토끼 꼬리는 아주 예민한 부분이라 스트레스를 받기 때문이다.

※ [53] 국토교통부에서 발표한 다음 자료를 참고하여 '전기차 등록 현황'에 대한 글을 200자~300자로 쓰십시오. (30점)

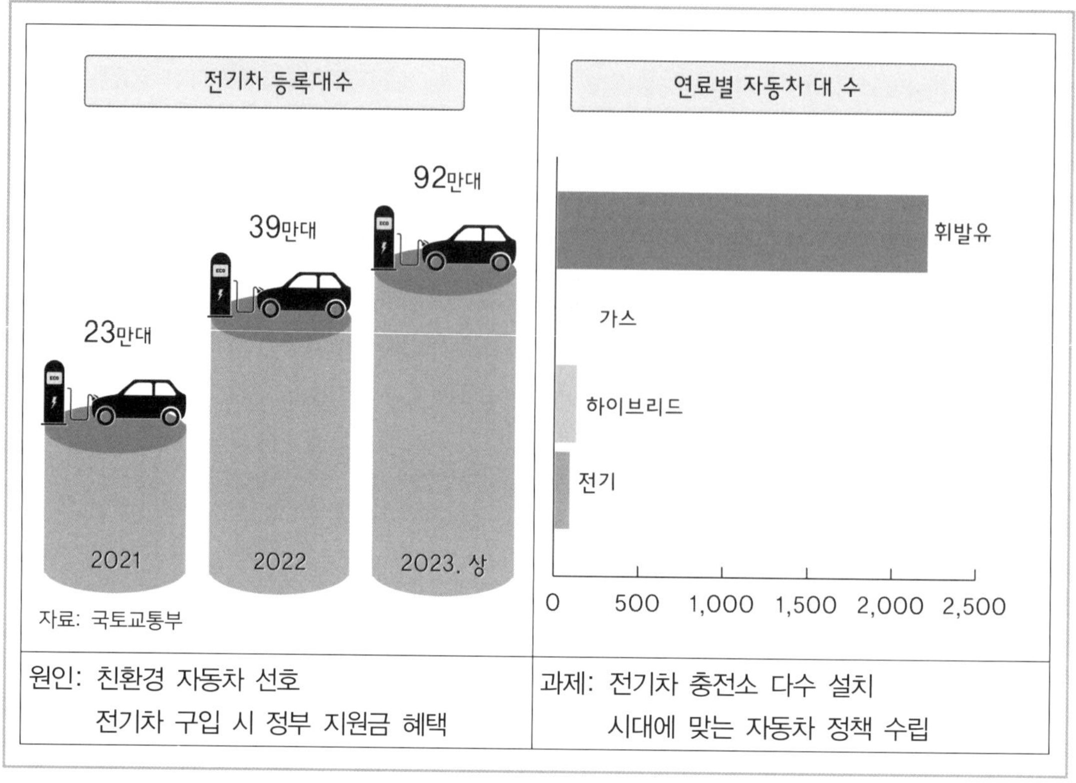

원인: 친환경 자동차 선호 전기차 구입 시 정부 지원금 혜택	과제: 전기차 충전소 다수 설치 시대에 맞는 자동차 정책 수립

※ [54] 다음을 주제로 하여 자신의 생각을 600~700자로 쓰십시오. (50점)

공부를 하기 전에 책상 정리를 하면 더 집중이 잘 된다고 합니다. 외부 환경을 정리하는 것이 심리적으로도 영향을 준다는 것을 알 수 있는 일입니다. 우리 주변을 보면 정리를 잘하는 사람도 있고 정리를 못하는 사람도 있는데 정리가 필요한 상황에는 정리를 할 수 있어야 합니다. 정리정돈을 잘하는 방법에 대한 자신의 생각을 아래의 내용을 중심으로 쓰십시오.

• 여러분은 정리정돈을 잘하는 편입니까?
• 정리정돈을 하면 좋은 점은 무엇입니까?
• 정리정돈을 잘하는 방법은 무엇입니까?

TOPIK Ⅱ – 쓰기(10회)

※ [51-52] 다음을 읽고 ㉠과 ㉡에 들어갈 말을 각각 한 문장으로 쓰십시오. (각 10점)

51.

New Message

아이디 smokehate88

제목 층간 흡연 때문에 힘듭니다.

저희 집 화장실 환풍기로 아침마다 담배 연기가 올라옵니다. 유치원 다니는 아이도 있는데 담배 연기 때문에 화장실을 사용하기 힘든 정도입니다. 아래층 문에 쪽지를 붙여서 부탁했지만 계속 (㉠). 저와 같은 피해를 보는 사람이 없도록 관리사무실에서 공동 규칙을 (㉡)? 공동생활에서 예절을 지키면 좋겠습니다.

Send

52.

건강을 위해 하루 2리터 정도의 물을 꼭 마셔야 한다고 말하는 사람들이 많이 있다. 그런데 모든 사람들이 하루 2리터 이상의 물을 (㉠). 사람에게 필요한 물의 양도 체질에 따라 다를 수 있다. 보통 때 소화가 잘 안 되는 사람들은 물을 많이 마시면 소화액이 묽어져서 오히려 (㉡). 따라서 먼저 자신의 체질에 맞게 물을 마시는 것이 좋다.

※ [53] 다음 자료를 참고하여 '다문화 학생 현황'에 대한 글을 200자~300자로 쓰십시오. (30점)

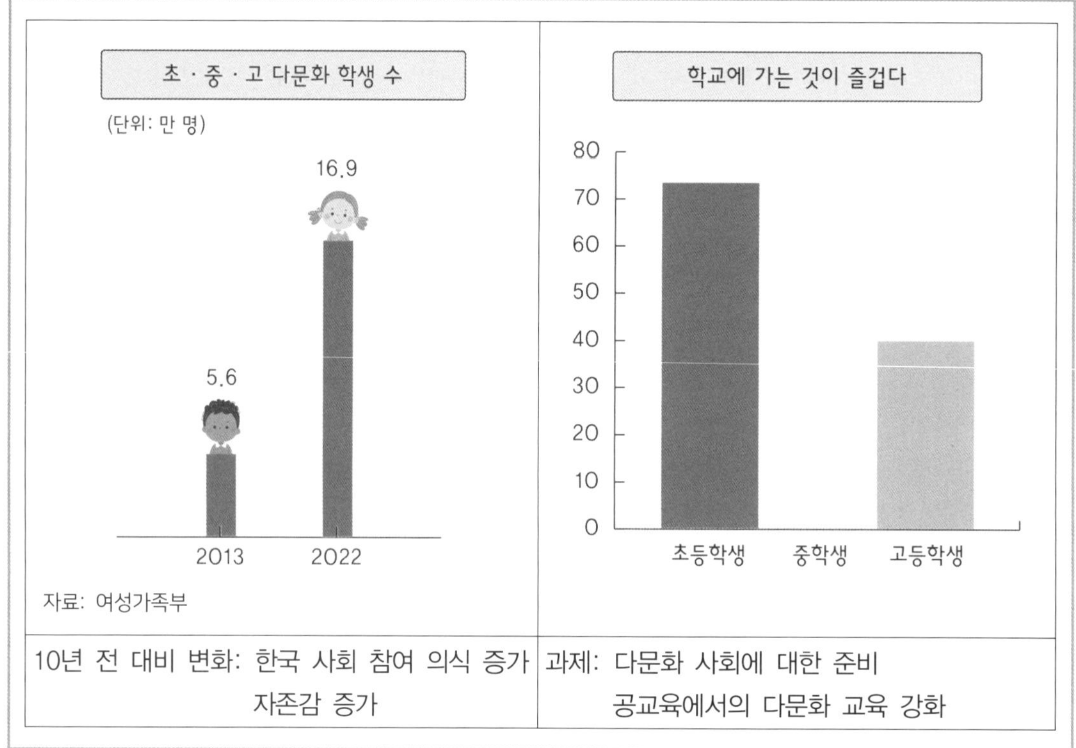

※ [54] 다음을 주제로 하여 자신의 생각을 600~700자로 쓰십시오. (50점)

최근 30년 동안 날씨의 평균인 평년 기온과 현재의 기온을 비교하면 이전과 달리 큰 차이가 발생한다. 세계 곳곳에서 예전과 다른 날씨로 인해 피해를 입기도 하는 등 환경의 변화에 대한 적극적인 관심이 필요하다고 전문가들은 말합니다. 이상 기후의 피해를 줄이기 위한 바람직한 노력에 대해 아래의 내용을 중심으로 자신의 생각을 쓰십시오.

- 이상 기후의 예는 어떤 것이 있습니까?
- 이상 기후가 일어나는 원인은 무엇입니까?
- 이상 기후의 피해를 줄이기 위해 어떤 노력이 필요합니까?

모범답안

51번 답안

1. 광고문, 안내문

연습문제 ❶

㉠ 들을 것입니다 / 들을 예정입니다 / 들으려고 합니다
나눌 것입니다 / 나눌 예정입니다 / 나누려고 합니다

㉡ 얻을 수 있습니다 / 얻을 것입니다 / 얻으십시오
받을 수 있습니다 / 받을 것입니다 / 받으십시오

연습문제 ❷

㉠ 신입 회원을 모집합니다 / 신입 회원을 모집하고 있습니다

㉡ 괜찮습니다 / 가능합니다 / 걱정하지 마십시오

연습문제 ❸

㉠ 입지 않았습니다 / 안 입었습니다

㉡ 깎아 드리겠습니다 / 싸게 드리겠습니다 / 낮추어 드리겠습니다

연습문제 ❹

㉠ 지갑을 잃어버렸습니다

㉡ 분은 연락 주십시오 / 분은 전화해 주십시오

연습문제 ❺

㉠ 바꾸는 공사를 할 것입니다 / 바꾸려고 합니다 / 바꾸는 공사입니다

㉡ 이용할 수 없습니다 / 이용하면 안 됩니다 / 이용하지 마십시오

2. 문자 메시지, 이메일(개인)

연습문제 ❶

㉠ 전화할 수 없었습니다 / 전화하지 못했습니다 / 말할 수 없었습니다

㉡ 보내도 됩니까 / 보내면 어떻습니까 / 드려도 됩니까 / 드리면 어떻습니까

연습문제 ❷

㉠ 만날 수 있습니다 / 만나면 좋겠습니다 / 만나고 싶습니다

㉡ 예약해 놓겠습니다 / 예약하겠습니다 / 알아보겠습니다

연습문제 ❸

㉠ 시간이 되십니까 / 시간이 있으십니까 / 시간이 괜찮으십니까

㉡ 대접하고 싶습니다 / 사고 싶습니다 / 사 드리려고 합니다

연습문제 ❹

㉠ 지킬 수 없게 되었습니다 / 미루어야 할 것 같습니다 / 미루고 싶습니다 / 바꾸고 싶습니다

㉡ 있습니다 / 가능합니다 / 많이 있습니다

연습문제 ❺

㉠ 드리려고 합니다 / 드리러 가려고 합니다 / 하려고 합니다 / 하러 가려고 합니다

㉡ 시간이 있습니다 / 괜찮습니다 / 가능합니다

3. 문자메시지, 이메일(단체)

연습문제 ❶
㉠ 신청하기 바랍니다 / 신청해 주시기 바랍니다
㉡ 연습을 마친 후에 / 연습을 끝낸 후에 / 연습을 끝내고 나서

연습문제 ❷
㉠ 만들고 있으니까 / 만들기 때문에 / 요리하고 있으니까 / 요리하기 때문에
㉡ 이용해 주십시오 / 이용해 주시면 감사하겠습니다

연습문제 ❸
㉠ 주의해 주십시오 / 조심해 주십시오
㉡ 나지 않도록 / 생기지 않도록 / 발생하지 않도록

연습문제 ❹
㉠ 노력하겠습니다 / 최선을 다하겠습니다
㉡ 걸릴 것 같습니다 / 걸릴 수 있습니다

연습문제 ❺
㉠ 위층으로 올라갑니다 / 위층에 들어갑니다
㉡ 나빠질 수 있습니다 / 안 좋아질 수 있습니다 / 나빠질 것입니다

4. 게시판, Q&A

연습문제 ❶
㉠ 본 적이 없습니다 / 본 적이 없었습니다 / 감상한 적이 없습니다
㉡ 예약할 수 있습니까 / 예약 가능합니까

연습문제 ❷
㉠ 먹고 있습니다 / 먹을 때가 많습니다
㉡ 많이 준비해 주시면 좋겠습니다 / 만들어 주십시오 / 요리해 주십시오

연습문제 ❸
㉠ 바꿀 수 있습니까 / 어떻게 바꾸어야 합니까 / 주소를 바꾸려면 어떻게 해야 합니까
㉡ 걱정이 됩니다 / 걱정입니다

연습문제 ❹
㉠ 고향에 갈 수 없어서 / 고향 생각이 나서 / 고향에 못 가기 때문에
㉡ 달래면 좋겠습니다 / 나누고 싶습니다

연습문제 ❺
㉠ 되지 않습니다 / 안 됩니다
㉡ 꺼집니다 / 끝납니다

5. 상품평, 댓글

연습문제 ❶
㉠ 좋았습니다 / 좋은 것 같습니다 / 마음에 들었습니다
㉡ 될 것입니다 / 될 것 같습니다 / 좋을 것 같습니다

연습문제 ❷
㉠ 이해할 수 있었습니다 / 이해할 수 있게 되었습니다 / 이해했습니다
㉡ 안 되었습니다 / 되지 않았습니다

연습문제 ❸
㉠ 볼 수 있었습니다 / 볼 수 있습니다
㉡ 가 보시기 바랍니다 / 가 보십시오

연습문제 ❹
㉠ 마음이 듭니다 / 마음이 생깁니다 / 마음이 있습니다
㉡ 찾아서 하겠습니다 / 찾아 보겠습니다

연습문제 ❺
㉠ 하나도 없습니다 / 없습니다
㉡ 쓰겠습니다 / 올리겠습니다

6. 뉴스 제보, 신고

연습문제 ❶
㉠ 많이 불어서 / 많이 불기 때문에 / 세게 불어서
㉡ 일할 수 있도록 / 일하도록 / 작업하도록 / 작업할 수 있도록

연습문제 ❷
㉠ 더 길었지만 / 길었지만 / 긴 편이지만
㉡ 기다려 주었습니다 / 기다리는 것을 보았습니다

연습문제 ❸
㉠ 많이 왔습니다 / 많이 내렸습니다
㉡ 생기지 않도록 / 나지 않도록

연습문제 ❹
㉠ 시간을 보냈습니다 / 시간이었습니다
㉡ 알 수 있었습니다 / 보았습니다

연습문제 ❺
㉠ 것 같습니다 / 위험이 있습니다
㉡ 데려가 주시면 / 옮겨 주시면

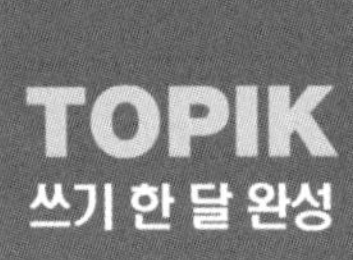

52번 답안

1. 지시어가 있는 유형

연습문제 ❶
㉠ 긴장을 한다

연습문제 ❷
㉠ 집중에 실패한다

연습문제 ❸
㉠ 기다림이 필요하다

연습문제 ❹
㉠ 냉장 보관하면 다시 사용할 수 있다

연습문제 ❺
㉠ 손을 씻으라고 말한다

연습문제 ❻
㉠ 공기층도 많다

2. 앞 내용과 반대로 이어지는 유형

연습문제 ❶
㉠ 여행을 가지 못한다

연습문제 ❷
㉠ 간지럼을 타지 않는다

연습문제 ❸
㉠ 도와주는 사람이 거의 없다

연습문제 ❹
㉠ 위아래로의 움직임에는 적응하지 못한다

연습문제 ❺
㉠ 꽃이 아니게 되었다 / 꽃이 아니다

연습문제 ❻
㉠ 포기하지 않는다 / 포기하지 않고 도전한다

3. A & B 유형

연습문제 ❶
㉠ 가난한 사람이 부자가 되기도 한다

연습문제 ❷
㉠ 성공도 맛보게 된다

연습문제 ❸
㉠ 경험을 할 기회를 얻는다

연습문제 ❹
㉠ 의사소통이 얼마나 중요한지를 알게 해 준다

연습문제 ❺
㉠ 마음에 병이 생긴다

연습문제 ❻
㉠ 재미있는 일이라 빨리 하고 싶다

4. 원인과 결과 유형

연습문제 ❶
㉠ 부족할 수 있다

연습문제 ❷
㉠ 원하는 목표를 이루기 어렵다

연습문제 ❸
㉠ 멀미를 하지 않는다

연습문제 ❹
㉠ 오랜지색 공을 사용하게 되었다

연습문제 ❺
㉠ 불만이 없어졌다

연습문제 ❻
㉠ 도움을 받지 못하게 될 것이다

5. 비유와 가정 유형

연습문제 ❶
㉠ 판단 능력이 필요하다

연습문제 ❷
㉠ 미루지 말고 지금

연습문제 ❸
㉠ 애정이 있다면

연습문제 ❹
㉠ 하나도 없는

연습문제 ❺
㉠ 오히려 건강에 좋지 않다

연습문제 ❻
㉠ 지구에 문제가 생긴다

52번 연습 문제

연습문제 ❶
㉠ 손끝을 자극하는
㉡ 관계가 없다

연습문제 ❷
㉠ 스스로 영양분을
㉡ 식물이라고 할 수 없다

연습문제 ❸
㉠ 사용할 수 없었다
㉡ 손잡이가 일자면

연습문제 ❹
㉠ 저수지에 풀어 주었다
㉡ 울음소리 때문에

연습문제 ❺
㉠ 떨어지지 않을 것이다
㉡ 좋아하지 않는다

연습문제 ❻
㉠ 베개의 높이가 맞지 않으면
㉡ 체형에 맞게

연습문제 ❼
㉠ 그릇을 찾으러 오면
㉡ 사용하게 되었다

연습문제 ❽
㉠ 같이 먹어야 하고
㉡ 절약할 수 있다고 한다

연습문제 ❾
㉠ 건강을 유지할 수 있다
㉡ 크게 걸어야 한다

연습문제 ❿
㉠ 통신비를 절약할 수 있고
㉡ 높아졌다고 한다

53번 답안

첫 번째 문장 쓰기 연습

1.
① 국민건강보험공단에서 남녀 직장인 각 천 명을 대상으로 건강관리법에 대하여 조사하였다.
② 국민건강보험공단에서 남녀 직장인 각 천 명을 대상으로 건강관리법에 대하여 조사한 결과이다.
③ 국민건강보험공단에서 남녀 직장인 각 천 명을 대상으로 건강관리법에 대하여 조사를 실시하였다.
④ 국민건강보험공단에서 남녀 직장인 각 천 명을 대상으로 건강관리법에 대하여 조사를 실시한 결과,
⑤ 국민건강보험공단에서 남녀 직장인 각 천 명을 대상으로 건강관리법에 대하여 발표한 내용에 따르면,
⑥ 국민건강보험공단에서 남녀 직장인 각 천 명을 대상으로 건강관리법에 대하여 실시한 조사를 살펴보면,

2.
① 보건복지부에서 노인과 아동의 인구 변화에 대하여 조사하였다.
② 보건복지부에서 노인과 아동의 인구 변화에 대하여 조사한 결과이다.
③ 보건복지부에서 노인과 아동의 인구 변화에 대하여 조사를 실시하였다.
④ 보건복지부에서 노인과 아동의 인구 변화에 대하여 조사를 실시한 결과,
⑤ 보건복지부에서 노인과 아동의 인구 변화에 대하여 발표한 내용에 따르면,
⑥ 보건복지부에서 노인과 아동의 인구 변화에 대하여 실시한 조사를 살펴보면,

3.
① 청소년 상담센터에서 고등학생과 대학생 5천 명을 대상으로 직업 선택 기준에 대하여 조사하였다.
② 청소년 상담센터에서 고등학생과 대학생 5천 명을 대상으로 직업 선택 기준에 대하여 조사한 결과이다.
③ 청소년 상담센터에서 고등학생과 대학생 5천 명을 대상으로 직업 선택 기준하여 조사를 실시하였다.
④ 청소년 상담센터에서 고등학생과 대학생 5천 명을 대상으로 직업 선택 기준에 대하여 조사를 실시한 결과,
⑤ 청소년 상담센터에서 고등학생과 대학생 5천 명을 대상으로 직업 선택 기준에 대하여 발표한 내용에 따르면,
⑥ 청소년 상담센터에서 고등학생과 대학생 5천 명을 대상으로 직업 선택 기준에 대하여 실시한 조사를 살펴보면,

4.
① 국민체육공단에서 전국 중학생 만 명을 대상으로 남자 중학생이 많이 하는 운동에 대하여 조사하였다.
② 국민체육공단에서 전국 중학생 만 명을 대상으로 남자 중학생이 많이 하는 운동에 대하여 조사한 결과이다.
③ 국민체육공단에서 전국 중학생 만 명을 대상으로 남자 중학생이 많이 하는 운동에 대하여 조사를 실시하였다.
④ 국민체육공단에서 전국 중학생 만 명을 대상으로 남자 중학생이 많이 하는 운동에 대하여 조사를 실시한 결과,

⑤ 국민체육공단에서 전국 중학생 만 명을 대상으로 남자 중학생이 많이 하는 운동에 대하여 발표한 내용에 따르면,
⑥ 국민체육공단에서 전국 중학생 만 명을 대상으로 남자 중학생이 많이 하는 운동에 대하여 실시한 조사를 살펴보면,

5.
① 한국자동차에서 매출 이익에 대하여 조사하였다.
② 한국자동차에서 매출 이익에 대하여 조사한 결과이다.
③ 한국자동차에서 매출 이익에 대하여 조사를 실시하였다.
④ 한국자동차에서 매출 이익에 대하여 조사를 실시한 결과,
⑤ 한국자동차에서 매출 이익에 대하여 발표한 내용에 따르면,
⑥ 한국자동차에서 매출 이익에 대하여 실시한 조사를 살펴보면,

6.
① 한국소비자연구소에서 전자책 판매율에 대하여 조사하였다.
② 한국소비자연구소에서 전자책 판매율에 대하여 조사한 결과이다.
③ 한국소비자연구소에서 전자책 판매율에 대하여 조사를 실시하였다.
④ 한국소비자연구소에서 전자책 판매율에 대하여 조사를 실시한 결과,
⑤ 한국소비자연구소에서 전자책 판매율에 대하여 발표한 내용에 따르면,
⑥ 한국소비자연구소에서 전자책 판매율에 대하여 실시한 조사를 살펴보면,

7.
① 통계청에서 연령별 인구 변화에 대하여 조사하였다.
② 통계청에서 연령별 인구 변화에 대하여 조사한 결과이다.
③ 통계청에서 연령별 인구 변화에 대하여 조사를 실시하였다.
④ 통계청에서 연령별 인구 변화에 대하여 조사를 실시한 결과,
⑤ 통계청에서 연령별 인구 변화에 대하여 발표한 내용에 따르면,
⑥ 통계청에서 연령별 인구 변화에 대하여 실시한 조사를 살펴보면,

8.
① 진로탐색연구소에서 직업 선택 기준에 대하여 조사하였다.
② 진로탐색연구소에서 직업 선택 기준에 대하여 조사한 결과이다.
③ 진로탐색연구소에서 직업 선택 기준에 대하여 조사를 실시하였다.
④ 진로탐색연구소에서 직업 선택 기준에 대하여 조사를 실시한 결과,
⑤ 진로탐색연구소에서 직업 선택 기준에 대하여 발표한 내용에 따르면,
⑥ 진로탐색연구소에서 직업 선택 기준에 대하여 실시한 조사를 살펴보면,

9.
① 국가정책연구소에서 기술개발 지원금에 대하여 조사하였다.
② 국가정책연구소에서 기술개발 지원금에 대하여 조사한 결과이다.
③ 국가정책연구소에서 기술개발 지원금에 대하여 조사를 실시하였다.
④ 국가정책연구소에서 기술개발 지원금에 대하여 조사를 실시한 결과,
⑤ 국가정책연구소에서 기술개발 지원금에 대하여 발표한 내용에 따르면,
⑥ 국가정책연구소에서 기술개발 지원금에 대하여 실시한 조사를 살펴보면,

10.
① 교육인적자원부에서 고등학생 3천 명을 대상으로 통학 수단에 대하여 조사하였다.
② 교육인적자원부에서 고등학생 3천 명을 대상으로 통학 수단에 대하여 조사한 결과이다.
③ 에 대교육인적자원부에서 고등학생 3천 명을 대상으로 통학 수단하여 조사를 실시하였다.
④ 교육인적자원부에서 고등학생 3천 명을 대상으로 통학 수단에 대하여 조사를 실시한 결과,
⑤ 교육인적자원부에서 고등학생 3천 명을 대상으로 통학 수단에 대하여 발표한 내용에 따르면,
⑥ 교육인적자원부에서 고등학생 3천 명을 대상으로 통학 수단에 대하여 실시한 조사를 살펴보면,

선 그래프, 막대 그래프 쓰기 연습

1.
① 모바일 쇼핑 이용액은 2010년 300억에서 2020년 6500억으로 급격하게 증가하였다..
② 2010년 300억이었던 모바일 쇼핑 이용액은 2020년 6500억으로 급격하게 증가하였다.

2.
① 전통시장 이용자는 2020년 2500만 명에서 2023

년 2520만 명으로 증가하였다.
② 2020년 2500만 명이었던 전통시장 이용자는 2023년 2520만 명으로 다소 증가하였다.

3.
① 음식배달앱 이용자는 2020년 10만 명에서 2023년 8만 명으로 감소하였다.
② 2020년 10만 명이었던 음식배달앱 이용자는 2023년 8만 명으로 20% 감소하였다.

4.
① 이모티콘 매출액은 2005년 30억 원에서 2020년 60억 원으로 2배 증가하였다.
② 2005년 30억 원이었던 이모티콘 매출억은 2020년 60억 원으로 2배 증가하였다.

5.
① 버려지는 헌옷은 2015년 300톤에서 2020년 200톤으로 감소하였다.
② 2015년 300톤이었던 버려지는 헌옷의 양이 2020년 200톤으로 감소하였다.

6.
① 한국드라마 수출액은 2017년 7천만 달러에서 2017년 8천만 달러로 상승하였으나 2018년 9천만 달러로 크게 증가하였다.
② 2016년 7천만 달러였던 한국드라마 수출액은 2017년 8천만 달러로 다소 증가하였으나 2018년 9천만 달러로 크게 증가하였다.

7.
① 이모티콘 이용률은 20대, 30대의 경우 1025년 62%에서 84%로 증가하였고, 40, 50대의 경우 7%에서 32%로 증가하였다.
② 2015년에 62%였던 20, 30대의 이모티콘 이용률은 2023년 84%로 증가하였고, 같은 기간 40, 50대는 7%에서 32%로 급증하였다.

8.
① SNS 이용자 수는 2001년과 2021년 20년 사이에 증가하였는데 연령별로 살펴보면, 20대가 15만 명에서 30만 명으로, 30대가 45만 명에서 50만 명으로, 40대가 40만 명에서 70만 명으로 증가하였다.
② 2001년과 2021년 사이에 SNS 이용자 수는 전 연령대에 걸쳐 증가하였다. 20대는 15만 명에서 30만 명으로 2배 증가하였고, 30대는 45만 명에서 50만 명으로, 40대는 40만 명에서 70만 명으로 증가하였다.

9.
① 매출이익은 2021년 200억 원에서 2022년 800억 원으로 크게 증가하였고, 2023년 900억 원으로 꾸준히 증가하고 있다.
② 2021년 200억 원이었던 매출이익은 2022년 800억 원으로 급격하게 증가하였고, 2023년 900억 원으로 지속적인 증가세를 보이고 있다.

10.
① 연령별 인구 변화를 살펴보면, 2020년 30대는 3.5만 명, 40대는 1.9만 명, 50대는 3만 명에서 2023년 20대가 4.5만 명, 30대가 2.9만 명, 40대가 5만 명으로 증가하였다.
② 2020년과 2023년 연령별 인구 변화를 살펴보면, 30대가 3.5만 명에서 4.5만 명, 40대가 1.9만 명에서 2.9만 명, 50대가 3만 명에서 5만 명으로 증가한 것으로 나타났다.

비율 그래프 쓰기 연습

1.
직업 선택 기준은 수입이 42.9%로 가장 높게 나타났으며, 근무 조건이 38.8%, 승진 기회가 11.2%로 그 뒤를 이었다. 적성은 9.1%에 불과하였다.

2.
분야별 판매율은 자기 계발이 44%로 가장 큰 비중을 차지하였으며 그 뒤를 이어 문학이 28%, 유아가 16%로 조사되었다. 기타는 12%로 가장 적은 수에 그쳤다.

3.
남자 중학생이 많이 하는 운동을 보면 가장 큰 비중을 차지한 것은 축구로 45%에 달했다. 두 번째는 자전거로 축구와 17% 차이가 났으며 줄넘기가 16%로 그 뒤를 이었다. 마지막은 기타로 11%에 불과하였다.

4.
20대 직장인이 여가 시간을 보내는 방법은 운동이 40%로 가장 높게 나타났으며 게임이 32%, 영화가 25%로 그 뒤를 이었다. 기타는 3%에 불과하였다.

5.
좋아하는 과일은 사과가 34%로 가장 큰 비중을 차지하였으며, 그 뒤를 이어 바나나가 32%, 포도가 18%로 조사되었다. 멜론은 16%로 가장 적은 수에 그쳤다.

6.
반려동물을 구한 장소는 가장 큰 비중을 차지한 것

은 아는 사람으로 39.3%에 달했다. 두 번째는 반려 동물 가게로 아는 사람과 2.7% 차이가 났으며 인터넷이 16.8%로 그 뒤를 이었다. 마지막은 버려진 동물로 7.2%에 불과하였다.

7.
생활비 지출은 월세가 45.9%로 가장 큰 비중을 차지하였으며, 쇼핑이 29.4%로 그 뒤를 이었다. 식비는 18%로 조사되었으며 교통비는 6.9%로 가장 적게 나타났다.

8.
미혼 남녀가 생각하는 배우자의 조건에 대한 조사 결과이다. 우선 남자는 성격이 38%로 가장 큰 비중을 차지하였고 사랑이 26%, 외모가 15%로 그 뒤를 이었다. 경제력과 직업이라고 대답한 사람도 각각 10%, 6%였으며 기타는 5%로 나타났다. 이와는 달리 여자의 경우 경제력이 32%로 가장 높게 나타났으며 사랑이 25%, 성격이 23%로 조사되었다. 뒤를 이어 직업 9%, 외모 7%의 순으로 나타났다. 기타는 4%에 불과하였다.

9.
남녀별 독서 분야 조사 결과 남자는 경제가 63%로 절반이 넘었으며 과학이 17%, 역사 8%, 문학 7%로 그 뒤를 이었다. 기타는 5%로 나타났다. 다음으로 여자는 문학이 43%로 가장 큰 비중을 차지하였으며 경제가 32%, 역사가 15%, 과학이 8% 순으로 나타났다. 기타는 2%에 불과하였다.

10.
가장 좋아하는 운동은 헬스가 45%로 가장 큰 비중을 차지하였으며 달리기가 25%, 요가 20%로 그 뒤를 이었다. 자전거는 5%에 불과하였다. 요가라고 대답한 사람들을 대상으로 요가를 하는 시간을 물어본 결과 1시간 이상이 가장 많았으며 30분이 두 번째 10분 미만도 30분과 비슷하게 나타났다.

정보를 문장으로 설명하기 연습

1.
경제적으로 어려움을 겪고 있는 노인이 감소하고 있다. 또한 자아실현을 희망하는 노인이 증가하고 있다.
경제적으로 어려움을 겪는 노인들이 감소하고 있을 뿐만 아니라 자아실현을 희망하는 노인들이 증가하고 있다.

2.
한국 문화에 대한 해외 홍보 효과와 함께 해외 상황에 맞게 한국의 콘텐츠를 수정하였다.
한국 문화에 대해 해외에 홍보를 열심히 한 효과가 나타난 것이고 더불어 해외 상황에 맞게 한국 콘텐츠를 수정한 것도 이유가 된다.

3.
직접 이름을 밝히는 실명 거래로 인해 신뢰성을 높였다.
직접 이름을 밝히는 실명 거래 때문에 신뢰성이 높아진 것이 중요한 원인이다.

4.
신제품에 대한 홍보가 부족하였고 신제품의 특성을 살리지 못한 광고 전략도 문제이다.
신제품에 대한 홍보가 부족하였고 광고 전략에서도 신제품의 특성을 제대로 살리지 못하였다.

5.
결혼, 육아로 인해 퇴직하는 여성이 증가하였다. 뿐만 아니라 출산 연령이 높아지면서 재취업에 어려움을 겪고 있다.
결혼과 육아로 인해 퇴직하는 여성들이 증가하였다. 또한 출산 연령이 높아지면서 출산 후 재취업이 어려운 여성들도 증가하고 있다.

6.
인터넷 보급의 확산으로 손쉽게 인터넷에 접속이 가능하게 되었다. 그리고 긴 글을 읽는 것에 대한 부담을 느끼고 있다.
인터넷이 널리 보급되면서 어디서나 손쉽게 인터넷에 접속할 수 있게 된 것과 긴 글을 읽는 것에 대한 부담도 원인이 되었다.

7.
결혼에 대한 가치관이 변화했다. 그리고 고학력 여성의 증가로 인해 여성의 사회 활동이 증가한 것도 원인이다.
우선 결혼에 대한 가치관이 변화한 것이 가장 크다. 뿐만 아니라 고학력 여성이 증가하면서 여성의 사회 활동이 증가한 것도 중요한 요인이다.

8.
육아 휴직 등 사회 제도가 정착되면서 아버지들이 적극적으로 육아에 참여하게 되었다.
육아 휴직 등의 사회 제도가 정착되기 시작하니 아버지들이 육아에 적극적으로 참여하고 있다.

9.
적절한 실내 온도를 유지하고 에어컨과 선풍기를 함께 사용한다.
실내 온도를 적절하게 유지하는 것이 좋다. 그리고 에어컨과 선풍기를 함께 사용하는 것도 좋다.

10.
집에 있는 시간이 길어지면서 가사 노동에 대한 부담이 증가하였다.
집에 있는 시간이 길어지면서 가사 노동으로 인한 부담이 증가하고 있다.

11.
한국에 대한 긍정적 이미지가 확산되었다. 또한 한국 문화의 인기로 인해 한국 방문을 희망하는 외국인이 증가하였다.
한국에 대한 긍정적 이미지가 점차 확산되고 있다. 뿐만 아니라 한국 문화의 인기가 높아지면서 한국에 방문하기를 희망하는 외국인들이 증가하고 있다.

원인 쓰기 연습

1.
한류 콘텐츠 중 음식의 인기가 급상승하고 있다. 그 원인으로 한국 드라마와 영화의 영향을 꼽을 수 있다. 그리고 한국 음식이 건강에 좋다는 인식도 주요 원인이 된다.
한류 콘텐츠 중 음식의 인기가 급상승하고 있는 원인은 크게 두 가지가 있다. 우선 한국 드라마와 영화의 영향이 있고 다음으로 한식이 건강에 좋다는 인식 때문이다.

2.
제주도에 유기동물이 감소한 것은 제주도의 적극적인 동물보호법 홍보가 가장 큰 원인이 된다. 또한 반려동물 등록을 점검한 것도 중요한 원인이다.
제주도에 유기 동물이 감소한 것은 두 가지 중요한 원인에 기인한다. 제주도가 적극적으로 동물보호법을 홍보하였고 반려동물의 등록에 대한 점검을 실시한 것이 바로 그것이다.

3.
50대 이상 파트 타임 근무자가 증가한 것은 경기 불황에 대비하여 가계소득을 높이기 위해서이다. 그리고 사회생활의 연장을 계획하는 장년층이 증가하기 때문이다.
50대 이상의 파트 타임 근무자가 증가한 것의 원인은 첫째 경기 불황에 대비해 가계 소득을 높이고자 하는 장년층이 증가했기 때문이고 둘째 사회상활의 연장을 계획하는 경우가 증가했기 때문이다.

4.
이렇게 딸에 대한 선호도가 증가한 것은 부모의 마음에 공감해 주고 다정한 딸과의 유대 관계가 가장 크다. 또한 키우는 과정에서 행복을 느낄 수 있다는 것이 원인이다.
딸은 아들과 달리 공감할 줄 알고 다정하여 딸과의 유대 관계가 깊은 편이다. 따라서 키우면서도 행복을 느낄 수 있다는 점에서 딸에 대한 선호도가 증가하고 있다.

5.
이렇게 온라인 쇼핑이 증가한 것은 외출하기 힘들었던 시대적 상황에 그 원인이 있다. 또한 스트레스로 인한 보상 소비도 중요한 원인이다.
온라인 쇼핑액이 역대 최대로 증가한 원인은 외출하기 힘들었던 시대적 상황에서 찾을 수 있다. 집에만 있는 스트레스를 쇼핑을 통해 해소하려는 보상 소비가 작용한 것으로 해석된다.

6.
귀농 인구 감소의 원인은 국내 인구 이동 수의 감소에서 원인을 찾을 수 있다. 또한 평균 가구원 수의 감소와 도시의 부활도 원인이 된다.
귀농 인구가 감소한 것은 국내 인구의 이동 수가 감소한 것이 주요 원인이다. 뿐만 아니라 평균 가구원 수가 감소한 것과 도시가 부활했기 때문이다.

7.
청년 고용보험 가입이 9개월 연속 감소한 것은 청년 인구의 지속적인 감소에 기인한다. 또한 여행, 외식 등 서비스업의 감소에도 원인이 있다.
청년들의 고용보험 가입 감소에는 청년 인구의 지속적인 감소가 작용한 것으로 해석할 수 있다. 뿐만 아니라 여행과 외식 등 서비스업의 감소도 원인 중 하나이다.

8.
결혼 건이 역대 최저로 낮아진 것은 결혼에 대한 인식 변화와 자아실현 욕구 증가에 기인한다.
지난 해 결혼 건수가 역대 최저인 것은 결혼에 대한 인식이 변한 것과 함께 자아실현에 대한 욕구가 증가한 것에서 그 원인을 찾을 수 있다.

9.
해외 공사 수주가 이렇게 증가한 것은 중동지역 프로젝트가 증가한 것에서 원인을 찾을 수 있다. 또한 한국 기술에 대한 인지도가 증가한 것도 원인이다.
해외 공사 수주 증가의 원인으로 중동지역 프로젝트의 증가가 가장 핵심적이다. 또한 한국의 기술에 대한 세계의 인지도가 증가한 것도 원인으로 꼽을 수 있다.

10.
소비자 물가가 상승한 것은 전기, 가스, 수도 등 공

공요금이 인상했기 때문이다. 뿐만 아니라 개인 서비스와 외식 가격이 오른 것도 물가 상승에 영향을 미쳤다.
소비자 물가 상승의 주요 원인은 전기, 가스, 수도 등 공공요금 인상에 기인한다. 다른 하나는 개인 서비스와 외식 가격에 대한 인상도 주요 원인이다.

다양한 쓰기 연습

1.
반려 동물에 대한 인식을 개선하기 위해 시스템을 바꾸어 구조 동물의 관리를 강화할 필요가 있다. 또한 필요한 정보를 효과적으로 제공해야 한다.
반려 동물에 대한 인식 개선을 위해서는 우선 시스템을 개선하여 구조 동물의 관리를 강화해야 한다. 뿐만 아니라 필요한 정보를 효과적으로 제공하도록 노력해야 한다.

2.
자연 재해 보험료 지급을 2배로 증가하기 위해 풍수해보험 가입을 확대하도록 노력해야 한다. 또한 취약계층부터 낮은 보험료의 정책보험을 의무화하여 해결할 수 있다.
자연 재해 보험료의 지급을 2배로 증가하려면 풍수해 보험에 가입하는 사람이 많아지도록 노력해야 한다. 또한 기후위기에 취약한 계층부터 낮은 보험료의 정책 보험을 만들어 의무적으로 가입하도록 하는 것도 좋은 해결방안이다.

3.
청소년의 주말 스마트폰 사용 시간이 7시간이나 되는 것으로 나타났다. 이는 신체 및 정신 건강에 부정적 영향을 줄 뿐만 아니라 청소년 시절의 건강한 성장도 방해한다는 문제점이 있다.
청소년들이 주말에 스마트폰을 7시간 사용하는 것은 큰 문제이다. 청소년시기의 신체 및 정신 건강에 부정적 영향을 주는 것은 물론 청소년 시절의 건강한 성장에 특히 방해가 되기 때문이다.

4.
남녀 임금 격차가 2000만 원이나 나는 것은 여성에 대한 기회를 제한하는 것이며 경제 성장을 저해하는 주요 요인으로 작용할 수 있어 문제가 되고 있다.
남녀의 임금에서 2000만 원의 격차가 생기는 것은 무엇보다 여성에 대한 기회의 제한이라는 점에서 문제가 심각하다. 이는 경제 성장의 저해 요인으로 작용하고 있어 더욱 문제가 되고 있다.

5.
몸과 마음을 병들게 하는 우울증을 해결할 수 있는 방안으로 가장 주목 받는 것이 유산소 운동이다. 유산소 운동은 최대 44%까지 우울증을 낮춰준다. 일주일에 150분 이상 유산소 신체 활동을 권장하고 있다.
우울증에 대한 해결 방안으로 유산소 운동이 있다. 유산소 운동은 우울증을 최대 44%까지 낮춘다고 한다. 우울증 해결을 위해 일주일에 150분 이상 유산소 신체 활동을 권장한다.

6.
자동차 수출액이 역대 최고로 나타났다. 앞으로 해외에서 인기가 많은 친환경차에 대한 홍보 방안을 마련하고 국가별로 선호하는 디자인을 반영할 필요가 있다.
자동차 수출액이 역대 최고를 달성한 가운데 앞으로의 과제가 주목 받고 있다. 우선 해외에서 인기가 많은 친환경차에 대한 홍보 방안을 마련해야 하고, 다음으로 국가별로 선호하는 디자인을 반영해야 한다.

7.
인공지능이 채용에 미치는 영향에 대해 서류 평가 기준을 보완할 수 있을 것이라는 전망이 나오고 있다. 인공지능으로 인해 객관적인 평가가 가능해 질 것이다.
인공지능이 채용에 미치는 영향은 서류 평가 기준을 보완할 것이라는 의견이 있다. 인공지능으로 인해 객관적인 평가가 가능해질 전망이다.

8.
60대 인터넷 이용률이 6년 만에 35% 증가하였다. 앞으로 고령화 대응을 위한 사회 구성원의 역할을 검토할 필요가 있을 것이다. 또한 고령자에 대한 체계적이고 생산적인 정책 수립이 과제로 남아있다.
60대의 인터넷 이용률이 6년 만에 35%나 증가한 것으로 나타났다. 이것으로 고령화 대응을 위한 사회 구성원의 역할을 검토하고 고령자에 대한 체계적이고 생산적인 정책 수입이 과제로 떠오르고 있다.

9.
4,50대 부부의 절반 이상이 맞벌이를 하고 있는 것으로 나타났다. 그러나 가사노동이 여성에게 집중되어 있고 여성의 경우 비정규직 비율이 높은 것은 문제점이다.
4,50대 부부의 절반 이상이 맞벌이를 하고 있는 것으로 조사되었다. 이런 상황에서 문제점은 가사노동이 여성에게 집중되어 있다는 점과 여성의 경우 비정규직 비율이 높다는 것이다.

10.
MZ 세대의 IT 분야 국가기술자격증 응시율이 증가하고 있다. 이러한 분위기 속에서 디지털 기반 평가 시설을 확충하고 산업 현장 중심의 시험 구성이 과제로 남아 있다.
MZ 세대의 IT 분야 국가기술자격증 응시율이 증가하였다. 디지털 기반 평가 시설을 확충하고 산업 현장 중심의 시험을 구성하는 것이 현 시점의 과제이다.

11.
교사들의 직업 만족도가 30% 미만인 것으로 나타났다. 이를 위한 해결방안은 학교를 중시하는 교육 정책을 마련하는 것이다. 또한 교사가 소신을 갖고 교육에 전념할 수 있는 여건을 조성하는 일이다.
교사들의 직업 만족도가 30% 미만인 것으로 나타났다. 이 문제를 해결하기 위해 가장 먼저 학교를 중시하는 교육 정책을 마련해야 한다. 그리고 교사가 소신을 갖고 교육에 전념할 수 있는 여건을 조성하는 것도 필요한 해결책이다.

53번 연습 문제

1.
소비자연구소에서 가공식품 판매 현황에 대해 발표한 내용을 살펴보면, 우선 2016년 100억 원이었던 가공식품 판매는 2018년 151억 원으로 증가하였고 2020년 215억 원으로 2000년에 비해 두 배 이상 증가하였다. 한편 연령별 구매 비중은 40대가 46%로 가장 큰 비중을 차지하였고 30대가 27%, 50대가 17%로 그 뒤를 이었다. 20대는 6%에 그쳤다. 이렇게 40대에 가공식품 소비가 증가한 원인으로 40대 맞벌이 가족의 증가와 가공식품 종류가 다양해진 것을 들 수 있다. 앞으로 가공식품에 대한 부정적인 인식을 제거하고 맛과 영양을 고려한 가공식품을 개발하는 것이 과제로 남아있다.

2.
통계청에서 여행 상품 판매액의 변화에 대해 조사한 결과이다. 우선 여행 상품 판매액의 경우 2020년 800억 원에서 2021년 900억 원으로 증가하고 2022년에는 1700억으로 급증한 것을 확인할 수 있다. 한편 여행 정보 획득 경로에 대한 질문에 과거의 방문 경험이라고 대답한 사람이 40.7%로 가장 높게 나타났으며 주변인이 38.6%, 인터넷 사이트가 26.4%로 그 뒤를 이었다. 정보 없이 방문한다는 의견도 18.7% 있었다. 이러한 여행 상품 판매 증가의 원인은 코로나와 사회적 거리두기 등의 제약으로 여행이 불가능했던 시기가 있었으나 지금은 사회적 거리두기가 해제되고 일상 회복 움직임으로 인해 여행객이 증가하였기 때문이다.

3.
여성가족부에서 워킹맘의 증가에 따른 사회의 변화에 대해 발표하였다. 2019년 283만 명이었던 워킹맘은 2021년 262만 명으로 증가하였다. 한편 부부간 가사, 돌봄 분담 비율을 살펴보면 68.9%가 아내가 주로 담당한다고 대답하였으며, 26.8%가 아내와 남편이 반반 분담한다고 대답하였다. 남편이 주로 담당하는 부부는 4.2%에 불과하였다. 이러한 상황은 워킹맘의 과로로 인한 건강의 악화뿐만 아니라 스트레스로 인한 가족 간의 불화로 이어질 수 있다는 문제가 있다. 따라서 가사와 육아에 대한 남성의 인식 변화로 이 문제를 해결해야 한다.

4.
행정안전부에서 자전거 이용 실태에 대해 발표한 내용에 따르면 자전거 도로는 2016년 2만km에서 2019년 2만 5천km로 증가한 것으로 나타났다. 또한 공영 자전거 보유수는 같은 기간 2500대에세 5000대로 2배나 증가하였다. 자전거 도로와 자전거 수가 늘면서 자전거 교통사고 발생이 증가한 것이 문제점으로 인식되고 있다. 이를 해결하기 위해 안전 표시판을 설치하고 자전거 횡단 도로를 설치해야 한다.

5.
통계청에서 노인의 신체활동 실천 감소 현황에 대해 발표하였다. 우선 2014년 57.2%였던 노인의 신체활동 실천율은 2015년 51.0%로 감소하고 2016년 47.8%로 다시 감소한 것을 알 수 있다. 한편 신체 활동은 가까운 거리 걷기가 40%로 가장 높게 나타났고, 스트레칭이 35%, 계단 이용하기가 15%로 그 뒤를 이었다. 마지막으로 기타가 10%였다. 이렇게 신체 활동 실천이 감소한 원인은 스마트폰 이용 시간이 증가한 것과 외부 활동이 감소한 것이 중요한 원인이 된다. 이것은 건강하지 않은 노후를 불러오고 병원에서 보내는 시간이 길어진다는 문제점을 유발한다.

6.
농림축산식품부에서 김치 수출 현황에 대하여 발표하였다. 우선 연도별 상반기 김치 수출 실적은 2018년 47백만 달러에서 2023년 81백만 달러로 눈에 띄게 증가하였다. 김치 수출이 이렇게 증가한 원인은 미국과 유럽 시장에서 수요가 증가했기 때문이며 저염 김치 등으로 경쟁력을 확보했기 때문이다. 뿐만 아니라 해외 김치의 날 제정을 확대하고 수출 활성화를 지원한 것도 중요한 원인이다. 앞으로 2030년에는 김치 수출액이 3억 달러에 달할 것으로 전망된다.

7.

고령 운전자의 면허 반납현황에 대한 조사 결과이다. 우선 2019년 5000건이었던 고령 운전자의 면허 반납율은 2022년 8500건으로 증가한 것으로 나타났다. 면허 반납 사유는 사고를 낼 수 있다는 불안감이 43%로 가장 큰 비중을 차지하였으며, 운전이 힘들어서라는 대답이 30%, 대중교통 이용 20%로 그 뒤를 이었다. 비용이 부담된다는 응답은 7%에 불과하였다. 고령 운전이 위험한 것은 반응 속도가 느려지고 집중력과 시력의 저하로 인한 사고 발생 위험 때문이다. 따라서 고령 운전자 면허 반납 시 혜택을 주고 고령 운전자 면허 반납 정책 홍보가 주요 과제이다.

8.

보건복지부에서 채식 식품 판매 전망에 대하여 발표하였다. 우선 21년부터 22년까지 1년 만에 60% 증가한 것을 확인할 수 있다. 한편 밖에서 채식을 하기 힘든 이유로 채식 식당이 부족하다는 의견이 56%로 가장 큰 비중을 차지하였고 영양이 부족한 채식 메뉴라는 응답이 32%로 그 뒤를 이었다. 채식주의자에 대한 부정적인 인식은 12%로 가장 적게 나타났다. 이러한 상황에서 다양한 채식 메뉴를 개발하고 타인의 식성을 존중하는 것이 과제로 남아있다. 앞으로 동물 보호와 환경에 대한 인식이 증가하면서 채식주의자가 연 20% 이상 증가할 것으로 전망된다.

9.

행정안전부에서 안전 신문고 현황에 대하여 발표하였다. 우선 안전 신문고 신고 건수는 2019년 20만 건에서 2020년 200만 건, 2022년 560만 건으로 급증하였다. 한편 안전 신문고 신고 분야를 살펴보면 불법주정차가 60.7%로 절반이 넘게 차지하였으며 안전신고가 29%, 생활불편신고가 10.3%로 나타났다. 이러한 원인은 안전 의식이 증가한 것이 가장 크고, 안전 신문고의 신고 절차가 간편해진 점, 안전 신무고의 홍보 효과에 기인한다. 안전 의식을 높이기 위한 안전 교육을 확대하고 신고 건에 대한 재발을 방지하기 위한 노력이 과제로 남아 있다.

10.

국민권익위원회에서 난임 부부 지원 현황에 대해 조사한 결과이다. 우선 난임 부부 지원 관련 문의는 2020년 560건에서 2023년 1800건으로 급증하였으며 문의 내용은 난임 지원 확대가 42%로 가장 높게 나타났으며 난임 시술 시 휴가 문의가 35%, 의료기관 지원 불만이 17%로 뒤를 이었다. 지자체별 다른 지원 제도도 8% 있었다. 난임 부부 지원 문의가 다양한 이유는 역대 최저 출산율로 인해 지자체별 지원 정책이 확대되었기 때문이다. 난임 붑에 대한 지원 확대와 난임 시술비 의료 보험 적용, 난임 시술 휴가에 대한 법적 보장 등이 그 대책으로 떠오르고 있다.

54번 답안

뒷받침 문장 쓰기 연습

1.
일회용품은 대부분 종이나 플라스틱으로 만드는데 종이를 만들기 위해서 많은 나무를 사용하기 때문에 나무가 없어져서 환경에 좋지 않은 영향을 준다. 또한 플라스틱은 태울 때 공기를 더럽히는 물질이 나오고 땅에 묻으면 썩지 않아 땅을 오염시키기 때문이다.

일회용품의 원료는 대게 종이나 플라스틱이다. 그런데 종이를 만들기 위해 나무를 베면 지구의 공기를 맑게 하는 숲이 없어지고 공기를 정화하는 기능도 약해진다. 나무 한 그루를 키우기 위해 드는 시간을 생각하면 종이를 아껴야 한다. 또한 플라스틱을 태울 때 발생하는 물질이 공기를 오염시키며 땅에 묻었을 때 썩지 않아 토양을 오염시킨다.

2.
사람들은 편리한 삶을 위해 산을 깎아 도로를 만들고 나무를 없애고 아파트를 지었다. 이렇게 사람들이 자연의 소중함을 모르고 개발만 했기 때문에 자연이 파괴되고 환경 문제가 발생하게 되었다.

10년 전의 환경과 지금의 환경은 너무나 달라졌다. 사람들이 자연의 소중함을 생각하지 않고 산을 뚫어 터널을 만들고, 갯벌을 메워 땅을 넓히는 등 무분별한 개발을 한 결과 우리 주변의 많은 생물들이 살 곳을 잃었다. 이렇게 자연을 생각하지 않은 개발로 인해 결국 사람들도 고통을 받고 있다.

3.
어릴 때는 자연스럽게 언어를 습득할 수 있고 소리를 듣고 따라하는 능력도 좋기 때문에 외국어의 발음도 좋아질 수 있다. 하지만 어른이 되어서 배우면 단어도 문법도 쉽게 익힐 수 없고 무엇보다 발음이 안 좋아지기 때문에 어릴 때부터 배우는 것이 좋다.

모국어의 체계가 완전히 자리 잡은 성인들은 외국어를 배울 때 모국어와의 비교와 대응을 하게 되고 그것이 잘 되지 않을 때 이해가 안 되는 경향이 있다. 그러나 모든 언어는 다른 체계를 가지고 있고 그 언어 자체로 익히는 것이 좋은데 이것이 잘 되는 시기가 어릴 때이다. 따라서 외국어는 어릴 때부터 배우는 것이 좋다.

4.
남자가 하는 일과 여자가 하는 일이 정해져 있던 때는 지났다. 예전에는 집안에서 하는 일을 주로 여자가, 힘을 쓰는 일이나 밖에서 하는 일을 주로 남자가 했지만 요즘은 도구나 기계가 발달하여 여자들도 할 수 있는 일이 많아졌다. 일을 하는 데 중요한 것은 성별이 아니라 적성이다.

직업에서 남녀의 경계가 무너지는 것을 자주 접할 수 있다. 여자 택시 운전사, 남자 유치원 교사 등 남자 일, 여자 일이라는 개념이 점점 옅어지고 있는 것은 바람직하다고 생각한다. 성별에 따라 할 수 있는 일이 정해져있다면 내가 하고 싶은 일을 못하게 될 수도 있다. 적성에 맞게 자신이 원하는 일을 하는 데에 남자인지 여자인지는 중요하지 않다.

5.
메모를 하면 오늘 어떤 일을 해야 하는지 기억하게 되고 잊어버리지 않기 때문에 일을 미루지 않는 것에 도움이 된다.

메모를 하면 메모를 하는 순간, 해야 할 일을 떠올리게 되고 메모를 확인하면서 한 번 더 할 일을 생각할 수 있다. 그래서 메모를 하지 않는 것보다 메모를 하는 것이 좋다.

6.
처음부터 잘하는 사람은 없나. 그리고 아무리 해도 처음과 똑같이 낯선 일도 없다. 계속해서 하다 보면 익숙해지기 때문에 반복하는 데에 시간이 걸린다.

그렇기 때문에 어떤 일을 시작한 지 얼마 되지 않았을 때 잘 되지 않는다고 실망할 필요가 없다. 무슨 일이든지 처음에는 어렵고 힘들게 느껴지지만 시간이 지나고 익숙해지면 편해진다.

7.
청소년들은 운동도 하고 몸을 움직이는 활동을 많이 하는 것이 좋다. 그런데 휴대전화를 오래 사용하면 가만히 앉아 있기 때문에 운동을 하지 않게 되고 잘못된 자세로 오래 있다가 건강에 무리가 가기도 한다.

청소년의 뇌는 자극에 민감하여 쉽게 중독에 빠지기 쉽기 때문이다. 그리고 휴대전화와 같은 시각적 자극에 지속적으로 노출되면 집중력이 떨어지고 신체 활동을 하지 않기 때문에 성장에도 문제가 발생할 수 있다.

8.
지식의 전달만을 위해 학교에 가는 것은 아니다. 요즘은 마음만 먹으면 지식을 얻을 수 있는 곳은 많이 있다. 학교는 지식뿐 아니라 친구들과의 관계를 통해 여러 사람과 함께 생활하는 법을 배우는 곳이어야 한다.

한국은 대부분 형제자매가 없이 혼자인 아이들이 많이 있다. 이런 경우 또래들과 함께 생활하면서 양보도 하고 협력도 하며 생활할 수 있는 공간이 학교 외에는 거의 없다. 그래서 지식뿐만 아니라 공동체 생활을 통한 사회성을 기르는 교육도 학교에서 행해져야 한다.

9.
역사를 배우면 지난 시간 동안 어떤 과정을 통해 현재가 있는지 알 수 있게 되면서 감사하는 마음이 들게 된다. 수많은 어려움을 겪으면서도 나라를 포기하지 않았던 이야기는 자신감을 심어주는 좋은 계기가 된다.

역사를 통해 위기를 어떻게 극복했는지 배울 수 있다. 또한 지나온 역사에서 잘못한 일이 있다면 똑같은 잘못을 반복하지 않기 위해 노력할 수도 있다. 조금 더 나은 현재와 미래를 위해 역사 교육은 꼭 필요하다.

10.
꼭 필요한 곳에 돈을 쓰고 수입에 맞게 돈을 쓰는 습관은 하루 아침에 길러지는 것이 아니다. 어릴 때부터 수입과 지출에 대한 내용을 정확하게 이해하고 있어야 어른이 되어 수입이 생겼을 때 제대로 관리할 수 있다.

경제 교육은 전문적인 경제학을 말하는 것이 아니라 돈이 나가고 들어오는 과정을 이해하는 것처럼 작은 것부터 시작할 수 있다. 집안일을 도우면 용돈을 주는 등 스스로 노력해서 돈을 벌어 보는 것부터 시작하면 돈의 소중함을 알게 되고 함부로 소비하지 않는 습관을 기를 수 있다. 이런 습관은 어릴 때부터 몸에 익히는 것이 좋다.

11.
머리가 복잡할 때 눈에 보이는 물건들이 정리가 잘 되어 있으면 훨씬 생각의 정리가 잘 된다고 한다. 따라서 중요한 결정을 해야 하거나 복잡한 생각들로 머리가 아플 때는 주변 정리를 하면 도움이 된다.

생각의 정리와 책상의 정리가 관계가 없는 것 같지만 우리의 생각도 비슷한 것끼리 모아두고 순서대로 나열해 보면 의외로 정리가 잘 될 때가 있다. 이런 생각의 정리에 도움을 주는 것이 시각적으로 잘 정돈된 주변 상황이다.

12.
정신이 건강하지 않으면 긍정적으로 생각하기 어렵고 그런 상황이 이어지면 결국은 몸의 건강도 해치게 된다. 따라서 무리하게 몸의 건강만을 챙길 것이 아니라 좋은 생각, 긍정적인 생각으로 정신의 건강도 챙겨야 한다.

정신의 건강은 몸의 건강에 밀접한 영향을 준다. 처음엔 크지 않은 스트레스라 하더라도 오랫동안 해결되지 않고 남아있으면 그 정도가 심해져서 결국 몸의 건강까지 안 좋아지게 만들 수 있다. 따라서 진정한 건강을 위해 정신의 건강도 함께 돌보아야 한다.

13.
영화를 보고, 음악을 듣고, 여행을 가는 등 시간을 내서 여가를 즐기는 것은 긴장했던 몸과 마음을 풀어주어 자신이 맡은 일을 보다 더 잘할 수 있도록 해준다. 사람은 일 년 내내 계속 긴장한 상태로 살아갈 수 없기 때문에 여가 생활이 꼭 필요하다.

대단한 취미가 아니라 집에서 쉬면서 좋아하는 음악을 듣는 것처럼 아주 간단한 일이라도 몸과 마음의 피로를 풀어주는 작은 행복이 된다. 이렇게 재충전을 하면서 다음 일정을 소화할 수 있는 힘을 얻을 수 있다.

14.
사람마다 스트레스를 해소하는 다양한 방법이 있다. 잠을 자는 사람, 술을 마시는 사람, 운동을 하는 사람 등 많은 방법이 있지만 가장 좋은 방법은 좋아하는 친구를 만나 많이 웃고 또 고민도 이야기하는 것이다. 다른 방법들은 고민하는 문제가 해결되는 것이 아니라 잠시 잊어버리는 것인데 이 친구를 만나면 고민하고 있던 것이 어느 정도 해결이 될 때가 많기 때문이다.

스트레스를 푸는 방법 중에 술을 마시는 것처럼 건강에 좋지 않은 방법도 있고 심하게 운동을 하는 등 자신을 더 힘들게 하는 방법도 있다. 이런 방법보다는 즐겁게 웃고 행복한 시간을 보내며 스트레스를 푸는 것이 좋다. 그래서 친구를 만나 즐거운 시간을 보내는 방법이 가장 좋다고 생각한다.

15.
젊은 세대들이 직장 생활을 오래 하지 못하고 그만두는 것이 문제가 되고 있다. 대개 외동으로 자라 양보나 협력에 익숙하지 않은 상태에서 갑자기 회사라는 조직에 들어가 많은 책임이 주어지는 상황을 견디기 힘든 것이 크다.

회사는 윗사람과 아랫사람의 체계가 분명한 조직인데 요즘 젊은 세대들은 이러한 형태의 조직에 익숙하지 않다. 게다가 직장 상사가 자신의 의견만을 고집하고 소통이 되지 않는다는 생각이 들면 그 상황을 견디고 싶어 하지 않는다. 예전처럼 평생직장의 개념이 없기 때문이다.

16.
CCTV로 인해 아무도 본 사람이 없는 사건의 범인을 잡는 경우가 많아지고 있다. 언제 어떤 일이 생길지 모르는 요즘 같은 세상에 사고 후 범인이 잡히지 않는다면 불안해서 살아가기 힘들 것이다. 따라서 CCTV는 꼭 필요하다고 생각한다.

만약 CCTV가 없다고 생각해 보면 편의점 아르바이트나 야식 배달 등 늦은 밤 사람들이 많이 다니지 않는 시간에 일하는 사람들은 불안해서 일하기 어려울 것 같다. CCTV가 있는 것보다 범죄가 일어나지 않는 것이 더 좋지만 그럴 수 없으니 사람들이 안심할 수 있도록 CCTV 설치에 찬성한다.

17.
CCTV를 설치한다고 해서 범죄가 줄어드는 것은 아니다. 오히려 CCTV가 없는 곳에 범죄가 몰리는 풍선 효과를 볼 수 있을 뿐이다. CCTV를 설치하는 데 필요한 예산을 범죄 예방을 위해 사용하는 것이 더욱 바람직하다고 생각한다.

CCTV가 범죄가 일어난 후 범임을 잡는 데 도움이 된다는 것은 인정하지만 범인 한 사람을 잡기 위해 수많은 사람의 사생활에 침해를 받는 것은 무리가 있다. 나도 모르는 사이에 세상의 곳곳에서 나를 찍고 있다고 생각하면 감시 받는 느낌 때문에 불편해진다. 따라서 CCTV보다는 다른 방법으로 사회의 안전을 보장해야 한다고 생각한다.

18.
인공지능 기술로 개발된 로봇이 정말 사람이 하는 일을 대신한다는 뉴스를 본 적이 있다. 사람은 그때그때 상황에 맞게 생각해서 행동을 할 수도 있고 매뉴얼에 없는 일을 할 수도 있지만 로봇은 정해진 일만 할 수 있기 때문에 사람이 하는 것이 더 나을 것이다.

인공지능은 말 그대로 사람이 만든 지능이다. 아무리 다양한 경우의 수를 생각해서 입력을 한다고 해도 우리가 생각할 수 없었던 많은 일들이 생길 수 있고 그때 인공지능은 빠르게 대처할 수 없을 것이다. 작은 실수가 큰 사고로 이어질 수도 있기 때문에 로봇이 인간을 완전히 대신할 수는 없다는 것이 내 생각이다.

19.
아무리 능력이 있는 사람이라도 하루아침에 모든 것을 이룰 수 없다. 성공을 위해서는 하기 싫은 일을 꾸준히 하는 것이 필요한데 매일 조금씩 꾸준히 하는 것이 생각보다 쉽지 않다. 그래서 꾸준히 노력하는 사람들이 결국은 성공하고 자신이 원하는 것을 이룰 수 있게 된다.

하나만 보면 작은 일이지만 그것이 일주일, 한 달, 일 년이 되면 큰 일이 된다. 하루에 단어를 하나씩만 외워도 일 년이면 365개가 되는 것을 생각해 보면 쉽게 알 수 있다. 작은 일이라도 꾸준히 하다 보면 큰일을 해낼 수 있다. 그래서 꾸준히 노력하는 습관이 성공을 부른다.

20.
어린 아이들도 분위기를 보고 많은 것을 이해할 수 있다. 어릴 때부터 다른 사람에게 피해를 주지 않는 예의를 가르쳐야 한다. 어릴 때는 모든 것이 다 허용되다가 갑자기 예의에 맞게 행동하는 것은 어렵기 때문이다.

사람은 사회 속에서 살아가는 존재이다. 다른 사람과 함께 살아가야 하기 때문에 예의를 지키는 것은 중요한 일 중의 하나이다. 이런 중요한 습관은 어릴 때부터 단호하게 가르쳐야 한다. 습관으로 굳어지면 나중에는 고치기 어려워진다.

21.
주먹만 한 우박이 떨어지고 폭우가 쏟아지는 등 예전에는 백 년에 한 번 정도 있던 이상 기후가 몇 달 만에 나타나기도 하고 바로 옆 지역에서 한 곳은 가뭄이 한 곳은 홍수가 나기도 한다. 이런 이상 기후는 사람들에게 엄청난 피해를 준다.

이상 기후는 아무런 원인이 없이 발생하지 않는다. 이상 기후가 나타난다는 것은 지구의 환경에 문제가 생겼다는 것을 보여주며 이러한 문제는 곧 인류의 생존에도 중대한 위협으로 작용할 수 있다는 경고이다.

22.
하루가 다르게 새로운 제품이 쏟아지고 있고, 따라가기 어려울 정도로 새로운 기술이 개발되고 있다. 이런 상황에서 다른 사람과 다르게 생각하고 세상에 없던 것을 만들어내는 창의력이 있다면 빠르게 적응할 수 있다. 뿐만 아니라 새로운 기술을 직접 개발할 수도 있다.

세상이 큰 변화 없이 흘러갈 때는 남들과 같이 평범하게 살아도 문제가 없었다. 천천히 배우고 새로운 것을 받아들일 일도 많지 않았기 때문에 창의력이 요구되는 사회가 아니었다. 그러나 빠르게 발전하는 현대 사회에서는 새로운 생각과 유연한 사고로 변화의 흐름을 따라가야 하기 때문에 창의력이 필요하다.

23.
아주 친한 친구나 가족 사이에도 예의가 필요하다. 진짜 친한 친구니까 다 이해할 거야 라는 생각으로 함부로 대하면 상대방은 더 큰 상처를 입게 된다. 가족들 사이에 관계가 나빠지면 아예 남보다 멀어지는 경우도 생기는데 이것이 가깝다는 이유로 예의를 지키지 않아서 그렇다.

가까운 사이라고 해서 모든 것을 이해해야 하는 것은 아니다. 밖에서는 아주 친절한 사람이 가족들에게는 함부로 하는 사람도 있다. 그러나 사실 소중한 사람일수록 더 예의를 지키고 더 잘해야 한다. 그래야 서로 더 깊이 이해하고 더 좋은 관계를 유지할 수 있다.

54번 연습 문제

54번 연습 문제에 대한 예시 답안은 학생들의 글 중에서 두 개씩 골랐습니다. 참고하세요.

1.
1) 많은 사람들이 건강을 위해서 헬스장에 다니는 등 시간적 경제적 투자를 하고 있다. 반면에 정신의 건강에 대해서는 몸의 건강과 비교가 되지 않을 정도로 신경을 쓰지 않는다.
 정신 건강이 중요한 이유는 여러 가지가 있다. 우선 정신이 건강하면 긍정적인 생각을 가질 수 있다는 것이다. 예를 들어 세상에 살다 보면 어떤 문제가 생기더라도 좋은 면에서 보도록 노력할 수 있다. 다음으로 사는 것이 행복하고 재미있다고 생각하면서 살 수 있다. 일이 아무리 힘들어도 매일 신나게 살아갈 수 있다.
 이렇게 중요한 정신 건강을 해치는 것은 여러 가지가 있지만 두 가지만 언급하면 다음과 같다. 첫째, 불면증이다. 일이 주야이기 때문에 잠을 제대로 못 잔다거나 고민이 많아서 잠을 충분히 못 자면 정신 건강에 좋지 않다. 둘째는 스트레스가 쌓이는 것이다. 경제적으로 힘들다거나 직장 생활에서 괴롭힘을 당하는 등 스트레스를 받는 상황은 정신 건강을 해친다.
 따라서 정신 건강을 지키기 위해서는 먼저 잠을 제대로 자야 한다. 그리고 취미 생활을 즐기는 것이 좋다. 시간이 있을 때 좋아하는 취미를 친구들과 같이 하는 것도 도움이 될 것이라고 생각한다.

2) 요즘 건강을 위해 운동을 하는 사람이 증가하고, 건강 식품이 인기를 끌고 있다. 건강에 관심을 갖는 사람들이 많아지기 때문이다. 그런데 몸의 건강에 신경을 쓰는 사람은 많아지는 반면 정신의 건강에 대해 신경을 쓰는 사람은 많지 않다.
 그러나 우리는 정신의 건강을 더욱 중요하게 생각하며 신경을 써야 한다. 왜냐하면 정신의 건강을 잃으면 우울증, 불면증 등의 병에 걸리기 때문이다. 그로 인해 음식도 잘 먹지 못하고 잠도 잘 못 자게 되고 결국 몸의 건강도 나빠질 위험이 있다. 뿐만 아니라 정신의 건강을 잃는다면 일, 돈, 친구, 행복 또는 목숨까지 모든 것을 잃는 경우도 있다.
 우리의 정신 건강을 해치는 것은 여러 가지가 있

지만 우선 스트레스가 가장 크다. 일, 공부, 인간 관계 등 자신도 모르게 많은 스트레스를 받고 있다. 다음에는 불규칙한 생활이 우리의 정신 건강에 악영향을 미친다.

따라서 정신 건강을 지키기 위해서는 스트레스를 반드시 해소해야 한다. 스트레스를 받을 때는 가족과 함께 맛있는 것을 먹거나 노래방에 가서 노래를 부르거나 해서 스트레스를 푸는 게 좋다. 그리고 불규칙한 생활을 하지 않도록 노력해야 한다. 일상생활에서 시간 관리를 해서 충분한 수면 시간을 만드는 것이 중요하다. 또한 식사시간도 정해서 챙겨 먹어야 한다. 하지만 시간 관리에 너무 스트레스 받지 말고 여유롭게 낙관적인 마을을 갖는 것도 중요하다고 생각한다.

2.

1) 요즘 사람들이 행복한 삶과 삶의 질에 대한 관심이 높아지면서 여가 산업이 발달하고 있다. 대부분 나라들이 산업이 발달하고 있지만 여가 생활을 즐기기에 대한 비용 부담이 크고 시설도 많이 부족한 상태이다.

우선 여가 생활이 필요한 이유는 여러 가지로 볼 수 있다. 예를 들면 어려운 다람쥐 쳇바퀴 돌 듯이 반복되는 직장 생활에서 벗어나서 해방을 느낄 수 있는 기회가 될 수도 있다. 또한 가족들과 소중한 시간을 보낼 수도 있다. 이어서 여가 생활을 갖게 되면 정신적인 만족을 받게 될 것이다.

따라서 바람직한 여가 문화를 위해 해야 할 일은 다음과 같이 나눌 수 있다. 먼저 여가 생활에 무엇을 할 것인지를 찾아야 한다. 다음은 여가 생활을 보낼 시간을 분배해야 한다. 다시 말하자면 본인이 즐길 수 있는 것을 찾고 그에 맞게 시간을 만들어야 한다.

이와 반대로 바람직한 여가 문화를 위해 국가가 해야 할 것들이 있다. 일단 국민들이 여가 문화를 가질 수 있도록 하는 정책이 필요하다. 예를 들자면 공공시설부터 즐길 수 있는 곳들의 시설과 비용을 부담되지 않게끔 만들어야 한다. 이와 관련된 산업들도 나라에서 지원하면 앞에서 언급했듯이 비용 부담을 줄을 수 있을 것이다.

2) 요즘 사람들은 행복한 삶이나 질이 높은 삶에 대해 관심이 많아지고 있다. 한국에서도 마찬가지인데 주5일 근무제가 정착된 것이 그 이유로 보인다. 이로 인해 여가 산업도 발달하게 되었다.

우리가 여가 생활이 필요한 이유는 두 가지를 들 수 있다. 하나는 정신의 건강을 위해서 필요하다. 일, 집안일, 육아 등 일상생활에 쫓기면서 자신도 모르게 스트레스를 받을 때가 많다. 그러므로 휴식과 즐거움을 제공해주는 여가 생활이 중요하다. 다른 하나는 문화, 운동 등의 여가 생활을 통해 다양한 친구들을 만나면서 자신의 커뮤니티를 넓힐 수 있는 것이다. 또한 좋은 친구들은 많은 긍정적인 영향을 주는 법이다.

그렇다면 바람직한 여가 문화를 위해서는 개인이 해야 할 일은 무엇인가? 우선 여가 문화를 즐기는 시간을 만들 수 있도록 시간 관리를 해야 한다. 또한 여가 문화를 즐길 때는 비용도 들기 때문에 저축을 하는 등 돈도 관리해야 한다. 시간도 돈도 관리해야 여가 생활을 만끽할 수 있다.

여가 문화를 확대하기 위해서 국가가 해야 할 일은 먼저 문화 시설을 곳곳에 마련하는 것이다. 사람들이 여가 생활을 즐기기에는 시설이 부족하고 비용의 부담도 크기 때문에 싸게 이용할 수 있는 시설이 필요하다. 또 여가 문화를 추천하는 날을 만든다든지 국민 모두가 즐길 수 있도록 정책을 세워야 한다.

3.

1) 최근에는 예전보다 직업에 대한 생각이 변화한 것을 볼 수 있다. 사회가 발전하면서 새로운 직업이 생길 뿐만 아니라 직업에서의 성별의 경계가 없어지기도 한다.

구체적인 사례를 들면 예전에는 여성의 전문직으로 여겨졌던 승무원, 간호사, 어린이집 선생님 등의 현장에서 남성도 활약하는 것을 볼 수 있다. 이런 직업의 현장에서는 남성의 강한 힘이 있어야 더 잘 할 수 있다. 또한 지금까지 남성이 당연히 하는 일이라고 생각되었던 버스나 택시, 지하철 운전기사로 활약하고 있는 여성도 볼 수 있다.

이러한 현상의 긍정적인 측면은 크게 두 가지를 들 수 있다. 우선 우리가 직업을 선택할 때 선택의 폭이 넓어진다는 것이다. 예전에는 성별의 경계 때문에 포기할 수밖에 없었던 직업에도 도전할 수 있게 된 것은 우리에게 큰 이점이다. 한편 기업의 경우 지원자를 구할 때 성별 경계를 없앰으로써 다양한 인재를 뽑을 수 있는 좋은 점이 있다.

그렇다면 우리가 직업을 선택할 때 올바른 기준은 무엇인가? 우선 개인의 적성에 맞는 직업을 선택하는 것이 중요하다고 생각한다. 자신이 할 수 있는 일이나 가장 하고 싶은 일을 선택하면 일에 대해 자부심도 느낄 수 있다. 또한 직장에서 성별에 상관없이 맞는 사람에게 일을 맡기는 분위기가 있는 회사를 선택하면 행복한 직장 생활을 할 수 있다고 생각한다.

2) 사회의 발전으로 인해 다른 부분도 그렇지만 직업에서도 많은 변화가 일어나고 있다. 새로운 직업이 생기면서 성별의 경계가 없어지거나 성별의 고유영역으로 여겨지던 경계가 약해지거나 직업에 대한

인식도 변화하고 있다. 직업 선택의 기준에 대해 생각해 보기로 한다.

우선 직업에서 성별 경계가 무너지고 있는 원인은 취업난을 꼽을 수 있다. 사람들은 안정적인 직업을 구하는 경향이 강해졌기 때문이다. 그 구체적인 사례로 간호사를 들 수 있다. 간호사라고 하면 여성의 직업이라는 고유 영역으로 여겨졌다가 간호사가 체력과 능력이 있으면 오래 갈 수 있는 직업이기 때문에 남성이라도 간호사가 되고 싶은 사람이 늘고 있다.

이러한 현상의 긍정적인 측면은 직업의 다양화를 들 수 있다. 그에 때라서 직업이 많아지며 직업을 선택할 수 있게 된다. 게다가 수요도 늘고 있기 때문에 취업난에도 불구하고 직업을 구하기 쉽게 된다.

이러한 이유를 고려하여 직업을 선택하는 올바른 기준을 알아보면 하나는 자신의 적성에 맞는지 생각해야 한다. 그리고 이 직업을 오래 할 수 있는지도 판단해야 한다. 자신의 적성에 잘 맞지 않으면 오래 할 수도 없을 것이다. 그 두 가지의 기준으로 올바른 선택을 해야 안정적으로 오래 일을 할 수 있다.

4.

1) 최근의 부부는 대부분 직장에 다니는 맞벌이 가정을 볼 수 있다. 아이들이 어릴 때는 부모의 도움이 필요하며 신경 써야 할 것도 많은데도 불구하고 두 사람이 모두 일을 하면서 키워야 되는 것이 쉽지 않다. 맞벌이 가능을 위한 육아 정책에 대하여 생각해 보기로 한다.

우선 맞벌이 가정이 증가하는 원인을 두 가지 들 수 있다. 첫째는 경제격차와 사회 양극화로 인해 가구 소득이 감소하여 줄어든 소득을 보충하기 위해서 아내가 일하는 것이 최선책이라고 생각하기 때문에 맞벌이 가정이 늘고 있다. 둘째는 여성의사회 진출과 남성의 육아 참여가 진행되었기 때문에 맞벌이 가정이 증가한 것도 원인으로 보인다.

맞벌이 가정이 아이를 키울 때 겪는 어려운 점은 어린이집에서 갑작스럽게 아이가 아플 때가 있어서 만족스럽게 일을 하고 싶어도 회사 일에 단축 근무를 선택하지 않을 수 없는 상황에 빠진다. 그러나 좋은 일도 있다. 맞벌이를 하면 가구 수입이 안정되어 아이가 원하는 교육을 시킬 수 있고 아이의 자립심을 키울 수 있다.

이러한 어려움을 해결하기 위한 정책은 지역 육아 지원 서비스를 써서 가사 대행을 쓰면 된다. 부부끼리만 아이를 키우고자 하지 말고 이런 서비스를 활용하는 것도 필요하다. 그리고 남성의 육아 휴직 제도를 더욱 쉽게 사용할 수 있도록 하는 제도가 필요하다.

2) 맞벌이 가족이란 부부가 둘이 일하는 가족을 말한다. 오늘날 예전보다 맞벌이 가족이 많아진 것이다. 그런데 어릴 때 부모의 많은 도움을 받아야 될 아이들한테 맞벌이 가족이 피해를 주고 있다. 그래서 맞벌이 가족을 위해 육아 정책을 만들어야 한다.

우선 맞벌이 가정이 증가하는 원인은 경제적으로 부족한 부분이 많기 때문이다. 시간이 지날수록 물가, 집값이 올라가고 있다. 그럼에도 불구하고 육아 비용 부담이 너무나 큰 편이다. 돈이 전부가 아니지만 경제적으로 힘든 가족들에게는 진짜 큰 문제이다. 잘 살려면 집이 있어야 되고 아이를 제대로 키우려면 공부도 시켜야 한다.

이에 따라 맞벌이 가정이 아이를 키울 때 겪는 어려움도 한두 개가 아니다. 가장 눈에 띈 어려움이 아이한테 시간을 갖지 못하는 것이다. 그러나 아이들이 자랄 때 부모의 도움과 애정이 무엇보다 중요하다. 부모의 도움을 못 받고 애정이 부족한 아이가 사회생활에서 어려움을 겪으며 부모가 아이를 키울 때 겪는 힘든 것보다 완전히 심각한 문제들이 생긴다.

그래서 이러한 어려움을 해결하기 위해 정부에서 정책이 필요하다. 우선 아이 옆에서 정신적으로 편안함을 주기 위해 부모가 있어야 한다. 이를 위해 직장에서 여성뿐만 아니라 남성들에게도 육아 휴직을 만들어줘야 한다. 그리고 일을 마음 편하게 하려면 아이가 안전하게 있는지 중요하다. 그래서 정부에서 어린이집, 유치원 등 시설을 많이 만들어야 한다.

5.

1) 부모라면 누구나 자녀를 사랑하는 마음으로 키운다. 그러나 육아가 결코 쉬운 것은 아니기 때문에 육아에 대한 부모 교육이 아주 중요하다.

부모 교육이 필요한 이유는 여러 가지가 있다. 우선 육아로 인한 어려움을 해결하기 위해 부모 교육이 필요하다. 한 아이를 키우려면 온 마을이 필요하다는 말이 있다. 즉 아이를 키우기 위해 할 일이 많다는 것이다. 부모가 스스로 모든 일을 할 수 없어 교육을 안 받으면 안 되기 때문이다. 또한 부모에게 생길 갈등을 줄이기 위해 교육이 필요하다. 자녀를 키우는 과정에서 부모가 서로 생각과 습관이 달라 갈등이 생길 수 있어 갈들을 해결해야 하는 것도 이유의 하나이다.

따라서 부모 교육에서 배워야 하는 것은 적지 않다. 먼저 육아의 방법을 반드시 배워야 한다. 그래야 자녀를 제대로 키울 수 있고 건강하게 자라게 할 수 있다. 다른 것은 부부간에 생길 갈등을 해결하는 방법도 배워야 한다. 집안일을 분담하거나 배우자의 입장에서 생각하는 것도 부모의 갈등을 해소하는 것이다.

이처럼 부모 교육에 대한 기대 효과가 많다. 첫째 부모가 올바른 육아 방법을 습득하여 자녀를 제대로 키워 미래에 좋은 사람이 될 것이다. 이어 부모의 갈등이 사라지고 자녀를 키우는 것이 사회 발전에 기여하는 의미를 느낄 수 있다. 즉 육아는 가정에 대한 의미가 있을 뿐만 아니라 사회에도 중요한 역할을 한다.

2) 아이를 키우면서 여러 문제로 인해 갈등이 생기는 경우가 많다. 따라서 이와 같은 어려움을 겪는 부모들에게 교육이 필요하다는 주장이 화제가 되고 있다. 부모 교육의 기대 효과에 대해서 고찰해 보기로 한다.

먼저 부모 교육이 필요하다고 생각한다. 사회나 생활이 발전하면서 사람의 사고방식도 바뀌고 있다. 따라서 시대가 다른 부모와 자녀의 사고방식이 서로 맞지 않아서 이해하지도 않고 갈등이 생기기도 한다. 또한 시대 관심 차이가 있으면 자녀들이 부모들과 의사소통도 안 되고 관심도 없어질 수 있다는 것도 부모 교육이 필요한 이유 중에 하나이다.

이러한 문제를 예방하려면 부모 교육에서 배워야 하는 것은 무엇인지 알아보자. 우선 발전한 사회에 맞는 사고방식을 갖는 것이 중요할 뿐만 아니라 젊은이들이 무엇에 대해 관심을 갖고 생활하는지도 배워야 된다. 왜냐하면 부모가 이런 교육으로 인한 자기 자녀에게 친구와 같은 존재가 되고 육아로 인해 겪는 어려움을 해결할 수도 있기 때문이다.

예를 들면 너무 간단한 예시라도 어머니가 유행에 관심을 가지며 요즘 어떤 옷이 유행하는지 알면 딸에게 친구처럼 옷을 추천할 수도 있다. 딸의 눈에 멋있는 사람이 될 수도 있다. 이러한 예시는 모든 범위에서도 같은 결과가 나온다. 부모가 자녀에게 친구도 되고 믿음직하고 가까운 사람이 되면 부모와 자녀 사이에 갈등을 줄일 수 있다.

6.

1) 사회적 거리 두기로 인해 가족과 함께 생활하는 시간이 늘어나서 2년이 넘게 지속되고 있다. 그렇기 때문에 가족간에서 많은 갈등과 스트레스 지수가 급격하게 증가하고 특히 가사노동에 대한 갈등이 커지고 있다.

우선 가족들 사이에서 생길 수 있는 갈등은 먼저 가치관이 다르기 때문이다. 아무리 가족이라도 가치관은 다르기 Eans에 의사소통을 잘하지 않으면 갈등은 생길 수밖에 없다. 다음으로 각자의 생활 시간 때문이다. 예를 들자면 TV를 보논 시간이나 음식을 먹는 시간뿐만 아니라 목욕 시간, 자는 시간 등 생활하는 시간이 다르기 때문에 같이 있는 시간이 증가하면 스트레스를 받기 쉽다.

특히 가사 노동으로 인한 갈등이 심각한 원인의 하나는 가사 노동은 엄마가 하는 일이라는 인식이 있는 사람이 많기 때문이다. 가사 노동을 분담하지 않고 엄마만 하면 엄마의 스트레스는 커질 수밖에 없기 때문이다.

가사 노동 문제를 해결하기 위한 바람직한 방법은 역할을 결정해야 한다. 한 명만이 하는 게 아니라 분담하고 하면 가사노동으로 느낀 스트레스도 줄 수 있기 때문이다. 그러므로 시간이 생기면 다른 사람의 가사 노동도 도와야 한다. 실제로 도와주지 않아도 도와주는 마음만이라도 있으면 기분 좋게 생활할 수 있다. 가정에서의 의사소통을 잘하는 것은 아주 중요한 바람직한 방법이다.

2) 코로나 상황이 아직 완화되지 않고 지속되고 있고 사회적 거리두기도 있고 해서 하루 종일 가족과 같이 생활하는 시간이 늘어나면서 가족 간의 갈등이 커지고 있다. 이런 상황에서 가족 간의 갈등을 줄이기 위한 바람직한 방법을 찾아야 한다.

첫째 생길 수 있는 갈등이 부모와 자녀의 갈등이다. 부모가 자식에게 공부하라고 한다. 게임을 하는 경우는 잔소리를 많이 한다. 그래서 부모와 자식 갈등이 발생하기 쉽다. 부모와 자식 갈등에 그치지 않고 남편과 와이프 갈등이 발생하기도 한다. 직장에 다니지 않고 생활비가 많이 들어서 부담스러워 화가 나기 쉽다.

가족들 사이의 갈등이 생길 뿐만 아니라 가사 노동이 발생한다. 갈등이 생기는 원인은 다음과 같다. 첫째, 가사노동을 하는 사람이 한 사람이기 때문이다. 집에 계속 있어서 답답하고 스트레스를 받아서 잔소리를 하기 쉽다. 가족 구성원들이 집에서 생활해서 할 일이 많이 있다. 그래서 가사 노동이 보통 때보다 훨씬 많아진다.

가사 노동 문제를 해결하기 위해 바람직한 방법이 필요하다. 가사노동을 하는 사람에게 고마운 마음을 가져야 한다. 부탁을 하더라도 부드럽게 말을 하고 항상 감사한 마음을 표현해야 한다. 또한 할 일을 줄이기 위해 깔끔하게 생활할 필요가 있다.

7.

1) 어느 시대에나 세대의 생각은 다르기 때문에 세대 차이가 발생하고 있었지만 요즘은 특히 세대 차이가 심각하게 되고 소통이 불가능하고 갈등이 생기는 경우가 증가하고 있다.

우선 현대 사회에서 세대 차이가 더욱 커지는 원인은 여러 가지가 있지만 먼저 예전에 비해 많은 세대가 같이 사는 가족이 감소하기 때문에 다른 세대와 이야기하는 기회가 줄었다. 그렇기 때문에 자신과 다른 세대의 사람과 얘기하는 것이 어렵게 되고 의사소통도 잘할 수 없게 되었다. 다음으로 어느 세대 사람도 자신의 의견이 맞다고 생각하는 경우가 많기 때문에 얘기 하더라도 갈등이 생기는 경우가 많다.

세대 차이로 인해 발생하는 문제는 소통이 불가능하게 되는 것이다. 당연한 일이지만 세대가 다르면 의견이 안 맞는데 그 때문에 점점 의사소통을 하지 않게 되고, 더 심각하게 되면 얘기하고 싶지 않은 정도로 될 우려가 있다. 결국 소통이 불가능하게 되고 문제가 발생할 것이다.

세대 차이로 인한 문제를 해결하기 위한 바람직한 방법의 하나는 나이와 상관없이 상대방을 존경해야 한다. 어떤 사이라도 존경심을 가지고 상대방을 이해하려고 하면 상대방도 나를 이해해줄 것이다. 다른 하나는 의사소통을 잘해야 한다. 의견을 잘 말하지 않으면 아무리 부모와 자녀 사이라도 생각을 아는 것이 힘들기 때문이다. 자신의 의견을 잘 말하고 의사소통을 할 수 있도록 노력해야 한다.

2) 세대 차이는 부모와 자녀, 선생님과 학생, 상사와 부하 등 서로 나이의 차이가 있는 것을 말한다. 요즘은 사회가 빠르게 변화하면서 세대 차이로 인해 갈등이 많아지고 있기 때문에 바람직한 해결 방법이 필요하다.

현대 사회에서 세대 차이가 더욱 커지고 있는 원인은 우선 사회가 빠른 속도로 변화하는 것이다. 그래서 사람들의 사고방식, 생활기준 등이 달라지기 때문에 세대 차이가 커지는 것이다. 그리고 현대 사람들이 시간 부족으로 인해 함께 보내는 시간이 없고 사람들이 서로 이해하지 못할 경우가 많다. 부모가 직장에 다니고 자녀가 하루 종일 학교에서 공부하는 가정은 함께 지내는 시간이 없으며 세대 차이가 불가피하다.

세대 차이로 인해 문제가 많이 발생할 수 있다. 먼저 의사소통이 잘 안 되는 것이다. 자녀가 유행어를 사용해 부모가 이해하지 못하는 것을 예로 들 수 있다. 다음으로 큰 문제는 인간 관계가 나빠질 수도 있는 것이다. 세대 차이로 인해 이해가 안 되어 갈등이 생겨 담을 쌓는 경우가 많다.

따라서 세대 차이의 문제를 해결하기 위해 노력이 필요하다. 첫째, 서로 이해하기 위해 이야기를 나누는 것이 좋다. 이야기를 해야 상대방의 마음과 상황을 이해할 뿐만 아니라 배려심도 생길 것이다. 게다가 세대 차이를 줄이기 위해 스스로 상대의 입장에서 생각해야 한다. 그래야 상대방을 쉽게 이해하고 세대 차이도 사라지면서 문제를 극복할 수 있다.

8.

1) 인공지능 기술이 발전하면서 조금 더 시간이 지나면 통역 도구를 사용하면 실시간으로 번역하고 대화가 가능하게 되고 외국어 교육이 필요 없다고 주장하는 사람들도 있지만 그것은 아니다.

우선 외국어가 필요한 생활은 여러 가지 있지만 먼저 해외 여행을 갈 때 필요하다. 요즘은 번역기가 있기 때문에 꼭 필요한 정도는 아니지만 더 재미있고 쉽게 여행을 하고 싶으면 가는 국가의 언어를 공부할 필요가 있다. 또한 취직을 할 때 외국어를 알고 있다면 아주 유리해진다. 자신이 원하는 회사에 입사하고 싶으면 외국어가 필요한 경우도 생기는 것이다.

외국어 교육이 필요 없다고 주장하는 사람들의 근거는 지식적으로 인공지능 기술이 발전하기 때문이다. 지금도 많은 발달이 보이지만 더 시간이 지나면 큰 폭으로 발달하고 실시간으로 통역하고 대화도 가능하게 될 거라고 생각하기 때문에 공부하는 의미도 없게 된다.

현재와 통번역 기술이 발달하더라도 감정의 느낌은 느낄 수 없기 때문에 외국어 교육은 인공지능 기술이 발달하더라도 꼭 필요하다. 또한 외국어 공부하면서 좋은 것이 많다. 언어 공부뿐만 아니라 그 나라의 문화나 언어 공부와 관계 없는 것도 공부가 될 수 있기 때문에 외국어 교육은 필요 없는 것이 아니라 꼭 필요하다.

2) 인공 지능이 발달하면서 통역 도구가 많이 등장한다. 컴퓨터 프로그램을 통한 외국어 번역의 정확성이 높아지고 있다. 이런 상황에서 외국어 교육의 필요성에 대해 다양한 의견이 있다.

훌륭한 통역사가 되기 위해 외국어를 배우는 것이 시간이 많이 걸린다. 그러나 현재 발전하는 인공지능 기술로 통역사가 필요 없이 통역 도구로 번역이 가능하다. 심지어 실시간으로 대화를 할 수가 있다. 글로벌 사회로 외국어가 필요하다고 생각한다. 가장 많이 배우는 언어는 영어이다. 영어를 제외하면 독일, 일본어, 중국어와 한국어를 배우는 사람이 많다. 무역이 발전함으로 국가 간의 대화가 많이 있기 때문에 외국어가 필요하다.

인공 지능 기술이 발전함으로 외국어 교육이 필요 없다고 주장하는 사람들이 많다. 그러면 그 사람들의 근거는 무엇인가? 통역 도구가 많이 등장하기 때문이다. 통역 도구로 번역이 빠르고 편해졌다. 게다가 프로그램을 통한 번역의 정확성이 높아지고 실시간으로 대화를 하는 것도 가능해진다.

현재와 같이 통번역 기술이 발달해도 외국어 교육이 필요하다고 생각한다. 왜냐하면 도구가 통역할 때 감정을 졸 수 없기 때문이다. 또한 도구가 실수가 발생하는 경우가 있다. 뿐만 아니라 통역 도구를 사용하면 실업이 발생한다. 이를 통해 인공지능 기술이 갈수록 발전한다. 기술 성공으로 통역에 도움이 많이 된다. 그래도 외국어 교육이 필요하다. 우리가 도구와 인간을 적당히 결합할 필요가 있다.

9.

1) 한국에는 예전부터 이웃을 사촌처럼 가깝게 생각했지만 최근 자신의 옆집에 누가 사는지 모르는 사람들도 많고 이웃들과 크고 작은 갈등을 겪는 사람들이 증가하였다.

우선 이웃과 생기는 갈등은 여러 가지가 있지만 먼저 소리 문제가 있다. 생활 소음은 어쩔 수 없지만 시간은 생각하고 행동해야 하지만 사람마다 생활 습관이 다르기 때문에 이런 갈등도 생기는 우려가 있다. 다음으로 쓰레기나 생활 때문에 나오는 냄새 문제다. 가끔 옆집까지 냄새 피해가 생기는 경우도 있고 그럴 때도 옆집에 말하지 않아 힘든 사람들도 많기 때문에 큰 갈등이 생길 수밖에 없다.

이렇게 이웃과 갈등이 생기는 원인은 예전에 비해 옆집과 의사소통을 하지 않기 때문이다. 예전에는 뭔가 있으면 바로 옆집에 가서 말로 전달하고 해결하는 것도 쉽게 할 수 있었지만 지금은 옆집에 누가 사는지도 모르기 때문에 그런 것은 어렵다. 또한 상대방에 말로 하지 않는 경우도 있다. 소리 피해에는 소리로, 쓰레기 냄새에는 쓰레기 냄새로 같은 방법으로 반격하는 사람도 있기 때문에 갈등도 심각해진다.

이웃과의 갈들을 해결하는 방법에 제일 중요한 것은 무슨 문제가 생기면 말로 얘기하고 옆집과 의사소통을 잘하려고 노력해야 한다. 그리고 피해를 주지 않도록 노력해야 할 뿐만 아니라 아주 친하게 사이좋게 살려고 하는 노력도 하면 만약 갈등이 생겨도 쉽게 해결할 수 있는 경우가 많다.

2) 예전에는 이웃과 함께 서로 친밀한 관계를 유지하면서 서로의 집을 왔다갔다 하거나 도움이 필요할 때 도움을 주고받으면서 살아왔는데 최근에는 그런 것들이 사라지면서 이웃에 관심이 없고 이웃과 사소한 일에도 생각이 엇갈려 갈등을 겪고 있다.

이웃과 반려 동물 때문에 갈등이 생기는 것을 우리 주변에서 흔히 볼 수 있다. 반려 동물을 키우는 것을 좋아하는 이웃도 있고 좋아하지 않는 이웃도 있다. 반려 동물을 키우면 배변 문제 때문에 이웃과 다툼이 생기는 경우가 많다. 그리고 옆집이 너무 시끄러워서 갈등이 생길 때도 있다. 어떤 사람들이 이웃에 배려하지 않고 자기 마음대로 떠들거나 밤새도록 시끄럽게 하다가 이웃과 다툼이 생기기도 한다.

이렇게 이웃과 갈등이 생기는 원인은 여러 가지가 있는데 그중에서 가장 큰 원인은 다른 사람들과 한 아파트나 한 주택에 사는 것을 잊으면서 이웃을 배려하지 않고 자기 마음대로 행동하는 이기적인 마음 때문에 생기는 것이다.

따라서 이웃과 갈등이 없고 서로 친하게 살아가기 위해서는 노력이 필요하다. 이웃에 관심을 가지면서 서로 배려해주고 이해를 해주면서 서로 방해나 피해를 주는 일들을 되도록 하지 마아야 하며 도움이 필요할 때 도움을 주고받으면서 살아가는 자세가 필요하다.

10.

1) 스마트폰은 생활에 필요한 대부분의 일을 할 수 있는 아주 편리한 도구이다. 스마트폰을 사용하는 시간이 길어지면서 스마트폰에 중독되어 스마트폰이 없으면 불안한 사람들도 있다.

스마트폰에 중독되는 이유의 제일 큰 것은 생활에 필요한 대부분의 기능이 이씩 때문이다. 예를 들자면 카메라, 음악 재생 등의 기능뿐만 아니라, 결제, 쇼핑도 스마트폰 하나로 쉽게 할 수 있다. 그래서 없으면 생활이 어려울 정도로 필수적이 되고 중독된다. 그러므로 필수적으로 스마트폰을 보는 시간도 길어지고 더 중독적으로 되는 우려가 있다.

스마트폰 중독이 위험한 이유는 여러 가지가 있지만 우선 눈이 나빠지게 되는 것이다. 긴 시간 스마트폰을 보면 눈의 근육에 무리가 될 수 있고 눈이 악화된다. 또한 스트레스를 받는 경우가 있다. SNS나 게임을 통해서 사람은 생각보다 많은 스트레스르 받게 때문에 정신 건강의 악화를 유발할 우려도 있다.

스마트폰 중독을 예방할 수 있는 바람직한 방법은 먼저 스마트폰을 사용하는 시간을 결정하는 것이 필요하다. 그렇게 사용하면 중독까지 될 수가 없다. 그리고 이와 같이 스마트폰을 필요 없이 보지 않도록 노력해야 한다. 심심할 때 무의식적으로 스마트폰을 보려고 하지만 그런 시간이 없게 되면 중독을 예방할 수 있다.

2) 현대적인 기술이 개발돼서 우리가 요새 스마트폰으로 모든 것을 할 수 있다. 그러므로 스마트폰을 활용하는 시간이 많아지고 마찬가지로 스마트폰 중독자도 증가하였다. 그럼 이 중독되는 이유는 무엇일까?

요즘에 세계적으로 생긴 뉴스나 트랜드를 알고 싶은 사람들이 SNS라는 대부분의 매체를 따라 해야 한다. 또한 전화 알림을 받을 때마다 사람들의 행복감이 높아진다. 이 기쁨을 느끼게 하는 도파민 호르몬 때문에 점점 더 많은 사람들이 중독되고 있다.

이런 중독은 어떤 위험이 있을까? 물론 스마트폰 중독이 위험하다. 예를 들어 전화 사용으로 위험하거나 부상을 입을 수 있다. 게다가 스마트폰 사용은 업무 수행, 학업 또는 인간 관계를 방해하고 우리의 생활에 영향을 끼친다. 더욱이 사람에게도 나쁜 효과가 있다. 현대의 스마트폰 사용 시간이 늘어나기 때문이 목 통증과 손이 아픈 화낮들이 증가하고 있다.

이런 중독을 피할 수 있는 방법은 여러 가지가 있다. 그 방법 중 하나는 스마트폰에서 자주 쓰는 앱을 삭제하는 것이다. 다른 하나는 삭제를 할 수 없는 필수적인 앱에 대한 알림을 끄는 것이다. 이렇게 해서 스마트폰을 자주 보는 이유를 없애면 중독을 피하는 데에 도움이 된다.

모의고사 답안

〈1회〉

51.
㉠ 편하게 드실 수 / 편하게 드실 수
㉡ 다시 찾아뵙겠습니다 / 다시 문을 열겠습니다 / 다시 시작하겠습니다

52.
㉠ 카메라를 안전하게 세울 수 있다
㉡ 사용할 수 있다

53.
맨발걷기 운동본부에서 맨발 걷기 인구 증가 현황에 대하여 발표하였다. 우선 맨발 걷기 인구 현황은 2010년 2000명에서 2015년 5000명으로 증가하였고 2020년 50000명으로 급증하였다. 효과가 나타나기까지 맨발 걷기 기간은 3개월 미만이 41.8%로 가장 높게 나타났으며 3개월 이상~6개월 미만이 24.8%, 6개월 이상 1년 미만이 16%로 그 뒤를 이었다. 1년 이상은 12.8%에 그쳤다. 이들이 맨발 걷기를 시작하게 된 계기는 질병 치유 효과를 기대하는 것과 맨발 걷기 관련 책이나 영상이었다. 맨발 걷기 인구 증가로 인해 등산로에 맨발 걷기를 위한 길이 설치되고 건강 회복 노인이 증가하는 등의 변화가 생기고 있다.

54.
하루는 누구에게나 똑같이 24시간씩이 주어진다. 그러나 그 시간을 알차게 쓰는 사람도 있고 그렇지 않은 사람도 있다.
시간의 가장 중요한 특징은 위에서 말한 바와 같이 누구에게나 똑같이 주어진다는 것이다. 돈이 많은 사람도 적은 사람도, 능력이 있는 사람도 없는 사람도 모두에게 똑같이 주어지는 것이 시간 외에는 없는 것 같다. 또 다른 특징은 절대로 되돌릴 수 없다는 것이다. 그렇지만 대개는 시간을 소중하게 생각하지 않고 항상 함께하는 공기처럼 소중함을 모르고 헛되게 사용하는 경우가 많이 있다.
내가 시간을 쓸 때 특별히 신경 쓰는 것은 중요하지 않은 일에 생각 없이 시간을 보내다가 해야 할 일을 미루게 되는 것이다. 특히 요즘에는 스마트폰의 짧은 동영상을 하나 보다 보면 다른 것이 계속 이어져서 재생되니까 멍하니 시간을 보내게 된다. 좋아하는 영상이라서 보는 것이 아니라 정말 멍하게 시간을 보내는 것이다. 아마 꼭 해야 하는 일이 어렵고 하기 싫을 때 더 그건 현상이 나타나는 것 같다. 그런 시간을 줄이기 위해 스마트폰을 물리적으로 떨어뜨려 놓으려고 노력한다.
시간을 바람직하게 활용하기 위해 시간대별로 해야 할 일을 메모하는 방법이 좋을 것 같다. 블록을 쌓는 것처럼 그날의 해야 할 일을 시간대별로 정리하고 그 다음에 꼭 필요한 일을 우선 순위를 정하여 색깔로 표시하면 그날의 중요한 일이 확실하게 정리된다. 이러한 방법으로 시간 관리에 성공한 사람들의 이야기를 많이 들었기 때문에 나도 꼭 해 봐야겠다고 생가갰ㅆ지만 아직 생각만 하고 있다. 이번에는 꼭 실천해서 나도 시간 관리에 성공한 사람이 되어야겠다.

〈2회〉

51.
㉠ 배가 부릅니다
㉡ 싼 가격으로 즐길 수 있는

52.
㉠ 206개로 개수가 줄어든다
㉡ 감소하는 반면

53.
문화체육관광부에서 스트레스와 건강의 관계를 발표하였다. 우선 고혈압의 스트레스 영향을 살펴보면 남성과 여성 모두 낮은 스트레스에서는 별 차이가 없으나 높은 스트레스에서 남성이 고혈압에 미치는 영향이 두드러졌다. 한편 성인 남성의 스트레스 해소 방법에 대한 조사에서 음주가 52%로 과반을 차지하였고, 운동이 20%, TV 시청이 18%로 뒤를 이었다. 잠은 10%에 그쳤다. 남성이 특히 스트레스에 영향을 받는 원인은 힘든 일을 남에게 말하지 않는 성향은 물론이고 건강을 해치는 스트레스 해소법에서 찾을 수 있다. 이를 위해 강한 남성의 이미지에서 탈피하고 건강한 모임 문화를 만들 필요가 있다.

54.
예전에 비해 다양해진 가족의 형태만큼 가족의 의미에 대한 생각도 다양해졌다. 이렇게 가족의 의미가 다양해지면서 가족의 중요성에 대해 다시 한 번 돌아볼 필요가 있다.

다양한 가족의 형태를 보면 우선 자녀가 없이 부부만으로 이루어진 가족이 있고, 마음으로 낳는다고 표현하는 입양으로 맺어진 가족도 있다. 또 한 부모 가족도 많아졌고 가족이 아니지만 가족처럼 한 집에서 살고 있는 혈육 관계가 아닌 가족의 형태도 있다. 이렇게 다양한 형태가 있다 보니 가족은 '혈육'을 전제로 했던 가족의 정의도 다양해지고 있다.

형태는 다양하다 해도 가족이 개인의 삶에 미치는 영향은 막대하다. 힘들고 지칠 때 생각나는 사람이 가족이기 때문에 가장 편하게 자신을 보여줄 수 있는 사람도 가족이고 기본적으로 사랑과 신뢰를 전제로 하고 있기 때문에 가장 멋진 모습을 보여 주고 싶은 사람들도 가족이다. 가족을 위해 더 멋진 꿈을 꾸고, 가족과 함께 행복한 삶을 누리기 위해 더 열심히 일을 하게 된다. 가족은 개인의 삶에 최선을 다하게 되는 동기를 제공한다.

그러나 가족이니까 무조건 이런 관계가 되는 것은 아니다. 바람직한 가족 관계를 위해 노력을 해야 한다. 우선은 가까운 사이라고 함부로 대해서는 안 된다. 사랑하는 사이일수록 서로에 대한 예의가 필요하다. 사랑하는 것과 나의 모든 무례함을 이해하는 것과는 다른 일이라는 것을 염두에 두어야 한다. 그리고 다른 구성원이 나에게 무엇을 해 주기를 바라기에 앞서 내가 다른 가족을 위해 무엇을 할 수 있을지를 늘 생각해야 한다. 그렇게 하면 서로를 존중하고 사랑하는 가족 관계를 유지할 수 있다.

〈3회〉

51.
㉠ 괜찮습니다
㉡ 전화 주시면 됩니다

52.
㉠ 혼자 있으면
㉡ 된다고 말한다

53.
한국교육개발원에서 한국 성인의 평생학습 실태에 대하여 조사하였다. 성인의 평생학습 참여율을 보면 2020년에 40%였다가 2021년 30.7%로 감소하였고 2022년 다시 28.5%로 감소한 것을 알 수 있다. 평생학습에 불참한 요인에 대한 질문에 업무라는 대답이 48.8%로 절반 가까이 나타났으며 동기와 자신감이 부족하다는 대답이 32.3%, 교육정보가 부족하다는 의견이 18.9%로 그 뒤를 이었다. 학습비는 10%에 그쳤다. 평생학습에 참여하면 정신 건강에 긍정적 효과를 볼 수 있고 사회적 활동 참여도도 증가하는 효과가 있다. 이런 평생교육을 활성화하기 위해 다양한 교육 과정을 개발하고 긍정적 효과를 적극 홍보해야 한다.

54.
실수를 하는 것은 자신에 대한 부정적 경험을 하게 되어 좋지 않은데 그 실수가 다른 사람에게 피해를 주었다면 더 난감한 상황이 된다. 이럴 때 사과를 해야 하는데 사과를 어떻게 하는지에 따라 결과가 달라질 수 있다.

사과가 필요한 경우는 다양하지만 가장 먼저 자신의 실수로 인해 다른 사람이 불편한 상황을 겪었다거나 다른 사람에게 피해를 입혔을 때는 두 번 생각할 필요 없이 사과를 해야 한다. 그때 내가 이렇게 나쁜 결과를 예상했는지 그렇지 않은지는 중요하지 않다. 중요한 것은 다른 사람에게 피해를 입혔다는 사실이며 어떠한 의도였는지는 만 알고 있는 것이기 때문에 자칫 변명처럼 들리기 쉽다.

사과는 언제 하는지도 아주 중요한데 사과를 하는 가장 좋은 때는 잘못했다는 사실을 알게 된 바로 그 순간이다. 사람들은 자신의 잘못을 인정하는 것이 아프기 때문에 시간이 지날수록 자기가 그럴 수밖에 없었던 이유를 찾게 되고 그러다 보면 큰 실수가 아닐 지도 모른다는 합리화를 할 수도 있다. 그렇게 하루 이틀 미루다 보면 사과를 할 시간을 놓치게 된다. 따라서 사과를 할 때는 무조건 사과할 일이 생겼다는 것을 알았을 때 바로 그때이다.

사과를 할 때도 어느 정도의 노하우가 필요하다. 사과를 하는 가장 바람직한 방법은 변명을 더하지 않는 것이다. 깔끔하게 자신의 잘못만 인정하고 사과를 해야 하는데 거기에다가 이유를 붙인다거나 아니면 상대방의 행동으로 인해 자신이 실수를 하게 되었다는 식의 사과는 최악의 결과를 낳을 수 있다. 이런 것은 잘못이었다, 진심으로 미안하다 정도도 괜찮다. 다만 진심으로 사과를 하고 싶은 마음이 있어야 그 마음이 상대에게 전달될 것이다.

〈4회〉

51.
㉠ 드셔야 합니다
㉡ 일회용 컵에

52.
㉠ 잠을 잘 수 없고
㉡ 마셔야 한다

53.
한국국제문화교류원에서 한류 콘텐츠에 대한 외국인의 인식에 대해 조사한 결과이다. 우선 한국하면 떠오르는 이미지로 K-POP이 16.8%로 가장 높게 나타났고 한국음식과 한류스타가 12%, 6.5%로 그 뒤를 이었다. 드라마도 6.4%로 나타났다. 한편 유료로 이용할 의향이 있는 한류 콘텐츠는 음식이 절반이 넘는 58.9%, 드라마가 39.6%로 나타났다. 이를 통해 K-POP에 집중된 한류에서 벗어나고 한국음식과 드라마에 대한 지원을 확대하는 것이 과제로 남았다. 앞으로 다양한 한류 콘텐츠 수출이 가능해지고 한류의 세계적 인지도가 상승할 것으로 전망된다.

54.
버스나 지하철 등 여러 사람이 함께 이용하는 교통수단을 대중교통이라고 한다. 예전에 비해 대중교통이 발달되어 있는 곳도 많고 대부분의 장소에 대중교통만 이용해서 가는 것이 어렵지 않을 정도이다.

그러나 자가용에 비해 대중교통은 불편한 점이 많이 있다. 우선 나 혼자 이용하는 것이 아니기 때문에 내가 가고 싶은 목적지에 한 번에 가지 않으니 시간이 많이 걸린다. 물론 장소에 따라 차이는 있지만 대중교통과 자가용이 두 배 이상 시간 차이가 나는 경우도 있다. 또 앉아서 가지 못할 때는 신체적 피로가 몰려오기 때문에 치명적이다. 많은 사람들 사이에서 시달리다 보면 짧은 시간에도 지쳐 버린다.

그럼에도 불구하고 대중교통을 이용하라는 말을 많이 한다. 그 이유는 환경을 생각해야 하기 때문이다. 우리가 살고 있는 지구는 잠시 빌려 쓰는 것인데 우리 다음 세대의 아이들도 잘 살 수 있는 환경을 물려주어야 한다. 지금 현재 곳곳에서 이상 기후가 발생하는 등 환경에 위험 신호가 나타나고 있는 것을 보면 자가용 이용을 줄이고 대중교통을 이용해야 하는 이유가 분명해진다.

여러 단점에도 불구하고 대중교통을 이용하도록 하려면 사람들의 마음을 움직여야 한다. 다 같이 현재 우리 환경의 심각성에 대해 공감하고 그 마음을 실천할 수 있도록 다양한 영상도 만들고 캠페인도 벌이며 불편한 것을 감수하고 대중교통을 이용하도록 해야 한다. 편리함만을 추구하다가 이렇게 환경이 파괴되었으니 이제 환경을 위해 우리의 편리함을 포기해야 할 때이다.

〈5회〉

51.
㉠ 떠나 보십시오
㉡ 가능합니다

52.
㉠ 의미로 사용되기도 하기 때문에
㉡ 부정적인 의미로 사용된다

53.
전국 경제인 연합회에서 전국 대학생의 취업 실태에 대해 조사하였다. 취업 준비 기간은 6개월이 20%, 1년이 38%로 나타났고 2년도 25%나 되었다. 취업 준비 과정에서 겪었던 어려움으로 경력직을 선호하는 분위기가 가장 많았고 일자리 부족이 두 번째, 실무 기회 확보의 어려움과 비용에 대한 부담이 뒤를 이었다. 이렇게 취업 준비 기간이 길어지는 이유는 역량, 지식과 더불어 경험을 쌓기 위한 것도 있고 전공 관련 일자리가 부족한 것도 원인이다. 앞으로 다양한 일자리를 창출하고 인턴 기회를 확대하는 것이 과제로 남아있다.

54.
환한 미소를 짓고 작고 귀여운 아기들을 보면 사랑스러워서 행복해진다. 그러나 식당이나 지하철 등 많은 사람이 이용하는 시설에서 예의 없이 행동하는 아이들을 보면 눈살을 찌푸리게 된다.

우리가 살아가는 사회에 예절이 필요한 이유는 너무나 분명하다. 바로 함께 살아가야 하기 때문이다. 나만 편하고 행복하기 위해 주변 사람이 불편하고 불행해도 된다고 생각하면 결국은 모든 사람들이 불행해질 것이다. 예절은 서로 간에 지켜야 하는 약속과 같은 것이다. 약속을 지키면 서로 편하고 화날 일도 없어진다.

어린 자녀에게 예절 교육을 시키기에 적절한 시

기를 고민하는 사람들이 많다. 이제 막 걷기 시작한 아이에게 예절에 대해 이야기해도 알아듣기 어렵고 서너 살이 되어도 식당에서 뛰어다녔는데 어느 날 갑자기 예절을 이야기하면 아이도 당황스러울 것이다. 그래서 아이가 부모의 말을 이해하고 어느 정도 의사소통이 가능한 시기에 시작하는 것이 적절하다. 이는 아이들마다 다를 수 있기 때문에 부모가 잘 관찰해야 한다.

적절한 시기가 되면 올바른 방법으로 예절 교육을 해야 한다. 우선 예절에 어긋나는 행동을 했을 때 즉시 교육을 해야 한다. 아이들은 지나간 일에 대해 잘못을 지적하면 기억하지 못한다. 잘못된 행동을 하면 바로 그 행동을 멈추게 하고 아이와 눈을 맞추면서 그 행동을 하면 안 된다고 짧고 정확하게 이야기해야 한다. 긴 설명보다 단호한 말투와 눈빛이 더 효과적이다. 그리고 한번만 해서는 안 되고 아이가 나쁜 행동을 하지 않을 때까지 반복적으로 해야 한다.

〈6회〉

51.
㉠ 하게 되었습니다.
㉡ 많이 해결되었습니다.

52.
㉠ 하얀색이 많아
㉡ 밝혀졌다 / 알려졌다

53.

과학기술정보통신부에서 청소년의 스마트폰 과위험 실태에 대해 조사하였다. 우선 2020년 35%였던 청소년 스마트폰 과위험군이 21년 49%로 증가하였다. 한편 전년 대비 이용이 증가한 콘텐츠를 살펴보면 게임이 38%로 가장 큰 비중을 차지하였으며 동영상이 20%로 그 뒤를 이었다. 메신저는 10%로 나타났다. 이렇게 청소년의 스마트폰 과위험군이 증가한 원인은 광고에 의해 새로운 모바일 게임에 노출되기 때문이다. 뿐만 아니라 짧은 동영상 콘텐츠가 증가한 것도 원인이 된다. 이를 해결하기 위해 신체활동 시간을 늘리고 하루에 사용하는 시간을 정하는 것이 좋다.

54.

무엇을 먹는지는 사람의 건강은 물론 성향과 생활을 알아보는 중요한 기준이 된다. 예전 한국에서는 성격이 급해질까 봐 임금에게 맵고 짠 음식을 주지 않았다고 할 정도로 음식이 우리 생활에 미치는 영향은 생각보다 크다.

최근 유행하는 음식을 살펴보면, 아주 맵고 자극적인 맛이 많다. 매운 소스가 들어있는 볶음면, 먹으면 입안이 아플 정도로 매운 마라탕, 매운 떡볶이, 매운 김치 등등 매운 맛을 잘 못 먹는 사람들을 가리키는 '맵찔이'라는 말이 생길 정도로 매운 맛이 유행이다. 또 달고 기름진 음식도 유행하고 있다. 케이크와 디저트는 초콜릿과 달콤한 크림으로 덮여있고 대창, 곱창 등 먹으면 입 안에 기름이 터지는 음식도 유행이다.

무엇을 어떻게 먹는지는 많은 것이 영향을 미치기 때문에 식습관은 매우 중요하다. 우선 건강과 밀접한 관련이 있다. 기름에 튀긴 기름진 음식은 혈관에 지방이 쌓이게 하여 고혈압과 비만을 유발한다. 설탕이 많이 들어있는 음식도 마찬가지로 건강을 해치는 음식이다. 이런 음식들은 혈액 순환을 막고 쉽게 피로를 느끼게 한다. 뿐만 아니라 음식이 성격에도 영향을 미친다는 연구 결과도 있다.

그래서 건강에 좋은 음식을 규칙적으로 먹는 올바른 식습관이 필요하다. 이를 위해 음식과 우리 몸의 관계에 대해 알아야 한다. 당장 자극적인 음식으로 입을 즐겁게 하는 것이 내 몸을 망친다는 것을 알면 조심하게 될 것이다. 그리고 규칙적인 생활을 하도록 연습해야 한다. 일찍 자고 일찍 일어나는 것이 습관이 되면 밤늦게 먹는 안 좋은 습관도 고칠 수 있다. 처음에는 어렵겠지만 꾸준히 노력하여 건강한 식습관을 갖는다면 건강하게 인생을 즐길 수 있다.

〈7회〉

51.
㉠ 탑승하셔야 합니다 / 이용하셔야 합니다 / 타셔야 합니다
㉡ 드리고 있습니다 / 드립니다

52.
㉠ 시끄럽다 / 시끄러운 소리가 난다 / 시끄럽게 소리를 낸다
㉡ 들을 수 없다 / 듣지 못한다

53.

도로교통공단에서 이륜차 교통사고 현황에 대해 조사한 결과 2019년부터 2021년까지 3년 동안 이륜차 사고가 62,754건이나 발생한 것으로 나타났다. 한편 이륜차 교통사고 시간대별 현황을 보면 18시에서 22시 사이에 발생하는 사고가 43.5%로 거의 절반 가까이나 되었다. 이렇게 이륜차 교통사고가 많이 발생하는 이유는 저녁 시간에 외식과 배달이 집중되기 때문이고 29세 미만 운전자가 다수라는 것도 원인이 된다. 이륜차의 경우 교통사고가 나면 사망 사고로 이어지기 쉽다는 것과 사고 후유증이

심각하다는 것이 큰 문제이다.

54.

세상에 모든 필요한 지식은 책 속에 있다고 해도 과언이 아닐 정도로 책에는 많은 정보가 있고 우리가 책을 통해 배울 수 있는 것도 많이 있다. 그러나 예전에 비해 책을 읽는 사람이 점점 감소하고 있고 책을 읽는 시간도 줄어들고 있다고 한다.

요즘 사람들이 책을 읽지 않는 것은 책보다 재미있는 것이 많기 때문이다. 예전에는 놀이가 다양하지 않았기 때문에 책을 읽으며 상상할 수 있는 시간이 재미있고 행복했지만 요즘은 게임도 많고 여러 놀이 문화가 발달하면서 재미있는 일이 많아졌다. 게다가 책을 읽는 하나의 목적이 지식과 정보를 얻기 위함인데 지식과 정보를 얻을 수 있는 곳은 책 외에도 너무나 많다. 그러다 보니 점점 책을 읽지 않게 되었다.

그러나 정보를 얻는 다른 방법과 독서는 근본적으로 차이가 있다. 우선 짧은 동영상이나 간단히 요약해 놓은 글을 통해 얻은 정보는 한 부분만을 이야기하는 경우가 많다. 또한 잘못된 정보도 많이 있다. 그리고 쉽게 얻은 정보이기 때문에 쉽게 잊어버리게 된다. 그리고 독서할 때 뇌의 활동과 영상을 볼 때 뇌의 활동에도 차이가 있다는 실험을 본 적이 있다. 우리 뇌의 집중과 발달에도 독서는 도움이 된다.

이렇게 좋은 독서를 습관으로 만들기 위해 가장 좋은 방법은 손이 닿는 곳마다 책을 두는 것이다. 책을 읽고 싶어도 책이 없으면 읽을 수 없다. 책을 한번 읽어 볼까 생각할 때 눈앞에 책이 보이면 쉽게 책을 잡을 수 있다. 우선 그것부터 시작한다. 책을 잡고 책을 펼친다. 그리고 정말 책을 읽지 않던 사람이라면 자기가 가장 좋아하는 분야의 책부터 시작하는 것이 좋다. 그러면 다른 책보다 쉽고 재미있게 읽을 수 있을 것이다. 이렇게 조금씩 시간을 늘리면 독서하는 습관을 키울 수 있다.

〈8회〉

51.

㉠ 이용해 주시기 바랍니다

㉡ 다치지 않도록

52.

㉠ 끓인 물을 / 물을 끓여서 / 뜨거운 물을

㉡ 사용해야 한다

53.

통계청에서 발표한 육아 휴직 실태에 대한 결과를 살펴보면 2020년 전체 휴직자 수는 7만 건으로 이 중 아버지는 100건에 불과하였다. 그러나 2020년 휴직자는 전체 17만 건으로 증가하였고 아버지의 휴직도 5만 건으로 늘어났다. 한편 기업 규모별 육아 휴직의 경우 300명 이상 기업이 62%로 절반을 훌쩍 넘기고 있다. 이러한 실태를 통해 육아 휴직이 어머니에 집중되고 있다는 것과 기업 규모에 따라 육아 휴직의 격차가 발생한다는 문제점이 드러났다. 앞으로 아버지의 육아 휴직을 확대하고 소규모 기업의 육아 휴직을 지원하는 것이 해결해야 할 과제로 남아있다.

54.

세 살 아이에게도 배울 것이 있고 나이가 어린 사람에게 물어보는 것을 부끄러워하지 말라는 말도 있다. 이렇게 되려면 다른 사람의 좋은 점을 발견하고 그것을 배우려고 하는 자세가 필요하다.

그러나 모든 사람이 장점만 있는 것은 아니다. 아무리 훌륭한 사람도 단점은 있기 마련이다. 이렇게 다른 사람의 단점을 발견했을 때 놀라고 당황스러울 수 있다. 특히 아주 좋게 생각했던 사람의 단점을 발견하면 자신이 생각했던 것과 달라서 그 놀라움은 커진다. 하지만 누구나 단점이 있을 수 있다고 생각하고 자연스럽게 받아들여야 한다. 그 단점으로 그 사람 전체를 평가하려고 해서는 안 된다.

단점보다는 장점에 집중하고 배울 점을 찾아야 한다. 모든 사람은 장점이 있기 때문이다. 이렇게 하면 매일매일 조금씩 좋은 사람으로 발전할 수 있다. 나이가 들수록 배울 점이 많은 어른이 될 것이다. 만약 어떤 사람의 장점이 눈에 띄지 않는다면 단점을 통해 그렇게 하면 좋지 않다는 것을 배울 수 있다. 다른 사람의 단점으로 자신을 돌아보는 것도 배움의 중요한 자세이다.

하지만 이렇게 다른 사람에게서 배울 점을 찾는 것이 저절로 되는 것은 아니다. 노력이 필요하다. 우선 다른 그 출발은 다른 사람에 대해 관심을 갖는 것이다. 똑같은 것을 봐도 관심이 있는 사람은 더 많은 것을 볼 수 있다. 그리고 가벼운 농담만 주고받기보다는 여러 가지 주제에 대해 깊이 있는 대화를 나누는 것도 좋다. 그런 이야기 속에서 다른 사람의 생각을 알 수 있고 배울 점을 발견하게 되다.

〈9회〉

51.

㉠ 생기기를 바랍니다 / 있기를 바랍니다 / 있으면 좋겠습니다

㉡ 되기 위해

52.

㉠ 짧은 것이 아니라

㉡ 잡아당기면 안 된다

53.

국토교통부에서 발표한 전기차 등록 현황을 살펴보면 2021년 23만 대였던 전기차는 2022년 39만 대로 증가하였고 23년 92만 대로 급격하게 증가한 것을 알 수 있다. 한편 연료별 자동차 대수는 휘발유가 2200만 대로 아직까지 가장 큰 비중을 차지하고 있으며 가스차가 190만 대, 하이브리드가 130만 대로 그 뒤를 잇고 있다. 전기차가 92만 대로 뒤쫓고 있다. 전기차가 증가하는 원인은 친환경 자동차에 대한 선호는 물론 전기차 구입 시 정부 지원금의 혜택이 있기 때문이다. 이런 상황에서 전기차 충전소를 다수 설치하고 시대에 맞는 자동차 정책을 수립하는 것이 과제로 남아 있다.

54.

어떤 사람의 집에 가 보면 물건들이 다 제자리에 잘 정돈되어 있는 집이 있고 그렇지 않은 집이 있다. 깨끗하게 정리된 집에서는 기분이 좋아진다. 이렇게 정리정돈이 되어 있는 상태는 많은 장점이 있다.

나는 정리정돈을 잘하려고 노력하는 편이다. 예전에는 정리정돈에 쓰는 시간이 조금 아깝다고 생각했던 적도 있었다. 그리고 책상 위에 쌓여 있는 책을 정리하라는 말을 들어도 나는 어느 책이 어디에 있는지 알기 때문에 괜찮다고 말하며 여전히 정리를 하지 않는 사람이었다. 그러나 정리정돈을 했을 때 뭔가 기분이 좋아지고 좋은 점이 있다는 것을 알게 되었다.

정리정돈을 하면 좋은 점은 물건을 찾는 데 걸리는 시간이 짧다는 것이다. 정리가 안 되어 있으면 항상 물건을 찾기 위해 이곳저곳을 다녀야 하고 그러다보면 시간이 많이 걸린다. 결국 물건을 못 찾아서 다시 사야할 때도 있다. 그러다가 나중에 전혀 다른 곳에서 물건을 찾기도 하는데 필요 없는 소비를 한 셈이다. 정리를 잘하면 필요 없는 소비를 줄일 수 있다.

정리정돈을 잘하기 위한 방법 중에서 가장 먼저 해야 하는 일은 필요 없는 물건은 버리는 것이다. 물건이 많으면 정리하는 것은 어렵기 마련이다. 꼭 필요한 물건만 놔두고 필요 없거나 잘 사용하지 않는 물건은 정리하는 것이 좋다. 요즘은 중고 거래를 할 수 있는 곳이 많으므로 팔아도 좋다. 그리고 물건을 구역을 정해서 항상 제자리에 놓아둔다. 물건마다 정해진 구역이 있으면 정리하기도 좋고 찾기도 좋다. 이렇게 정리하는 습관을 길러야 한다.

〈10회〉

51.

㉠ 담배 냄새가 올라옵니다

㉡ 만들어 주시겠습니까

52.

㉠ 마셔야 하는 것은 아니다

㉡ 소화가 잘 안 되기도 한다

53.

여성가족부에서 다문화 학생 현황에 대해 발표하였다. 2013년 5.6만 명이었던 다문화 학생은 2022년에 16.9만 명으로 3배 이상 증가하였다. 이는 전체 학생의 3.2%에 해당한다. 한편 다문화 학생들 중 학교에 가는 것이 즐겁다고 대답한 학생은 초등학생이 73.4%로 가장 높게 나타났으며 중학생이 58%, 고등학생이 40%로 비교적 높게 나타났다. 10년 전에 비해 이런 변화를 가져오게 된 것은 한국 사회에 참여의식이 증가했으며 다문화 학생들의 자존감이 높아진 것을 보여주는 결과이다. 앞으로 다문화 사회에 대한 준비가 필요하고 공교육에서 다문화 교육을 강화하는 것을 과제로 두고 있다.

54.

예전에는 영화나 애니메이션에서만 보던 기상 이변이 지구촌 곳곳에서 나타나고 있다. 이상 기후가 지구촌 곳곳에서 수시로 발생하고 있다. 이런 이상 기후의 원인과 대책에 대해 심각하게 논의해야 할 때이다.

현재 특정 지역을 가리지 않고 발생하고 있는 이상 기후의 예는 흔하게 찾을 수 있다. 우선 홍수와 가뭄이다. 일 년 동안 내리는 비의 양보다 많은 비가 하루에 내리는 경우도 있고 또 그 주변 가까운 곳에는 전혀 비가 오지 않아 식물이 말라죽기도 한다. 태풍의 규모도 점점 커지고 있으며 이상 고온으로 대규모 산불이 발생하기도 한다.

이런 이상 기후가 일어나는 원인은 환경에 대한 무관심 때문이다. 사람들이 환경에 대한 고민 없이 무조건적인 개발을 하면서 환경이 파괴되고 그로 인해 발생한 온실가스가 지구 온난화를 블러 왔다. 지구의 평균기온이 높아지면서 멸종하는 생물도 많아지고 무서운 환경 변화도 초래하게 되었다.

이상 기후의 피해를 줄이기 위해 세계 여러 나라들이 모여 온실 가스를 줄이기 위한 실천 방안도 발표하고 기후 변화에 대한 관심을 갖기 시작했다. 이 문제는 어느 한 나라의 문제가 아니기 때문에 이런 노력들이 반드시 필요하다. 뿐만 아니라 개인들도 일회용품을 줄이고 자원을 재활용하는 등 작은 것부터 실천하려고 노력해야 한다. 그래야 환경 변화 속도를 늦출 수 있고 아름다운 지구를 오래 보존할 수 있다.

저자 약력

배 가 령

부산외국어대학교 외국어로서의 한국어교육 박사
현) (주)한이재미 대표
전) 신라대학교 겸임교수
KBS 우리말 겨루기 118회, 954회 우승
youtube 채널 'HANIJEMI' 운영
저서: Fun & Easy Korean – 한글 –
K-JOB KOREAN 기본편, 실전편
Trendy Voca 40

토픽 쓰기 한 달 완성

초판발행 2024년 1월 15일

지은이 배가령
펴낸이 안종만 · 안상준

편 집 조영은
기획/마케팅 박부하
표지디자인 Ben Story
제 작 고철민 · 조영환

펴낸곳 (주) 박영사
서울특별시 금천구 가산디지털2로 53, 210호(가산동, 한라시그마밸리)
등록 1959. 3. 11. 제300-1959-1호(倫)
전 화 02)733-6771
f a x 02)736-4818
e-mail pys@pybook.co.kr
homepage www.pybook.co.kr
ISBN 979-11-303-1879-0 13710

정 가 23,000원